古代美術史研究

四　編

第 1 冊

《四編》總目

編　輯　部

風格的視野

——漢唐之間平面圖像美術考古（上）

李杰、弓淼　著

花木蘭文化事業有限公司

國家圖書館出版品預行編目資料

風格的視野——漢唐之間平面圖像美術考古（上）／李杰、弓淼
著 — 初版 — 新北市：花木蘭文化事業有限公司，2019〔民
108〕
目 6+190 面；19×26 公分
（古代美術史研究 四編：第 1 冊）
ISBN 978-986-485-758-6（精裝）
1. 美術考古 2. 中國
618   108001557

古代美術史研究
四 編 第 一 冊   ISBN：978-986-485-758-6

風格的視野——漢唐之間平面圖像美術考古（上）

作　　者　李杰、弓淼
總 編 輯　杜潔祥
副總編輯　楊嘉樂
編　　輯　許郁翎、王筑　美術編輯　陳逸婷
出　　版　花木蘭文化事業有限公司
發 行 人　高小娟
聯絡地址　235 新北市中和區中安街七二號十三樓
　　　　　電話：02-2923-1455／傳眞：02-2923-1452
網　　址　http://www.huamulan.tw 信箱 hml810518@gmail.com
印　　刷　普羅文化出版廣告事業
初　　版　2019 年 3 月
全書字數　365523 字
定　　價　四編 23 冊（精裝）台幣 66,000 元

《四編》總目

編輯部

《古代美術史研究》四編書目

美術考古研究專輯

　第 一 冊　李杰、弓淼　風格的視野——漢唐之間平面圖像美術考古
　　　　　　　　　　　　（上）

　第 二 冊　李杰、弓淼　風格的視野——漢唐之間平面圖像美術考古
　　　　　　　　　　　　（中）

　第 三 冊　李杰、弓淼　風格的視野——漢唐之間平面圖像美術考古
　　　　　　　　　　　　（下）

工藝美術研究專輯

　第 四 冊　練春海主編　制器尚象：中國古代器物中的觀念與信仰
　　　　　　　　　　　　（上）

　第 五 冊　練春海主編　制器尚象：中國古代器物中的觀念與信仰
　　　　　　　　　　　　（下）

　第 六 冊　劉榮貴　　　方寸間的律動——析論唐代玉製腰帶具文化功能的
　　　　　　　　　　　　變革

　第 七 冊　黃金燕　　　寶髻釵橫墜鬢斜——唐代婦女髮飾初探

繪畫研究專輯

　第 八 冊　彭仁君　　　「韓熙載夜宴圖」研究——一幅圖畫的故事、傳播
　　　　　　　　　　　　及衍生

　第 九 冊　邱 雯　　　元人畫松研究——以畫為喻為寄，以畫體道識史

　第 十 冊　熊 震　　　明中期江南文人畫家與民間職業畫家比較研究

書法研究專輯

第十一冊　郭良實　先秦至唐書寫規範化研究

第十二冊　江柏萱　竹帛書《周易》書法比較研究

第十三冊　陳　思　漢中石門摩崖石刻群書法文化研究（上）

第十四冊　陳　思　漢中石門摩崖石刻群書法文化研究（中）

第十五冊　陳　思　漢中石門摩崖石刻群書法文化研究（下）

第十六冊　張嘉哲　西漢未央宮出土骨簽書法研究（上）

第十七冊　張嘉哲　西漢未央宮出土骨簽書法研究（下）

第十八冊　周勁松　宋代書籍刊刻與書法研究

第十九冊　黃昭祥　明初書法與臺閣體之研究

第二十冊　林中元　趙宧光《寒山帚談》「書學格調說」之研究

第二一冊　顏瑛慧　徐三庚篆刻書法藝術研究

印刷藝術研究專輯

第二二冊　陳　霆　晚清民初石版印刷藝術研究

建築藝術研究專輯

第二三冊　衣曉龍　詩意的家居：明清徽州民居的審美研究

《古代美術史研究》四編
各書作者簡介・提要・目錄

第一、二、三冊　風格的視野——漢唐之間平面圖像美術考古

作者簡介

　　李杰，美術學博士，西安外國語大學藝術學院副院長、藝術研究所所長，藝術學理論學術帶頭人，碩士研究生導師，陝西高校人文社科工作專家，陝西省藝術類高考專家組專家，陝西省美術博物館學術委員，陝西唐代藝術研究會副會長，中華炎黃文化研究會農耕文化研究會副秘書長，湯用彤國學院特聘教授，黃帝學學會會員，九三學社社員。

　　出版專著四部：《勒石與勾描——唐代石槨人物線刻的繪畫風格學研究》（人民美術出版社）、《中國美術考古學的風格譜系研究》（科學出版社）、《基於美術考古學語境下的唐代石槨藝術研究》（臺灣花木蘭出版社）、《立象盡意——魏晉南北朝墓室壁畫的風格學研究》（商務印書館）。在《人民日報》《文藝研究》《美術》《美術觀察》《人大複印》《人文雜誌》《民族藝術》等核心期刊發表論文 40 餘篇。獲陝西省第十一次哲學社會科學優秀成果二等獎；陝西高校人文社會科學優秀成果二等獎、三等獎；西安市第十次哲學社會科學優秀成果二等獎。主持國家社科基金 1 項、國家重大子課題 1 項，主持教育部重點課題 1 項，主持省部級項目 3 項，主持其他縱向課題 7 項。

　　弓淼，設計藝術學碩士，西安外國語大學藝術學院講師。發表論文十餘篇，主持參與國家社科及省部級、地廳級項目 8 項。

提　要

　　本書以漢唐之間考古物質數據爲基礎，對這一時期美術作品平面圖像進行美術考古學研究。全書從歷時和共時兩個角度，對期間發現的美術作品的區域、風格及延承發展等進行考察，總結作品風格的演變趨勢和特點，建構中古時期平面圖像的美術考古學基礎性研究構成。

　　本書的創新點主要有二。其一，豐富了中國考古學中美術作品時代風格的研究方法。本研究著眼於建立中國美術風格學必不可缺的技術環節，通過對各個時期大量作品元素的定量研究和定性分析，使之形成一套相對完整和有效的研究手段。其二，定性了漢唐時期美術時代風格的研究屬性。本書力求將各時期作爲一個整體，在上下時期進行縱向比較，使之形成完整流變體系。通過對形式風格、造型規則、線型程式等本體元素的討論，在一定程度上對各時期考古作品的時代風格以及在其發展序列中的地位與意義進行定位。旨在爲中國美術考古學研究的這一領域開關一條直接的通道，從平面圖像的角度重建業已失傳的證據。

目　次

上　冊

導　言 ··· 1

　　一、中國美術考古學的研究理念與物質解讀 ····························· 1

　　二、中國美術考古學的風格架構 ····································· 14

　　三、漢唐之間墓室圖像的研究現狀 ··································· 24

　　四、研究的路徑 ··· 30

上部　圖像研究的物質基礎 ··· 33

第一章　墓室圖像的考古學陳述 ····································· 35

　第一節　漢唐之間主要墓室圖像的發現 ································· 37

　　一、漢代主要墓室圖像的發現 ······································· 37

　　二、魏晉南北朝墓室圖像的發現 ····································· 40

　　三、隋唐墓室圖像的發現 ··· 45

　第二節　漢唐之間壁畫墓的地理分佈 ··································· 47

　　一、漢代壁畫墓的地理分佈 ··· 47

　　二、魏晉南北朝壁畫墓的地理分佈 ··································· 49

　　三、唐代壁畫墓的分佈與分期 ······································· 53

第二章　漢唐之間墓室圖像的配置系統 ……………………………… 57

　第一節　漢代墓室圖像題材的配置關係 ……………………………… 57

　　一、中原地區墓室圖像配置 ………………………………………… 57

　　二、關中地區墓室圖像配置 ………………………………………… 65

　　三、東北地區墓室圖像配置 ………………………………………… 67

　　四、北方地區墓室圖像配置 ………………………………………… 72

　　五、河西地區墓室圖像配置 ………………………………………… 75

　　六、東方地區墓室圖像配置 ………………………………………… 76

　第二節　魏晉南北朝墓室圖像題材配置規制 ……………………… 77

　　一、遼陽地區墓室圖像配置 ………………………………………… 79

　　二、嘉峪關地區墓室圖像配置 ……………………………………… 83

　　三、高句麗地區墓室圖像配置 ……………………………………… 85

　　四、平城地區墓室圖像配置 ………………………………………… 87

　　五、洛陽地區墓室圖像配置 ………………………………………… 88

　　六、鄴城、晉陽地區墓室圖像配置 ………………………………… 92

　　七、關隴地區墓室圖像配置 ………………………………………… 96

　　八、青齊地區墓室圖像配置 ………………………………………… 98

　　九、南方地區墓室圖像配置 ……………………………………… 100

　第三節　唐代墓室圖像題材配置規制 ……………………………… 102

　　一、墓室圖像配置 ………………………………………………… 102

　　二、唐代石槨配置情況 …………………………………………… 114

中部　圖像學研究 …………………………………………………… 129

第三章　墓主與作者 ………………………………………………… 131

　第一節　壁畫墓的墓主類型 ……………………………………… 131

　　一、漢代壁畫墓墓主分類 ………………………………………… 132

　　二、唐代石槨墓的墓主 …………………………………………… 139

　第二節　墓室壁畫的創作者 ……………………………………… 141

　　一、樣稿創作者 …………………………………………………… 142

　　二、畫匠 …………………………………………………………… 151

　　三、勒石將作 ……………………………………………………… 154

第四章　工藝與材料 ………………………………………………… 159

第一節 墓室壁畫的製作工藝 …………………………………… 159
　一、地仗 …………………………………………………… 159
　二、礦物顏料 ……………………………………………… 163
第二節 勒石線刻 ……………………………………………… 166
　一、適合石料 ……………………………………………… 168
　二、漢畫像石的「雕塑」性 ……………………………… 170
　三、石刻線畫的「繪畫」性 ……………………………… 171
　四、勒石技法推演 ………………………………………… 172
　五、表現技法的轉化 ……………………………………… 175

中　冊
第五章 造型的時代普識性 …………………………………… 191
第一節 造型類型化 …………………………………………… 191
第二節 時代風尚承變 ………………………………………… 203
　一、秀骨清像到面短而豔 ………………………………… 203
　二、魏晉風尚延續 ………………………………………… 206
　三、豐肥妍美 ……………………………………………… 209
第三節 臉形形式 ……………………………………………… 211
　一、早期人物臉型 ………………………………………… 211
　二、魏晉南北朝平面人物臉型 …………………………… 216
　三、唐代平面人物臉型 …………………………………… 218
第四節 眼形規程 ……………………………………………… 221
　一、阿堵傳神 ……………………………………………… 221
　二、媔目 …………………………………………………… 223
　三、三白眼 ………………………………………………… 230
　四、宦官眼形 ……………………………………………… 237
　五、程式的流變 …………………………………………… 238
第五節 程序中的凸式特例 …………………………………… 240
第六節 襆頭 …………………………………………………… 253
　一、源起 …………………………………………………… 254
　二、襆頭定形 ……………………………………………… 258
　三、女式襆頭 ……………………………………………… 262

第七節　寺人之令 ……………………………………… 264

下部　風格學研究 …………………………………… 277

第六章　觀念的顯現 ………………………………… 279

第一節　墓室圖像的敘事頃間 ………………………… 279

一、決定性頃間 …………………………………… 280

二、連環性頃間 …………………………………… 286

三、象徵性頃間 …………………………………… 294

第二節　六朝士人形象 ………………………………… 298

一、士人品藻 ……………………………………… 298

二、玉人 …………………………………………… 299

三、放達自然 ……………………………………… 304

四、自適神仙人 …………………………………… 305

第三節　魏晉美學中的玄佛互文 ……………………… 308

一、佛道互滲 ……………………………………… 308

二、儒佛互滲 ……………………………………… 311

三、玄佛互滲 ……………………………………… 312

四、經驗與超驗 …………………………………… 315

第四節　佛造像的形式影響 …………………………… 320

一、佛畫入華 ……………………………………… 320

二、六法與六支 …………………………………… 328

三、量度、儀軌的影響 …………………………… 329

第五節　士女畫的圖式構建 …………………………… 348

一、成立背景 ……………………………………… 349

二、創立 …………………………………………… 352

三、形式結構 ……………………………………… 356

第六節　密體與疏體 …………………………………… 361

一、密體向疏體轉化的精神依據 ………………… 361

二、線形張力的轉化 ……………………………… 377

第七節　白畫的形態 …………………………………… 386

一、溯源 …………………………………………… 386

二、描與成 ………………………………………… 391

三、定義 ……………………………………………………… 394

第八節　空間營造 ……………………………………………… 395

一、圖與底 ………………………………………………… 395

二、圖形張力 ……………………………………………… 403

三、觀的視點 ……………………………………………… 410

第九節　善畫存形 ……………………………………………… 415

下　冊

第七章　形式風格延承 …………………………………………… 429

第一節　線群的結構性 ………………………………………… 430

一、形式基礎 ……………………………………………… 430

二、陰影的影射 …………………………………………… 445

三、結構線群的凸顯 ……………………………………… 455

四、結構線群的成熟 ……………………………………… 475

第二節　裝飾性線群 …………………………………………… 482

一、概念化裝飾線群 ……………………………………… 482

二、從屬性表現 …………………………………………… 490

三、表意性的轉變 ………………………………………… 498

第三節　線群的重構 …………………………………………… 501

一、主觀秩序性線群的回歸 ……………………………… 501

二、折線的支撐 …………………………………………… 505

三、中式體量觀念 ………………………………………… 512

四、建構形式譜系 ………………………………………… 518

第八章　線形程式 ………………………………………………… 521

第一節　線型的延承軌跡 ……………………………………… 522

一、秦漢線型的基本特徵 ………………………………… 522

二、魏晉南北朝的線型特徵 ……………………………… 527

三、「鐵線描」程式 ……………………………………… 532

四、盛唐的變速線型 ……………………………………… 536

五、五代的線型轉化 ……………………………………… 553

六、提按線型的開端 ……………………………………… 555

第二節　時代線型對比 ………………………………………… 559

結　論 ……………………………………………………………………… 565

主要參考文獻 ……………………………………………………………… 569

第四、五冊　制器尚象：中國古代器物中的觀念與信仰

作者簡介

　　練春海，2010 年畢業於北京大學，藝術學博士，加州大學伯克利分校、斯坦福大學訪問學者，現爲中國藝術研究院副研究員、研究生導師，主要從事藝術考古、物質文化研究與美術創作。主持國家社科基金項目「漢代壁畫藝術研究」，中國藝術研究院項目「中國工藝美術史前沿與學術梳理」等多項課題。出版《器物圖像與漢代信仰》《漢代車馬形象研究：以御禮爲中心》等專著 5 部，並在 Journal of the American Oriental Society、《文物》《民族藝術》《美術研究》等雜誌上發表學術論文 50 餘篇。

提　要

　　《制器尚象：中國古代器物中的觀念與信仰》是一本經過框架精心設計與編排的學術論文集，書中所輯選的 22 篇研論文撰寫者分別爲來自北京大學、清華大學、中國社會科學院、中國藝術研究院、復旦大學、廈門大學、南開大學、四川大學、中央美術學院、廣州美術學院、華東師範大學、上海博物館、湖南省博物館等學術機構的中青年學者，他們都是各自研究領域的翹楚。文章的研究對象，在時間上跨越了從原始時期到清代幾乎整個中國古代歷史時期，在類型上覆蓋了禮器、庸器、兵器、樂器、食器、明器、行器、權衡器等多個器物種類；研究所採用的方法包括考古學、人類學、歷史學、文獻學、藝術史等多種研究方法。全書的內容可以概括爲三大類：第一類爲器物辨識。包括名物考證以及對器物上銘文、圖案、刻劃的研究等。第二類爲器物與環境研究。包括探討器物的具體適用環境、使用方式、使用時間及適用對象等。第三類爲器物與文化研究。包括器物的造型、源流、功能，及器物與特定文化、事件、現象、信仰之間的關聯等。文集以「器物研究」爲關鍵詞，力求彙集相關學科、領域專家學者最前沿的學術理念，探索跨學科、多維度思考問題的可能性，集思廣益，以推動對中國古代器物的整體研究水準。

目　次

上　冊

序

從作冊般銅黿漫說「庸器」　董珊 ……………………… 1

商代神人紋雙鳥鼓紋飾研究　韓鼎 …………………… 7

周代的「行鍾」與「行器」　張聞捷 ……………………… 21

改制不改道的制度分層與變遷——從工藝制度看周秦之變　徐東樹 ……… 35

從楚漢文化傳承的背景說雄戟　蘇輝 ……………………… 55

器物與空間——以馬王堆一號漢墓北邊廂隨葬器物為例　聶菲 ……… 65

疊套：漢代銅器製作的一種手法　張翀 …………………… 77

論漢墓內棺蓋上所置玉璧的禮儀功能　練春海 …………… 89

東漢解注瓶與漢代墓葬中的北斗圖像　顧穎 …………… 109

漢晉有翼銅人及其銘文新證　朱滸、段立瓊 …………… 119

麈尾：形制、功能與六朝文人美學　李修建 …………… 135

唐宋之間硯臺的著述、形制與產地　黃義軍 …………… 151

下 冊

器與圖——宋代墓葬中的剪刀、熨斗圖像組合　鄧菲 ……… 163

宋元時期禮器研究——從淮安總管府儒學祭器談起　胡嘉麟 ……… 195

景德鎮明代民窯青花瓷的考古發現及年代學研究　陳沖 ……… 217

明代造物中的「崇古」與「追新」意識　彭聖芳 …………… 235

迎合、微變與程序化——晚明外銷瓷裝飾圖像的西風東漸　吳若明 ……… 249

道德、秩序與情色——古代墓葬裝飾中的梳妝圖　陳長虹 …… 267

試論權衡器具秤桿刻度設計的起源與形成　程穎 …………… 303

槊的形制演變及意蘊象徵　汪曉東 …………………… 311

「繩墨」考釋　王拓 ……………………………… 327

中國飾紋體系初成時期奠定的造紋依據和取象模式　子仁 ……… 345

編後記 …………………………………………… 353

第六冊　方寸間的律動——析論唐代玉製腰帶具文化功能的變革

作者簡介

　　劉榮貴，台中逢甲大學歷史與文物研究所畢業，在學期間跟隨李建緯教授從事中國古代玉器研究，曾參與台中市萬和宮文物陳列室文物普查工作。2016 年獲來台客座北京人民大學考古文博系魏堅教授推荐，參加中國北京科

技大學 11 月於北京舉辦之「第六屆北京高校研究生考古論壇」並發表碩士論文，會後評選獲頒該屆 10 篇「優秀論文獎」之一。2017 年獲中國北京聯合大學文化遺產保護協會邀稿，發表碩士論文於《文化遺產與公眾考古》雜誌 2017 年第 4 期。

提 要

　　中國玉器文化歷史悠久、博大精深，其傳承與發展至戰國及兩漢時期達到顛峰，在內涵精義上素以「比德於玉」爲要，紋飾則趨於禮天、祭地等巫筮、神怪之氣，刀法拙樸精絕、形態蜷曲怒張而氣勢昂然，其後適逢朝代更迭、征戰頻仍，玉器工藝之發展遂順勢蟄伏。

　　時序進入「九天閶闔開宮殿，萬國衣冠拜冕旒」大唐盛世，適值中西文化交流巔峰，玉器工藝之內涵、工法、紋飾等產生巨大變革，內涵擺脫前朝巫筮、神怪之風，積極引入西方人本價值思維。工法上採斜刀下壓、剔地隱起之技，襯以細密短淺陰線紋，鉤勒線條流暢且氣韻生動。紋飾廣納自然生態，舉凡植物、動物、人物等寫實之像無不一一入鏡，其中玉製腰帶具更以方寸之體融會貫通。

　　唐代師法北方草原民族以帶、帶扣、帶銙、鉈尾組合建構之蹀躞型腰帶具，取代傳統帶鉤成爲服裝束繫的主要工具。此際腰帶具其材質多樣舉凡金、金玉、玉、銀等貴重金屬無不具備，素爲朝廷律定文武官員品第身分之表徵，玉製腰帶具亦躍升爲高階品第身分象徵之器，其紋飾融合中西元素形塑律動歡娛獨特的胡人樂舞裝飾母題，本文透過玉製腰帶具之溯源與創新發展，分就政治、文化、社會、工藝等諸多要因，逐步深入探析唐代玉製腰帶具文化功能變革上之多元樣貌。

目 次

誌謝辭

第壹章　緒　論 …………………………………………………………………1

　第一節　研究動機與目的 ………………………………………………………1

　第二節　文獻回顧 ………………………………………………………………4

　　一、史料記載 …………………………………………………………………4

　　二、歷史通論 …………………………………………………………………7

　　三、服飾研究專書 ……………………………………………………………8

　　四、玉器研究專書 …………………………………………………………12

　　　五、玉製腰帶具專論 ………………………………………………… 16

　　第三節　研究方法與架構 ………………………………………………… 18

第貳章　唐代以前腰帶具發展概述 ………………………………………… 21

　　第一節　形制演化：由單一物件到組裝套件的發展 …………………… 21

　　第二節　功能演化：由實用性轉向身分表徵之發展 …………………… 29

　　　一、同一墓葬中併存帶鉤和套裝腰帶具 ……………………………… 31

　　　二、戰國到西漢時期「玉腰帶」問題探討 …………………………… 36

第參章　唐代玉製腰帶具出土概況分析 …………………………………… 45

　　第一節　唐代墓葬、窖藏玉製腰帶具出土統計 ………………………… 45

　　第二節　唐代玉製腰帶具出土地區分布與歷史分期統計 ……………… 53

　　第三節　唐代玉製腰帶具（飾銙、鉈尾）出土數量、紋飾、結構特徵

　　　　　　分類統計 ………………………………………………………… 58

　　　一、出土總量：窖藏數量多於墓葬 …………………………………… 63

　　　二、紋飾 ………………………………………………………………… 65

　　　三、結構特徵：由穿繫物件實用性轉趨身分表徵性之發展狀態 …… 72

　　　四、材質：純玉質飾銙數量最多 ……………………………………… 73

第肆章　唐代腰帶具文化功能的變革 ……………………………………… 79

　　第一節　玉製腰帶具與身分表徵關係之確立 …………………………… 79

　　　一、文獻上玉製腰帶具和輿服制度對應關係與問題探討 …………… 81

　　　二、出土實物之文獻比對與問題探討 ………………………………… 88

　　　三、玉製腰帶具供需問題探討 ………………………………………… 96

　　第二節　階級性世俗取向的盛行 ………………………………………… 105

　　　一、花卉紋 ……………………………………………………………… 106

　　　二、獅紋 ………………………………………………………………… 109

　　　三、胡人樂舞紋 ………………………………………………………… 112

　　　四、其他人物紋 ………………………………………………………… 116

　　第三節　胡人樂舞裝飾母題之獨特意象 ………………………………… 127

　　　一、胡風盛行與西域樂舞的輸入 ……………………………………… 129

　　　二、帝王樂舞偏好的推動和發展 ……………………………………… 131

第伍章　傳播與影響 ………………………………………………………… 137

　　第一節　遼代（916～1125） …………………………………………… 137

第二節　宋代（北、南二宋 960～1279）‧‧‧‧‧‧‧‧‧‧‧‧‧‧‧ 142

第三節　元代～清代（1271～1911）‧‧‧‧‧‧‧‧‧‧‧‧‧‧‧‧‧‧ 143

第陸章　結　論 ‧‧ 149

參考文獻 ‧‧ 153

第七冊　寶髻釵橫墜鬢斜——唐代婦女髮飾初探

作者簡介

黃金燕，臺中市南屯人，1970 年生，國立中興大學歷史學碩士，現任職國立臺中科技大學。研究領域為中國前唐時期文化史、隋唐社會生活史等。

提　要

唐代是中國封建社會的特殊時代，經濟空前繁榮，思想空前活躍，而且婦女的地位也得到了空前的提高。與其他時代，尤其是明清封建下的婦女相比，她們的社會地位不再那麼卑賤，她們所受到的封建禮教束縛和壓迫要少一些，還有著較多的自由。女性的妝扮往往是社會風貌的縮影，女性的化妝行為，是當時社會文化的一環，與社會風俗有著密切連動關係，而風俗蘊含民族長期形成的社會風尚和人民的習慣。唐代因外來文明與唐文化互相消融，女性身處胡漢交融的相對開放風氣中，有些宦門貴婦直接參與經濟活動，女性的觸角逐漸深入社會，在社交活動需求下，女性除了因應各種場合梳妝打扮外，在男權社會中女性所扮演的角色，與自身所處的社會階級認同，是唐代仕女勇於展現美貌與競逐流行妝樣的催化劑。唐代仕女爭奇鬥豔的風氣，也形塑唐代仕女特殊髮式頭飾的發展。本文系統梳理了各時期女子髮式、髮飾的歷史演變，然後，進一步分析如何從外來文化等方面使得唐代婦女妝飾產生深刻的變化，進而分析此背景下唐代女性審美、心理及社會地位的重大變化。

目　次

第一章　緒　論 ‧‧‧ 1

第二章　頭飾的歷史流變 ‧‧‧‧‧‧‧‧‧‧‧‧‧‧‧‧‧‧‧‧‧‧‧‧‧‧‧‧‧‧‧‧ 15

第一節　前唐時期的時尚美學 ‧‧‧‧‧‧‧‧‧‧‧‧‧‧‧‧‧‧‧‧‧‧‧ 15

第二節　隋唐時期雍容的頂上風華 ‧‧‧‧‧‧‧‧‧‧‧‧‧‧‧‧‧ 22

第三節　後唐時期的仿唐流行 ‧‧‧‧‧‧‧‧‧‧‧‧‧‧‧‧‧‧‧‧‧‧‧ 24

第三章　從樸素到華麗的髮式 ‧‧‧‧‧‧‧‧‧‧‧‧‧‧‧‧‧‧‧‧‧‧‧‧‧ 35

第一節　垂髻 ·· 38

第二節　高髻 ·· 49

第三節　角鴉 ·· 74

第四節　鬢鬢的修飾 ······································ 80

第四章　儀態萬千的頭飾 ································· 89

第一節　巾幗風韻 ·· 91

第二節　簪釵鎏金 ·· 94

第三節　冠飾綽態 ··· 135

第五章　結論 ··· 157

第六章　附論：唐代婦女頭飾舉以文創產業的發想 ··· 161

第一節　文化創意商品的興起 ·························· 161

第二節　唐代婦女頭飾在多媒體文化產業下的影響 ··· 165

參考書目 ·· 175

第八冊　「韓熙載夜宴圖」研究——一幅圖畫的故事、傳播及衍生

作者簡介

　　彭仁君，民國七十六年六月三十日生。逢甲大學中國文學研究所碩士。

提　要

　　本論文以北京故宮博物館所藏之〈韓熙載夜宴圖〉為研究對象，旨在探討該畫本身的意義與價值。此畫主角為南唐名士韓熙載，其狎妓宴飲的人物形象一直深植人心。然而，韓熙載的人格形象歷來又有兩種說法，一為韓熙載確實是耽溺於酒歡女色中，完全不問世事，二則認為韓熙載的狎妓宴飲只是一種出於自汙以自保的行為。對於韓熙載的夜宴記錄，除了文字記載外，尚可由〈韓熙載夜宴圖〉窺見，此畫將韓熙載的夜宴活動依時間順序仔細地記錄下來，畫中除可見參與夜宴的人物外，亦可看見當時的室內場景布置、人物服裝、傢俱器用、樂器等生活器物。此外，在人物的神態上，亦有精細地刻畫，使人物性格、心情躍然紙上。〈韓熙載夜宴圖〉對後世產生了不少影響，除了在古代的詩畫文作品中可見其影子，在現代文創產業中亦可看見以此畫作為創作的元素。因此，本文便以此為研究切入點，先分析〈韓熙載夜宴圖〉中的各項元素，再探討此畫與現代小說與戲劇的交集為何，從中呈現

出〈韓熙載夜宴圖〉歷久不衰的豐富性。最後再統整本文的研究結果，並反思〈韓熙載夜宴圖〉在古今時空的不同價值。

目　次

第一章　緒　論 ··· 1

第一節　論題之提出與文獻討論 ····························· 1

一、論題之提出 ·· 1

二、文獻回顧 ·· 2

第二節　選題之義界與研究徑路 ····························· 7

一、選題之義界 ·· 8

（一）唐代長卷圖畫 ···································· 8

（二）詩文與圖畫的界限 ································ 9

（三）文創：故事的傳播及衍生 ························ 10

二、取材範圍 ·· 11

（一）文獻記載中的韓熙載 ······························ 12

（二）顧閎中〈韓熙載夜宴圖〉 ·························· 12

（三）吳蔚《韓熙載夜宴》 ······························ 12

（四）漢唐樂府《韓熙載夜宴圖》 ······················ 13

三、研究方法與步驟 ·· 13

第二章　文字書寫所映現的韓熙載 ····························· 15

第一節　史書所記錄之韓熙載 ······························· 15

第二節　筆記所記錄之韓熙載 ······························· 25

一、人物描寫 ·· 25

（一）人格特質 ·· 25

（二）蓄妓行為 ·· 27

（三）乞食自汙 ·· 28

二、交遊事蹟 ·· 29

（一）李穀 ·· 29

（二）陶穀 ·· 29

三、畫像辨偽 ·· 30

第三節　韓熙載傳世作品中的自我形象 ······················· 31

結語 ·· 36

第三章　一幅圖畫的故事 ── 顧閎中〈韓熙載夜宴圖〉論析 ……………… 37
　第一節　〈韓熙載夜宴圖〉分場解析 ………………………………… 38
　　一、聽樂 …………………………………………………………… 39
　　二、觀舞 …………………………………………………………… 41
　　三、歇息 …………………………………………………………… 43
　　四、清吹 …………………………………………………………… 44
　　五、送別 …………………………………………………………… 45
　第二節　〈韓熙載夜宴圖〉的人物與場景 ………………………… 46
　第三節　〈韓熙載夜宴圖〉的人物與場景 ………………………… 54
　　一、女性人物分析 ………………………………………………… 55
　　二、男性人物分析 ………………………………………………… 67
　　三、畫中場景分析 ………………………………………………… 71
　第四節　〈韓熙載夜宴圖〉的仿擬與創新 ………………………… 79
　結語 …………………………………………………………………… 85
第四章　小說之衍生 ── 吳蔚《韓熙載夜宴》論析 ……………………… 89
　第一節　公案小說、偵探小說與《韓熙載夜宴》 ………………… 89
　第二節　故事情節的開展 …………………………………………… 94
　第三節　人物角色的形塑 …………………………………………… 97
　　一、韓熙載的人物塑造 …………………………………………… 97
　　二、各懷心思的三對男女 ………………………………………… 106
　　　（一）愛轉癡恨枉當時 ── 秦蒻蘭與樊若水 ……………… 107
　　　（二）情到濃時便是狂 ── 王屋山與郎粲 …………………… 113
　　　（三）贖得身猶不自由 ── 李雲如與舒雅 …………………… 117
　　三、探案四人組 …………………………………………………… 120
　　　（一）熱血偵探 ── 張士師 …………………………………… 120
　　　（二）江湖老手 ── 張泌 ……………………………………… 122
　　　（三）洞察機微 ── 耿先生 …………………………………… 122
　　　（四）難得糊塗 ── 陳繼善 …………………………………… 124
　第四節　由圖畫的傳播到小說創作的開展性 ……………………… 125
　結語 …………………………………………………………………… 131
第五章　樂舞之衍生 ── 漢唐樂府《韓熙載夜宴圖》論析 …………… 133

第一節　南管樂、梨園戲與「漢唐樂府」………………………………… 133

第二節　以「梨園樂舞」詮釋的《韓熙載夜宴圖》……………………… 138

　　一、人物角色的形塑…………………………………………………… 140

　　　　（一）沉鬱寡歡的主人 ── 韓熙載 ………………………… 140

　　　　（二）各懷心思的賓客 ── 陳致雍、李家明、朱銑、郎粲、

　　　　　　　德明 ……………………………………………………… 141

　　　　（三）梨園樂舞的要角 ── 王屋山、李姬等諸妓 ………… 144

　　二、藉詩詞傳達情意…………………………………………………… 147

　　　　（一）李姬所唱〈醉桃源〉………………………………………… 148

　　　　（二）陳致雍所唱〈賀聖朝〉……………………………………… 149

第三節　《韓熙載夜宴圖》音樂與舞蹈表現…………………………… 150

　　一、音樂表現…………………………………………………………… 150

　　二、舞蹈表現…………………………………………………………… 156

第四節　由圖畫到戲曲的沿襲與創造………………………………… 171

　　一、場景再造…………………………………………………………… 171

　　二、畫境重現…………………………………………………………… 173

　　　　（一）以畫作爲分場圖…………………………………………… 173

　　　　（二）以演出重現畫中場景……………………………………… 176

　結語 …………………………………………………………………… 183

第六章　結　論 …………………………………………………………… 185

徵引書目 …………………………………………………………………… 189

附　錄 ……………………………………………………………………… 197

第九冊　元人畫松研究──以畫爲喻爲寄，以畫體道識史

作者簡介

　　邱雯，女，現爲中國美術學院藝術人文學院講師。自 1999 年起就讀於中國美術學院史論系，2003 年本科畢業後師從任道斌教授研究元、明、清美術史。2013 年博士畢業並授予學位。在此期間曾在各級刊物上發表文章如下：

　　1. 論文《董邦達藝術初探──兼論董源、董其昌與董邦達畫風之傳承》發表於《美術學報》（2013 年第 2 期），2013 年 3 月。

　　2. 論文《趙孟頫筆下的松樹畫》發表於《文藝研究》（2013 年第 7 期），

2013 年 7 月。

3. 論文《畫爲心印——黃公望筆下的松樹畫作品》發表於《上海藝術家》（2015 年第 2 期），2015 年 4 月。

4. 論文《只釣鱸魚不釣名——品吳鎮筆下的松樹畫》發表於《藝術中國》（2015 年第 4 期），2015 年 4 月。

5. 論文《董邦達與西湖十景圖》發表於《新美術》（2015 年第 5 期），2015 年 5 月並於 2016 年編纂、出版《中外美術史教材》。

2014 年至今參與《圖像新世界——明清中西繪畫交流史研究》課題（國家社科基金藝術學項目）：項目名稱《圖像新世界——明清中西繪畫交流史研究》。

提　要

和梅蘭一樣，松樹自古便被人們賦予高尚的含義，歷朝歷代詠松詩詞不斷。自魏晉始，松樹便入畫圖。而至元代，不僅松樹圖題材入畫進入了一個高峰期，並且眾多文人畫家筆下都湧現出松樹的身影。可以說元人繪畫在一個新的時空拓展了新的領域。這種新雖然是承傳了舊，但卻賦予時代了新內涵，注入了深入發展的新動力。誠如明人王世貞所說，文人畫起自東坡，而至松雪（趙孟頫）敞開大門。晚明董其昌曾作歸納指出，文人畫不僅以風格筆墨來區分；更應以個人自我意識強弱，能否將心中丘壑眞率地流露，正所謂宇宙在乎手，眼前無非生機，寄情藏意於紙絹筆墨間作爲品評文人畫作品高低的準則。後人更以文人畫能吐露高雅意趣，反映時代心聲爲尚。而元代文人可謂是這其中的重要力量，起到敞開文人畫大門的作用，從此富有文化內涵和精神價值的文人畫成爲中國畫史中的主流。

雖然關於「歲寒三友」松竹梅的繪畫內涵，研究者頗眾，而相比之下，後人對松樹圖，包括文人畫松的研究卻較爲薄弱，甚至沒有專門的成果，爲彌補畫史研究滯後的缺憾，加深對中國繪畫內涵的認識，論文從松樹入畫及元代文人畫松兩個方面進行研究。第一部分，對以前松樹入畫的由來及其在繪畫中的含義進行分析。第二部分，首先分析元代畫松題材繁榮的狀況，其次，考察元代十五位文人畫家的畫松作品，具體分析在特定時代背景之下松樹的豐富內涵，再次，從上述考察中尋求元人畫松繁興的社會原因與藝術特色。最後論及元代松樹圖對後世的影響。通過具體考察的實證，小中見大，得出元文人松樹入畫的最終目的 即畫爲心印，以畫爲喻，以畫爲寄，以畫體

道,以畫識史,而這一結論闡明了元代文人畫宏傳與發揚了中國畫的優秀傳統,加高加闊了中國畫的藝術之峰,這正是元代文人畫對中國美術與文化的重要貢獻。

目 次

緒　論 ……………………………………………………………………… 1

第一章　元以前的松樹入畫研究 ………………………………………… 5

　1.1 松樹入畫的由來 ……………………………………………………… 5

　1.2 松樹在繪畫中的豐富內涵 …………………………………………… 19

　1.3 常見的松柏題材繪畫 ………………………………………………… 21

第二章　元代畫松題材的繁榮 …………………………………………… 33

　2.1 元代文人畫家畫松題材的興起 ……………………………………… 33

　2.2 存世元代畫家畫松作品概況 ………………………………………… 33

第三章　元代文人畫家的松樹情結 ……………………………………… 35

　3.1 錢選《幽居圖》及其他 ……………………………………………… 37

　3.2 李衎《雙松圖》及其他 ……………………………………………… 39

　3.3 西域畫家高克恭《春山晴雨圖》及其他 …………………………… 40

　3.4 趙孟頫《雙松平遠圖》及其他 ……………………………………… 44

　3.5 商琦《春山圖》及其他 ……………………………………………… 48

　3.6 黃公望《富春山居圖》及其他 ……………………………………… 51

　3.7 曹知白《松亭圖》及其他 …………………………………………… 56

　3.8 吳鎮《洞庭漁隱圖》及其他 ………………………………………… 60

　3.9 李士行《喬松竹石圖》及其他 ……………………………………… 70

　3.10 朱德潤《渾淪圖》及其他 …………………………………………… 71

　3.11 楊維楨《歲寒圖》及其他 …………………………………………… 79

　3.12 唐棣《霜浦歸漁圖》及其他 ………………………………………… 80

　3.13 倪瓚《六君子圖》及其他 …………………………………………… 82

　3.14 張遜《雙鈎竹及松石圖卷》及其他 ………………………………… 87

　3.15 王蒙隱逸世界中的松樹圖 …………………………………………… 89

　3.16 元代其他畫家筆下松樹圖題畫詩 …………………………………… 93

第四章　元人畫松繁榮的社會原因及藝術特色 ………………………… 103

　4.1 元代畫家的藝術政治環境 …………………………………………… 103

  4.1.1 民族問題……………………………………………………………… 103

  4.1.2 元代文人以畫爲寄…………………………………………………… 104

  4.1.3 元代宗教三教並興…………………………………………………… 106

  4.2 元代畫家的政治取向…………………………………………………… 107

  4.3 元代畫家借松抒情的藝術特色………………………………………… 113

第五章　元人畫松對後世的影響及元以後松樹圖創作特點……………… 117

結　語……………………………………………………………………… 127

參考文獻…………………………………………………………………… 131

附錄一：隋唐五代與宋遼金畫松畫家統計表…………………………… 137

附錄二：元代松樹圖存世概況表………………………………………… 143

附錄三：論文引用圖錄…………………………………………………… 147

附錄四：文中提及元代松樹圖賞析……………………………………… 151

第十冊　明中期江南文人畫家與民間職業畫家比較研究

作者簡介

熊震 1975 年 3 月生於江西省南昌市。

1992 年 9 月～1997 年 7 月，江西師範大學美術系就讀美術教育專業並獲文學學士學位。

2005 年 9 月～2007 年 7 月，清華大學美術學院攻讀美術學專業並獲文學碩士學位。

2010 年 9 月～2013 年 7 月，清華大學美術學院攻讀美術學專業並獲藝術學博士學位。

2013 年至今，就職於江西科技師範大學美術學院，碩士生導師，美術系副主任。

2017 年，美國林肯紀念大學訪問學者。

學術論文

1.《從中國畫歷史梳理的角度看當代水墨問題》發表於《文藝爭鳴》2010 年第 2 期。（CSSCI 源刊）

2.《中國近現代水墨畫的演變與轉化》發表於《文藝評論》2013 年第 1 期。（CSSCI 源刊）

3.《明代中期江南兩類藝術家的審美異同研究》發表於《江西社會科學》

2016 年第 8 期。（CSSCI 刊源）

　　4.《明清以降「江西畫派」聚落的社會關係與筆墨研究》發表於《江西社會科學》2017 年第 2 期。（CSSCI 刊源）

提　要

　　本文以明代中期的江南社會爲切入點，在考察當時的政治環境、經濟狀況、城市面貌基礎上，分析不同階層以繪畫爲媒介的人際交往，畫家方面，本文主要關注文人畫家和民間職業性畫家，探究他們的生活軌跡和繪畫創作過程，梳理他們的師承路數，理清其作品影響力的來源，在現實生活的層面展開具體的討論，掌握他們之間相互交流和彼此影響的情況，通過瞭解相關各群體的關係和作用，系統研究當時多種繪畫風格並存的江南畫壇。

　　就畫家角度上看，文人畫家們在科舉仕途上不同的選擇與結局，導致了各自不同的生活態度，與此同時，市民階層的壯大也給當時社會生活帶來很大的衝擊，市民階層的審美風尚也使得美學觀念發生變化，這給當時有著世家背景的文人和具有官僚身份的士夫階層帶來深遠的影響，文人的詩文書畫不僅在精英社交圈中扮演潤滑劑的角色，而且也作爲商品的形式，在市場中發揮越來越重要的作用，那些名聲卓著卻隱居於市的文人與畫藝高超卻仕途失意的官僚，出於官場和市場的雙重考慮，選擇了以更加入世的心態接受這樣的現狀，同時又保有自己人格的獨立性，由此文人畫家們開創了既入世又脫俗的生活方式；繪畫風格的確立上，他們既顧及了現實需要也秉持了自己的理想追求，從而獲得了一種理想與現實之間的平衡；至於民間職業性畫家群體而言，由於他們的家族在文化教育和社會地位方面的落差，導致一部分人雖投身科舉卻無果而終，而另一部分出身於工匠的民間畫家則必須緊密聯繫市場，靠攏贊助人與收藏家以贏得更多的訂件，並借助他們宏富的歷代藏品開闊自己的眼界，提高自身的畫技，正是長期的實踐經驗和豐富的社會閱歷，使得這些優秀的民間職業畫家，既滿足了市場需要，又兼顧到精英階層的審美意識，他們的生活方式和作品格調上都與文人畫家有著某種相似性，由此出現了兩大群體間品評與交流的可能，並最終形成了彼此作品風格相互滲透的局面。

　　在作品評價體系中，文人佔據話語權優勢，客觀地看待歷史上的文獻資料，是冷靜分析兩類畫家作品的前提條件，因爲畫家作品與詮釋的關係直接關係到他們在美術史上的後世定位，細加分析明代文人的記述和相關的理論

體系的建構，對於畫家作品及影響力的再次認定有積極意義。

目　次

致　謝

序　陳輝

自　序

第1章　緒　論 ……………………………………………………………… 1

第2章　明中期江南的社會環境和畫家的社交圈 …………………… 15

　2.1　明中期江南社會狀況和城市經濟發展水平 ………………… 15

　2.2　明中期江南地區的文化狀況和畫家的審美導向 …………… 25

　　2.2.1　明中期江南的文化態勢 ……………………………… 25

　　2.2.2　明中期江南文人畫家與民間畫家所處的文化圈共性 …… 29

　　2.2.3　明中期江南文人畫家和民間職業畫家的審美導向 ……… 39

　　2.2.4　文人畫家的審美導向 ………………………………… 40

　　2.2.5　民間畫家的審美導向 ………………………………… 46

　2.3　明中期文人畫家與民間畫家的師承和交遊 ………………… 52

第3章　明中葉江南的商業、畫家生活方式及鑒藏對藝術創作的影響 …… 63

　3.1　江南園林的興盛及商業與市場 ……………………………… 63

　3.2　耕讀世家與沈周的現實關懷 ………………………………… 74

　3.3　從《長物志》看文氏家族 …………………………………… 83

　3.4　唐寅與功名 …………………………………………………… 92

　3.5　項氏收藏與仇英的繪畫 ……………………………………… 100

第4章　明中期兩類畫家作品中理想模式與現實境遇的解讀與互證 …… 115

　4.1　文人畫家作品的理想模式與現實境遇 ……………………… 115

　　4.1.1　政教意味的圖式 ……………………………………… 115

　　4.1.2　抒發性靈的表達 ……………………………………… 118

　　4.1.3　人與自然的和諧 ……………………………………… 127

　　4.1.4　隱逸於市的選擇 ……………………………………… 129

　　4.1.5　文人畫家的花鳥畫——以沈周、文徵明花鳥畫為例 …… 143

　　4.1.6　文人畫家作品「閒適」、「自然」風格的形成 ………… 148

　4.2　民間畫家作品中現實境遇與理想模式 ……………………… 150

　　4.2.1　喧鬧的畫面與沉默的人群 …………………………… 150

4.2.2 忙迫的生活與從容的繪製 ················· 155

4.2.3 實用的傾向與世俗的反映 ················· 167

4.2.4 境遇的喻示與格調的秉持 ················· 171

4.2.5 民間畫家的花鳥畫——以唐寅、仇英花鳥畫爲例 ······ 181

4.2.6 民間畫家作品「逸格」、「古雅」風格的形成 ······· 183

4.3 兩類畫家作品風格互滲狀況研究 ·············· 185

4.4 明中期江南文人畫家及民間職業畫家的後繼者作品研究 ··· 187

4.4.1 陳淳的花鳥圖 ····················· 187

4.4.2 尤求的人物畫 ····················· 189

第 5 章 對明代中期的兩類畫家的評價體系研究 ··········· 193

5.1 兩類畫家在明代畫史、畫論層面上的主要敘述 ······· 193

5.2 與文人畫家相應的評價體系之形成綜述 ·········· 197

5.3 與職業性畫家相應的評價系統之形成綜述 ········· 200

5.4 明代董其昌的「南北宗」論對兩類畫家及作品後世定位的影響 ···· 204

5.5 「畫」與「詮」相映襯的關係問題 ············· 208

第 6 章 結 語 ························· 213

參考文獻 ···························· 217

附錄 A 圖片來源 ······················· 225

附錄 B 明朝帝王列表 ····················· 233

第十一冊 先秦至唐書寫規範化研究

作者簡介

郭良實，1981 年生於甘肅天水，美學博士，研究方向爲中國書畫理論與實踐。先後從首都師範大學中國書法文化研究院與中國人民大學藝術學院獲碩、博士學位，師從解小青、鄭曉華教授。後在清華大學美術學院從事博事後研究，合作導師爲陳池瑜教授。現就職於首都博物館國內合作與民族考古研究部。

學術論文《論「六書」與書寫規範化》《論異體字與書法的關係》等發表於《中國書法》《藝術百家》《中國美術研究》等專業期刊。

提 要

該研究以「先秦至唐書寫規範化研究」爲題，以與之相關的系列問題爲

研究對象。主要從「內」、「外」兩方面展開論述。「內」指的是漢字自身的發展演變機制;「外」指的是政治制度、文化教育與書法藝術。

第一章,影響書寫規範化的內在因素。「六書」理論作為漢字形義關聯的紐帶,對漢字書寫規範起到直接制約作用。漢字各種字體從產生到成熟的演變過程,也是漢字書寫典範的建立過程。

第二章,政治制度與書寫規範化。本章選取史官、文吏、校書校、正字、楷書手等職管,探討其與書寫規範的關係。選官制度當中的「以書取士」也促進了書寫規範。

第三章,文化教育與書寫規範化。本章探討書寫教育、歷代字書與歷代石經對書寫規範的影響與關係。

第四章,書法與書寫規範化。本章考察書法技法理論對書寫規範的影響。此外,探討了過度追求文字形體規範對書法藝術表現力的影響以及為了滿足美觀需求,隨意改變文字結構,形成異體字的現象。

第五章,書寫規範化取樣調查。本章選取唐代墓誌文字為考察對象,探討其形成原因,並參照文字構形學理論對其進行梳理分類。

餘論,書寫規範的形成是以「六書」機制與漢字演變為內部動因,以國家行政制度為推動力,最後以文化教育為實現方式。

目　次

緒　論 …………………………………………………………………………… 1
第 1 章　影響書寫規範化的內在因素 ……………………………………… 11
　1.1 「六書」與書寫規範化 ………………………………………………… 11
　　1.1.1 「六書觀念」與「六書理論」 …………………………………… 12
　　1.1.2 「六書」的「橋樑」作用 ………………………………………… 15
　　1.1.3 「六書」與書寫規範 ……………………………………………… 16
　1.2 字體演變與書寫規範的形成 ………………………………………… 19
　　1.2.1 大篆與小篆 ………………………………………………………… 21
　　1.2.2 隸書與楷書 ………………………………………………………… 30
第 2 章　政治制度與書寫規範化 …………………………………………… 35
　2.1 史官與文吏 …………………………………………………………… 35
　　2.1.1 史官 ………………………………………………………………… 36
　　2.1.2 文吏 ………………………………………………………………… 40

2.2 校書郎與正字 ································· 44

　2.2.1 校書郎 ································· 44

　2.2.2 正字 ································· 46

2.3 楷書手與翰林書待詔 ························· 47

　2.3.1 楷書手 ································· 47

　2.3.2 翰林書待詔 ····························· 56

2.4 以書取士 ································· 59

　2.4.1 以書取士溯源 ··························· 59

　2.4.2 唐代以書取士的途徑 ······················ 60

第 3 章　文化教育與書寫規範化 ····················· 65

3.1 書寫教育 ································· 65

　3.1.1 「六藝」之書教 ·························· 65

　3.1.2 史官、文吏之職業教育 ····················· 68

　3.1.3 「書學」教育 ··························· 71

3.2 字書教育 ································· 79

　3.2.1 《史籀篇》等 ··························· 80

　3.2.2 《說文解字》 ··························· 85

　3.2.3 《玉篇》 ····························· 87

　3.2.4 《干祿字書》 ··························· 89

3.3 石經與字樣學 ····························· 91

　3.3.1 熹平石經 ····························· 92

　3.3.2 正始石經 ····························· 95

　3.3.3 開成石經與唐代字樣學 ····················· 98

第 4 章　書法與書寫規範化 ······················ 101

4.1 書寫技法理論 ···························· 101

　4.1.1 唐代以前的書寫技法理論 ·················· 102

　4.1.2 唐代的書寫技法理論 ····················· 106

4.2 書法與規範化的矛盾 ························ 114

　4.2.1 追求形體美觀而形成的異體字 ················ 114

　4.2.2 過度規範化對藝術個性的削減 ················ 117

第 5 章　書寫規範化取樣調查（以唐代墓誌異體字爲考量對象） ········· 121

5.1 唐代墓誌異體字的成因·····················122
　5.1.1 社會文化·····························122
　5.1.2 書寫的傳承與延續·····················123
5.2 唐代墓誌異體字的類型·····················127
　5.2.1 書寫變異···························128
　5.2.2 構形變異···························142
餘論：先秦至唐書寫規範化的規律與基本特徵·········155
附　圖·································161
附表：唐代墓誌異體字字形表····················179
參考文獻································217

第十二冊　竹帛書《周易》書法比較研究

作者簡介

　　江柏萱，1987 年生於臺北，國立臺灣藝術大學書畫藝術學系博士，現職長榮大學書畫藝術學系助理教授，其作品曾獲高雄獎「何創時書法篆刻類特別獎」，及全國美術展、新北市美展、行天宮人文獎書法創作比賽等多次獲獎；並曾於臺灣、中國、日本、馬來西亞、法國等地舉辦數次個展及受邀參與聯展；著有《黑白點線在我──書畫藝術創作研究》、《竹帛書《周易》書法比較研究》等。

提　要

　　竹帛（或作簡帛），即竹木簡牘與帛書，是中國古代曾使用逾兩千年的文字載體。一九九四年，上海博物館在香港古玩市場購得一批竹簡，合計有一千二百餘支，經過年代測定，竹簡年代為戰國晚期，內容字體為楚國文字，為眾多戰國書手墨蹟，風貌多變，竹書《周易》收錄於《上海博物館藏戰國楚竹書（三）》，簡文為四位書手所書，書風各具特色。西元一九七三年，出土於湖南長沙馬王堆三號漢墓的帛書約十多萬字，抄寫年代推論大致在秦始皇統一六國（公元前二二一年左右）至漢文帝十二年（公元前一六八年）之間。帛書內容相當豐富，涵括眾多學科，本文研究主題《周易》屬六藝類，依字體、書風判斷應為漢文帝時期所書，已出現成熟的漢隸特徵。

　　本論文主要由書法藝術角度切入，經由用筆方式與線條特徵、文字造形與結體特色、個別空間與整體章法等，諸多具有特色的書寫表現，分析、比

較竹帛書《周易》不同的書法風格，並了解所處時代的書風與文字書寫的真實情況，進而探尋戰國時期至漢代的字體演變脈絡；然而不同的書寫載體、工具有時造成書寫上的限制，可能因此形成該書風的特殊性；另外，由於帛書《周易》出土於故楚地，所以也能從文字的使用、通假與假借字等方面，看出楚文字的影響。

目　次

第一章　緒　論 ……………………………………………………………… 1
第二章　竹帛書《周易》背景資料 ……………………………………… 13
　第一節　上博楚竹書與馬王堆帛書背景概述 ………………………… 13
　第二節　竹帛書《周易》之內容概述 ………………………………… 20
　第三節　竹帛書《周易》之研究概況與歷史價值 ………………… 23
　第四節　竹帛書《周易》文字體系傳承分析 ………………………… 25
第三章　上博楚竹書《周易》書法風格分析 ………………………… 35
　第一節　竹書《周易》文字書法背景 ………………………………… 35
　第二節　竹書《周易》書法風格特色 ………………………………… 47
　第三節　竹書《周易》與同批楚竹書風格比較 …………………… 90
　第四節　竹書《周易》與戰國楚系簡帛書法風格比較 ………… 105
第四章　馬王堆帛書《周易》書法風格分析 ………………………… 117
　第一節　帛書《周易》文字書風背景 ………………………………… 117
　第二節　帛書《周易》書法風格特色 ………………………………… 124
　第三節　帛書《周易》與馬王堆漢墓簡牘書法風格比較 ……… 174
　第四節　帛書《周易》與其他秦漢簡牘書風 ……………………… 189
第五章　竹帛書《周易》書法風格比較 ……………………………… 199
　第一節　竹帛書《周易》筆法線條特質 …………………………… 199
　第二節　竹帛書《周易》文字結體與動勢 ………………………… 212
　第三節　竹帛書《周易》章法佈局 ………………………………… 231
　第四節　竹帛書《周易》的整體風格與幾個相關問題 ………… 249
第六章　結　論 …………………………………………………………… 263
　第一節　竹帛書《周易》之藝術特色與價值 …………………… 263
　第二節　對字體演變脈絡的重新認識 ……………………………… 266
　第三節　對書法創作的啟發 ………………………………………… 267

參考書目 ⋯⋯⋯⋯⋯⋯⋯⋯⋯⋯⋯⋯⋯⋯⋯⋯⋯⋯⋯⋯⋯⋯⋯⋯⋯ 271

附圖與附表 ⋯⋯⋯⋯⋯⋯⋯⋯⋯⋯⋯⋯⋯⋯⋯⋯⋯⋯⋯⋯⋯⋯⋯⋯ 277

圖版 ⋯⋯⋯⋯⋯⋯⋯⋯⋯⋯⋯⋯⋯⋯⋯⋯⋯⋯⋯⋯⋯⋯⋯⋯⋯⋯⋯⋯ 277

附表 ⋯⋯⋯⋯⋯⋯⋯⋯⋯⋯⋯⋯⋯⋯⋯⋯⋯⋯⋯⋯⋯⋯⋯⋯⋯⋯⋯⋯ 285

第十三、十四、十五冊　漢中石門摩崖石刻群書法文化研究

作者簡介

陳思，1988 年，本科獲北師大漢語言文學與書法學雙學位，碩、博就讀於北師大藝術與傳媒學院，導師鄧寶劍、倪文東，獲藝術學理論博士學位，現爲清華大學藝術史論系博士後，合作導師陳池瑜。本、碩、博均獲國家獎學金。在多家刊物發表文章三十餘篇。參加國家教材《中國書法文化與鑒賞》、國內第一套視覺書法教材的編寫、爲《楷書教程》書寫範字。多次獲全國學生書法大賽一等獎，爲中國書法家協會會員。音樂方面已過全國鋼琴考級十級。

提　要

漢中石門摩崖石刻群上啓東漢下至民國，發展脈絡完整，在交通、建築、歷史、文學、書法、刊刻等方面價值非凡，卻在建國後築壩時淹於水不可復見，這對於中國乃至世界藝術文化史都是一個巨大的損失。

石門石刻歷代頗受關注，本書以古今動態轉換視角、「經典性」與「歷史性」相結合的研究方法，借鑒圖像學、心理學、文學、歷史學、傳播學等跨學科領域相關知識，以「群落」圖景的立體重構、本體價值的多重挖掘、當代反觀的價值定位等三大主線，建構起對石門摩崖石刻群立體、鮮活、富有張力的文化觀照與研究。

全書分六章，一章，進行「經典性」維度研究，主要集中在「原貌」「現狀」「勘正」三方面，將已沉沒水下的石門摩崖群落「原貌」進行概念復原，再現其分區格局。對留存的漢魏石刻的現狀進行微觀勘測與記錄。對前人訛誤進行誆正。二章，進行「歷史性」重構研究，以動態發展的藝術史眼光，深入歷史原境，探尋其發展三起二落背後的歷史文化動因，建構起一部動態立體的石門摩崖石刻群文化發展史；三至五章，對其本體價值作分類考察，主要包括文學、史學、書法、刊刻四大核心領域價值的深入挖掘。末章，將

其與國內摩崖群落、古今傳播媒介、中西廢墟審美等全方位比較,探尋其在中國乃至世界文化史中的地位,闡發其在當代語境下持續延伸的審美價值與精神意義。

目 次

上 冊

緒 論 ……………………………………………………………… 1

第一章 石門摩崖群遺址復原與現狀考察 ……………………… 11
　第一節 石刻群整體區域總述及概念復原圖景 ……………… 12
　第二節 中心區及十大分區石刻群復原及信息匯總 ………… 18
　第三節 殘存經典石刻手摹復原與現狀描述 ………………… 34
　第四節 研究新發現及勘正前人著述之誤 …………………… 53

第二章 石門摩崖群發展成型歷史重構 ………………………… 75
　第一節 東漢石刻源生與初具規模 …………………………… 77
　第二節 魏晉延續與「母碑群」成型 ………………………… 86
　第三節 南宋「景觀化」與首次復興 ………………………… 98
　第四節 清代訪碑熱與廢墟再度復興 ………………………… 110
　第五節 石門的最後輝煌、危機與落幕 ……………………… 119

第三章 石門摩崖群文史價值初探 ……………………………… 127
　第一節 文本分類與文體風格解讀 …………………………… 128
　第二節 文本主體意識與留名心態探究 ……………………… 153
　第三節 石刻文獻「公共史傳」的史料價值 ………………… 176
　第四節 蜀道母題與石門文本的審美張力 …………………… 198

中 冊

第四章 石門摩崖群書法價值研究 ……………………………… 211
　第一節 石門石刻書法字體研究與概述 ……………………… 212
　第二節 《大開通》《石門頌》兩大漢隸經典書風 ………… 216
　第三節 魏楷《石門銘》書風與雜糅之美 …………………… 242
　第四節 宋隸式微下石門隸書逆時代興盛 …………………… 260
　第五節 碑學視野下的清代石門書風 ………………………… 272
　第六節 清代碑學對石門漢魏書法「經典化」闡釋 ………… 276

第七節　石門書史定位與美學價值的當今啓示 ……………………… 281
第五章　石門摩崖群刊刻藝術試析 …………………………………… 291
　第一節　摩崖的工藝流程與碑刻的比較 …………………………… 293
　第二節　石門摩崖選址與石質因素 ………………………………… 301
　第三節　石門摩崖形制與布局特色 ………………………………… 310
　第四節　石門摩崖刊刻與時代遞變 ………………………………… 318
　第五節　拓片誤差與回歸原石 ……………………………………… 350

下　冊
第六章　石門摩崖群的當代價值與文化審美新探 …………………… 363
　第一節　摩崖群評價體系與石門摩崖之定位 ……………………… 364
　第二節　石門摩崖群傳播媒介的特色 ……………………………… 372
　第三節　廢墟審美與石門精神的當代重構 ………………………… 384
結　語 …………………………………………………………………… 399
參考文獻 ………………………………………………………………… 405

第十六、十七冊　西漢未央宮出土骨簽書法研究

作者簡介

　　張嘉哲，1989 年出生於彰化，2016 年畢業於國立臺灣藝術大學書畫藝術研究所。曾於日本大東文化大學書道學科交換留學一年，具有長期的傳統書畫養成背景，並揉合現代書藝的美學觀，現階段創作以文字演變爲關注與實踐，考察當今文字在國族與書寫工具的複雜性與媒介革新，介於文字—圖像—字碼三者之間的相互辯證。目前生活於台北與柏林。

提　要

　　骨簽爲近期考古發現的重要漢代銘刻類書法資料，反映漢代漢字的發展與變化，對於研究文字與書法表現有重要的意義，西漢首都長安城爲其出土地點，本論以未央宮出土骨簽爲主要研究對象，內容記載了地方工官向中央政府上交供皇室和政府使用的手工業制器、兵器等物品名稱、規格、紀年、各級工官到工匠名，爲中央級別的檔案材料。

　　骨簽的文字字相，其體系承接秦系文字，仍餘存篆意架構，大致隸意已相當成熟，反映篆隸過渡時期的特徵。而輕鬆率意的草化書寫反映在部分的文字寫法之中，暗示著後世成熟草書的符號化，考察其筆畫特徵，又與審美

化的楷書筆法暗合，骨籤夾雜著多樣的書寫技巧，在書法發展中具有高度的藝術性。

　　透過探析西漢骨籤的文字構形、書法的用筆、體勢、章法與行氣等，可知西漢骨籤與秦漢書跡之關係十分密切，骨籤刀筆相生的特質，契刻的書寫意識如同毛筆筆意，大大翻轉了隨意契刻的模糊概念，而契刻的線質又反映硬筆書法自身的特性，在線條兩側可看見差異變化，部分幾何形的構件結體，亦是相異於毛筆書法的另一特色。

　　藉骨籤書法之研究，轉換爲篆刻創作面向的開展。將骨籤契刻書法的刀筆相生，與篆刻的概念與思想再連結，透過對骨籤書法線條與章法分析，以印從書出的藝術發展脈絡之下，期望篆刻中的「書法」可再被活化，同時使「契刻」在篆刻創作的語彙中有新的可能。

目　次

上　冊

第一章　緒　論 ……………………………………………………………… 1

第二章　骨籤出土背景概述 ………………………………………………… 11

　第一節　出土現況 …………………………………………………………… 11

　第二節　形制與發掘 ………………………………………………………… 12

　第三節　內容與性質 ………………………………………………………… 14

　第四節　書寫年代背景 ……………………………………………………… 18

第三章　骨籤文字構形體勢分析 …………………………………………… 23

　第一節　物勒工名與形體辨異 ……………………………………………… 23

　第二節　骨籤文字體系傳承 ………………………………………………… 31

　第三節　骨籤文字寫法考察 ………………………………………………… 37

第四章　骨籤書法風格特色探析 …………………………………………… 75

　第一節　骨籤書法的草化發展 ……………………………………………… 75

　第二節　骨籤的筆畫特徵與楷書形態 ……………………………………… 93

　第三節　體勢與造型 ……………………………………………………… 104

　第四節　章法佈局關係 …………………………………………………… 110

第五章　骨籤書法的二重性 ……………………………………………… 131

　第一節　毛筆書寫與硬筆書寫的關係 …………………………………… 131

　第二節　骨籤書法的刀筆相生 …………………………………………… 135

第三節　骨簽於篆刻創作觀 …………………………………… 142

第六章　結　論 …………………………………………………… 147

第一節　字體演變與書寫意識 …………………………………… 147

第二節　骨簽刀筆相生於篆刻創作觀 …………………………… 149

參考書目 …………………………………………………………… 151

下　冊

附錄一　骨簽圖錄 ……………………………………………… 155

附錄二　骨簽單字字庫 ………………………………………… 257

附錄三　骨簽書法與印內印外實踐例 ………………………… 327

第十八冊　宋代書籍刊刻與書法研究

作者簡介

周勁松，畢業於北京師範大學，先後獲得碩士和博士學位。現為中國文聯出版社副編審、美術分社總監。書法以二王為宗，旁涉篆隸，多次參加全國書法展覽，作品在韓國、日本等國家以及我國臺灣地區展出。2014 年，參加「筆墨圖騰——當代中國書畫名家邀請展」（呼和浩特）。2015 年，參加由北京師範大學藝術與傳媒學院和《中國書畫》雜誌社主辦的「三人行——京師三博士書法展」，分別在北京和山東成功舉辦。2016 年，在北京師範大學京師美術館舉辦「周勁松博士畢業書法彙報展」；參加「聚藝·江南——中國青年藝術家邀請展」（蘇州）。在專業刊物發表書法論文十多篇，多次參加藝術類教材編寫，並負責編輯中國文聯重點項目中國國粹藝術書籍二十多種。

提　要

該書對宋代書籍刊刻所使用的字體以及寫手、刻工進行研究，分析宋代書籍刊刻中不同時期、不同區域的字體特點，從字體書寫角度為宋版書的版本鑒定提供參照；分析宋代書籍刊刻字體與名家書法之間的關係，探討書法史不曾關注的宋代底層寫手、刻工的書法造詣和他們的生存狀態。

該研究圍繞宋代刊刻書籍的原版書圖像和史料記載展開，運用篩選、歸納、比較、描寫等方法，將宋代書籍刊刻字體進行分類整理，建立宏觀與微觀、時間與空間的立體分析框架。書籍刊刻的正文有仿顏體、仿歐體、仿柳體、仿蘇軾體、仿瘦金體等楷書字體，這些字體具有明顯的地域差異，少數書籍的正文為篆書和隸書。書中的序、跋，除了楷書、篆書、隸書之外，還有行草書。書

籍的正文以楷書爲主，序、跋以行草書爲主。寫手們書寫正文時都模倣前朝或者當朝的書法家楷書，按照楷書的規範書寫，沒有形成程序化的「匠體」風格，他們的書寫雖然不屬於書法創作，但字體端莊嚴謹，楷法遒美，可以跟書法家的楷書作品相媲美。書中的序、跋一般請業內知名人士撰寫，有的直接將寫好的行草書手寫稿上版刊刻，這些序、跋除了實用之外，書法藝術性也很強。宋代書籍刊刻字體的整體風格沒有脫離「宋尚意」的範疇。

該書從藝術史的角度，探討書籍刊刻工藝對字體藝術性的影響，以及「宋體字」最終形成的主要原因。同時，還對宋代社會的文化、經濟等方面進行考察，分析當時書籍刊刻全面繁榮的原因及寫手、刻工的基本收入。書坊刊刻經營書籍的利潤很高，但寫手、刻工等工匠的收入低，他們屬於宋代社會的底層。

目　次

第一章　緒　論 ………………………………………………………………… 1
第二章　宋代書籍刊刻全面繁榮的原因 ……………………………………… 15
　第一節　宋代書籍刊刻技術發展成熟 ……………………………………… 15
　第二節　書籍刊刻需要的物質條件更加完備 ……………………………… 21
　第三節　宋代社會的文化發展促進書籍刊刻 ……………………………… 31
第三章　宋代書籍刊刻使用的楷書字體 ……………………………………… 47
　第一節　仿顏體 ……………………………………………………………… 54
　第二節　仿歐體 ……………………………………………………………… 73
　第三節　仿柳體及其他字體 ………………………………………………… 90
　第四節　宋代書籍刊刻對楷書字體的選擇與改造 ………………………… 99
　第五節　宋代書籍刊刻楷書字體對人們書寫的影響 ……………………… 116
第四章　宋代書籍刊刻中的行草書、篆書、隸書 …………………………… 123
　第一節　宋代書籍刊刻中的行草書（一） ………………………………… 123
　第二節　宋代書籍刊刻中的行草書（二） ………………………………… 138
　第三節　宋代書籍刊刻中的篆書、隸書 …………………………………… 155
第五章　宋代書籍刊刻的寫手、刻工 ………………………………………… 163
　第一節　參與正文寫版的宋代名家 ………………………………………… 163
　第二節　宋代書籍刊刻的成本及利潤 ……………………………………… 168
　第三節　宋代書籍刊刻寫手、刻工的生存狀況 …………………………… 174

第四節　宋代書籍刊刻寫手、刻工的技術傳承 ………………………… 183

結　語 ……………………………………………………………………… 187

參考文獻 …………………………………………………………………… 191

第十九冊　明初書法與臺閣體之研究

作者簡介

黃昭祥

歷任：南投縣慕陶書法學會理事長

學歷：國立中興大學中文研究所

作品經歷：1995 年聯青杯第三名，1995 年聖壽杯第三名，1995 年至聖杯第二名，1996 年第二屆台南市美展第二名，1997 年第四十四屆中部美展第二名，1997 年台灣區國語文競賽第三名，1999 年主席杯全國書法比賽第一名，1999 年全國青年書畫展第三名，2000 年第五十五屆全省美展第三名，2001 年第五十六屆全省美展第二名，2002 年第六屆大墩美展大墩獎，2002 年玉山美展玉山獎，2003 年全國春聯大賽第二名，2004 年屏東縣美展第一名，2004 年第十七屆南瀛美展優選，2005 年第五十九屆全省美展第二名，2005 年第十七屆全國美展第三名，2006 年第六十屆全省美展第二名，2006 年第六屆明宗獎首獎，2006 年第十八屆南瀛美展南瀛獎

提　要

臺閣體，為長久以來一直被書家忽略且聚訟的問題。然書法發展絕非朝代更替而一言以蔽之。元末明初的書家如：危素、楊維楨、倪瓚、宋濂、宋克等。他們引領著明初的書法潮流，也因循著趙孟頫、康里子山的書風，對明初書壇扮演著承先啟後的角色。明初諸帝，雅好翰墨，還於朝中設立專門機構，以蓄能書之人。文士也因善書授予中書舍人一職，成為御用書家。其中備受寵遇，榮耀天下者莫過於三宋、二沈。他們的書法，蔚為時尚，與當時文壇以楊士奇為代表的臺閣體文風相呼應。卻也因朝廷的宣導，促使了明初行草的昌熾與小楷的繁榮。

臺閣士人向來以鳴盛頌世為特徵，以文辭修飾為職事。長久以來，一直被認為是翰林文人感恩逞技心態之體現。在這讓人忽略且無可避及的年代，筆者試圖一探時代氛圍，就人物、政治、社會、典章制度及《永樂大典》之編修，分五章論述，庶幾還原明初書法與臺閣體之本質。

目 次

致謝辭

第一章 緒 論 ··· 1

第二章 元代書風遺響 ······································· 5

第一節 元代的政治氛圍與忽必烈的用人與取才 ········· 5

第二節 忽必烈以後帝王的儒治方針 ··················· 7

第三節 元代書法發展 ······························· 10

一、元代前期書風 ······························· 10

二、復古主義的形成與興盛 ······················· 12

三、「元初三家」的書風形成與影響 ················· 14

四、奎章閣學士書家群像 ························· 23

五、元代後期隱士書家 ··························· 33

第四節 承先啟後 ··································· 41

第三章 明代前期書風 ····································· 45

第一節 皇家新風 ··································· 47

一、明初草創 ··································· 47

二、仁宣致治 ··································· 56

第二節 三宋與陳璧 ································· 67

一、筆墨精妙，章草第一──宋克 ················· 67

二、章法起伏，跌宕生姿──宋廣 ················· 73

三、小篆精工，國朝第一──宋璲 ················· 75

四、筆端風雨，不減顛素──陳璧 ················· 78

第三節 二沈與解縉 ································· 81

一、我朝王羲之──沈度 ························· 81

二、行筆圓熟，章法由精，足稱米南宮入室──沈粲 ··· 85

三、小楷精絕，行草皆佳──解縉 ················· 88

第四節 張弼與陳獻章 ······························· 94

一、好到極處，俗到極處──張弼 ················· 95

二、熙熙穆穆之風──陳獻章 ····················· 100

第四章 《永樂大典》與內閣制度對臺閣體的影響 ········· 107

第一節 《永樂大典》的編纂 ························· 108

第二節　明代內閣與翰林院的形成 …………………………………… 115

第三節　中書舍人與臺閣體 …………………………………………… 123

第五章　臺閣體的興衰 ………………………………………………… 135

第一節　臺閣體初起時期（1402～1424） ………………………… 136

第二節　臺閣體鼎盛時期（1425～1449） ………………………… 150

一、婉麗端雅，臺閣典型——楊士奇 ……………………………… 152

二、宗法漢魏，姿媚動人——楊榮 ………………………………… 156

三、嚴於律己，德高望隆——楊溥 ………………………………… 159

第三節　臺閣體衰落時期（1450～1516） ………………………… 165

一、瘦硬遒逸，自成一格——姜立綱 ……………………………… 166

二、不主故常，不落俗套——李東陽 ……………………………… 169

第六章　結　論 ………………………………………………………… 177

參考文獻 ………………………………………………………………… 183

附錄　明初洪武至弘治年間大事年表 ………………………………… 195

第二十冊　趙宧光《寒山帚談》「書學格調說」之研究

作者簡介

　　林中元，花蓮人，國立台南大學國語文學系研究所畢業，現職國小老師。國小於校內參加書法社團，自此與書法結下不解之緣……才怪！拿毛筆的第二天便面臨被老師轟出去的窘境，一週後淚眼汪汪的賭誓餘生不再碰毛筆（其實是老師教得淚眼汪汪）。是誰說的人生難料？大學因緣際會開始寫字，一提筆就是好幾年，那個被書法老師轟出去的小鬼也成了書法老師。於是，就成了沒有什麼頭銜，大學才接觸書法的門外漢，真要說的話，就是對書法抱持著熱情的國小老師。

提　要

　　趙宧光（1559～1625），字水臣，號凡夫，為晚明書法家、文字學家，其以「草篆」傳世，為近幾年研究明清篆書不可漏缺之人物，特別是其提出之「書學格調論」更於書論中獨樹一格。本研究之目的即在於對《寒山帚談》做深入的剖析，並以此一窺趙宧光之「書學格調論」。本文共分七章：

　　第一章「緒論」，說明本文研究方向及研究目的、研究方法，同時對於前行研究進行回顧，同時探討《寒山帚談》版本流傳及《寒山帚談》成書問題。

　　第二章「趙宧光之生平與時代背景」，分析趙宧光所處之晚明背景、書學風氣，同時針對趙宧光家世、生平、與吳門及時人的交遊探討。

　　第三章「《寒山帚談》『書學格調說』之發端與釋義」，釐清「詩學格調說」與《寒山帚談》「書學格調說」之差異，並剖析「書學格調說」之「格」與「調」之意涵。

　　第四章「《寒山帚談》格調說之『格』論」，探討「格」與結構之建立方法，同時釐清趙宧光「用筆為上」論之建立與應用，此外，釐清趙宧光「破體」所指意涵亦為本章重點。

　　第五章「《寒山帚談》格調說之『調』論」，從「清雅」敘述趙宧光「調」之建立與執筆方法，並分析趙宧光「調」與「風格」之關係，以及其兩種「品第論」之意涵。

　　第六章「《寒山帚談》『格調說』於書篆學習之運用」，敘述趙宧光之學書方法，並由「書學格調說」探討其選材方法及原因，此外亦從《寒山帚談》分析其篆刻論及影響。

　　第七章「結語」，綜述本文之研究心得、成果，同時指出未來可繼續研究之方向。

目　次

致　謝
第一章　緒　論 …………………………………………………………… 1
　第一節　研究動機與目的 ……………………………………………… 1
　第二節　前行研究的回顧 ……………………………………………… 6
　　一、有關《寒山帚談》版本與流傳 ………………………………… 7
　　二、「趙宧光其人」與「書法成就」之研究 ……………………… 8
　　三、《寒山帚談》研究成果 ………………………………………… 10
　第三節　研究範圍與方法 ……………………………………………… 13
　　一、《寒山帚談》成書問題 ………………………………………… 14
　　二、研究方法 ………………………………………………………… 19
第二章　趙宧光之生平與時代背景 …………………………………… 23
　第一節　晚明時代背景 ………………………………………………… 24
　　一、心學之影響 ……………………………………………………… 24
　　二、尚奇之風氣 ……………………………………………………… 28

第二節　趙宦光之書學背景 …………………………………… 31

　一、吳中地區 ………………………………………………… 32

　二、晚明書學風氣 …………………………………………… 36

第三節　趙宦光之家世與生平 ………………………………… 38

　一、趙宦光之家世 …………………………………………… 38

　二、趙宦光之生平 …………………………………………… 45

第四節　趙宦光之交遊 ………………………………………… 52

　一、趙宦光與吳門之關係 …………………………………… 52

　二、趙宦光與時人之交遊 …………………………………… 57

第三章　《寒山帚談》「書學格調說」之發端與釋義 ………… 65

第一節　「詩學」與「格調」——格調之發端 ……………… 66

　一、李東陽「詩學格調說」 ………………………………… 66

　二、王世貞「詩學格調說」 ………………………………… 71

第二節　「格」與其相關意涵之析義 ………………………… 75

　一、「格」與「體」 ………………………………………… 76

　二、「格」與「法」 ………………………………………… 79

　三、「格」與「體法」 ……………………………………… 81

第三節　「調」與其相關意涵之析義 ………………………… 86

　一、「調」與「鋒」 ………………………………………… 86

　二、「調」與「勢」 ………………………………………… 88

　三、「調」與「鋒勢」 ……………………………………… 91

　四、「調」與「風格」 ……………………………………… 94

第四章　《寒山帚談》格調說之「格」論 …………………… 101

第一節　「結法」與「構法」之解析 ………………………… 101

　一、「結法」與「構法」之釋義 …………………………… 102

　二、「結法」與「構法」之關係 …………………………… 106

第二節　「以結構持心」——從結構到心法 ………………… 114

　一、從成文到成章：「學力」與「平直」 ………………… 114

　二、從「轉移其念」到「著念全體」 ……………………… 120

第三節　「以格為上」之解析 ………………………………… 125

　一、「書法以用筆為上」：「用筆為上」傳統之建立 ……… 125

　　二、「用筆爲上」之反動：「結構重於用筆」‥‥‥‥‥127

　　三、「結構爲上」：書學能事盡在結構‥‥‥‥‥‥130

　第四節　從結體到破體‥‥‥‥‥‥‥‥‥‥‥‥‥‥134

　　一、「破體」釋義‥‥‥‥‥‥‥‥‥‥‥‥‥‥‥134

　　二、「破體」與「異體」‥‥‥‥‥‥‥‥‥‥‥‥136

　　三、「破體之法」與「其法不定」‥‥‥‥‥‥‥‥141

第五章　《寒山帚談》格調說之「調」論‥‥‥‥‥‥‥149

　第一節　風格之調‥‥‥‥‥‥‥‥‥‥‥‥‥‥‥‥150

　　一、從「生」至「逸調」‥‥‥‥‥‥‥‥‥‥‥150

　　二、從「清雅」至「逸調」‥‥‥‥‥‥‥‥‥‥155

　　三、「古調」與「今調」‥‥‥‥‥‥‥‥‥‥‥164

　　四、「古人氣象」與「今人俗書」‥‥‥‥‥‥‥167

　第二節　執筆之調‥‥‥‥‥‥‥‥‥‥‥‥‥‥‥‥171

　　一、「不活」與「不死」：執筆法‥‥‥‥‥‥‥172

　　二、不期正而正：「中鋒」‥‥‥‥‥‥‥‥‥‥176

　第三節　書品之調‥‥‥‥‥‥‥‥‥‥‥‥‥‥‥‥179

　　一、善書者鑒‥‥‥‥‥‥‥‥‥‥‥‥‥‥‥‥179

　　二、品第論──「五品」、「六品」‥‥‥‥‥‥182

第六章　《寒山帚談》「格調說」於書篆學習之運用‥‥‥187

　第一節　學習之方法‥‥‥‥‥‥‥‥‥‥‥‥‥‥‥187

　　一、加深基底‥‥‥‥‥‥‥‥‥‥‥‥‥‥‥‥188

　　二、化爲我用‥‥‥‥‥‥‥‥‥‥‥‥‥‥‥‥193

　　三、敗處爲功‥‥‥‥‥‥‥‥‥‥‥‥‥‥‥‥197

　第二節　用材之選取‥‥‥‥‥‥‥‥‥‥‥‥‥‥‥200

　　一、「擇」與「不擇」──筆‥‥‥‥‥‥‥‥‥200

　　二、紙惡大病──「強紙」、「弱紙」‥‥‥‥‥207

　　三、興到作書‥‥‥‥‥‥‥‥‥‥‥‥‥‥‥‥211

　第三節　篆刻論‥‥‥‥‥‥‥‥‥‥‥‥‥‥‥‥‥216

　　一、通篇結構──「章法」‥‥‥‥‥‥‥‥‥‥216

　　二、「印學」與「字學」‥‥‥‥‥‥‥‥‥‥‥221

第七章　結　論‥‥‥‥‥‥‥‥‥‥‥‥‥‥‥‥‥‥227

參考書目 ……………………………………………………………… 231
附錄：趙宧光年表 …………………………………………………… 245

第二一冊　徐三庚篆刻書法藝術研究

作者簡介

顏瑛慧，國立臺灣藝術大學書畫藝術學系碩士。日本大東文化大學書道學科交換留學一年。私立中國文化大學廣告學系創意表現組國立嘉義高級中學美術班。

1983 年出生於臺灣雲林。國中美術教師。一直以來關注著藝術與人文的古往今來，喜愛藝文帶給人的各種情感釋放。小學三年級開始習字，從此與書篆藝術締結美好緣份。對於書法情有獨鍾，常和學生探討文字結構之美，並在課堂中宣揚書法藝術的獨特美感。希望藉由日常文字的書寫，能保留、傳達手寫字的自然溫暖。

提　要

影響清代後期篆刻發展最劇的當屬丁敬（1695～1765）和鄧石如（1743～1805），丁敬師法秦漢，兼取眾長，善用切刀為法，不主一體；鄧石如不以秦漢古璽為滿足，而自求於書法的融入，主張「以書入印，印從書出」的創作要詣。丁、鄧的推陳出新，為晚清的篆刻藝術，開出了光明的大道。晚清時期的標誌為「銳意變法、表現個性」的自覺追求，即不蹈故常的求異思維。徐三庚（1826～1890）印風和書風的養成，與這樣的時代背景密不可分。他的篆刻作品面貌多元，除了戰國、秦漢魏晉、宋元璽印等的擬仿以至明清流派的學習，尚還探求金石碑版文字，以印外求印；書法方面，尚碑但不拘泥，尤受〈天發神讖碑〉的影響深遠，以「中宮緊束，上密下疏」的結體舒展其勢，並秉持「以我書入我印」的理念，印風突破平方正直的規範，其用筆起伏跌宕多姿的意趣和篆隸相參的筆情，在後期的印文創作中表現得尤為充分。儘管徐三庚的創作風格獨樹一幟，在當時也頗負盛名，但鋒芒卻不若吳讓之（1799～1870）、趙之謙（1829～1884）乃至吳昌碩（1844～1927）那樣發光發熱。歷來論者對於他的作品評價褒貶相參，但都僅用三言兩語便蓋棺論定，較失客觀性。不論他在篆刻書法史上的地位如何，其「解放思想，勇於創造」的精神和貢獻不容小覷。

本論文共分為五個章節進行探究：第一章 研究動機與目的、研究內容與

範圍、研究方法與流程以及主要研究引用資料的敘述與分析；第二章 針對徐三庚的生平與時代背景、交友與遊歷，作一綜合論述；第三章 探討徐三庚篆刻的研習歷程與創意表現特質，並嘗試將其創藝歷程約略分期；第四章 徐三庚的書法學習初探、自我書風特質的析賞，以及書印互用相生的探討；第五章 將徐三庚的篆刻和書法藝術特質作一總結，以分析徐三庚的成就、影響和啓示。

目 次

謝 誌

第一章 緒 論 ……………………………………………………… 1

第二章 徐三庚的時代背景與生平梗概 ……………………………11

　第一節 印壇與書壇概況 ………………………………………11

　第二節 關於徐三庚的生平 ……………………………………16

　第三節 畫壇與金石之友 ………………………………………21

第三章 徐三庚的篆刻 ……………………………………………25

　第一節 傳統璽印篆刻的研習創作 ……………………………25

　　一、擬秦仿漢師古而不泥 ……………………………………26

　　　（一）先秦古璽的學習 ……………………………………27

　　　（二）秦系璽印的擬仿 ……………………………………34

　　　（三）漢印的摹刻與創作 …………………………………48

　　　（四）「六朝朱文」以及近賢的認知差異 ………………49

　　二、宋元印式的仿習與連邊朱文的合參 ……………………55

　　　（一）宋元連邊朱文的應用 ………………………………57

　　　（二）仿趙孟頫 ……………………………………………60

　　　（三）仿吾丘衍 ……………………………………………62

　　三、浙派的薰習 ………………………………………………64

　　　（一）丁敬與西泠八家 ……………………………………65

　　　（二）意在鈍丁小松之間 …………………………………68

　　　（三）借法二陳一趙 ………………………………………70

　　四、追崇鄧石如「以書入印，印從書出」的藝術觀 ………74

　　五、吳讓之圓朱文印的追摹與發揚 …………………………78

　第二節 「印外求印」的借鑒與應用 …………………………82

一、封泥、斗檢封 ·· 84

二、春秋金文王子申盞盂 ·· 87

三、漢碑額 ·· 88

四、漢晉磚文 ·· 94

五、瓦當 ·· 95

六、鏡銘 ·· 96

七、三國吳天發神讖碑 ··· 99

第三節　自我風格的開發與鍛造 ································ 103

一、以古爲師博採期（四十二歲以前） ····················· 103

二、與古爲新轉化期（四十三歲至五十歲） ················ 112

三、別開生面自我成熟期（五十一歲至六十歲以上） ····· 119

第四章　徐三庚的書法 ·· 129

第一節　師法學習初探 ··· 129

一、取法漢魏碑版 ··· 129

（一）〈郭林宗碑〉 ·· 129

（二）〈天發神讖碑〉 ······································· 133

（三）〈張猛龍碑〉 ·· 137

二、向時賢學習 ·· 143

（一）鄧石如 ·· 143

（二）金農 ··· 146

第二節　自我書風特質與書印互用相生 ······················ 149

一、篆隸作品的風格特質 ······································· 149

（一）篆書 ··· 149

（二）隸書 ··· 157

二、書印互用相生 ··· 164

（一）篆書四言對聯 ·· 164

（二）篆書冊——東方朔等漢代人物傳贊（局部） ····· 166

（三）隸書五言對聯 ·· 167

第五章　徐三庚的成就和影響——結論 ······················ 169

第一節　徐三庚篆刻與書法藝術特質之總結 ················· 169

一、篆刻 ·· 170

（一）早期（四十二歲以前）──廣收博取不主一家 ………… 171

（二）中期（四十三歲至五十歲）──與古為新和轉化 ……… 172

（三）晚期（五十一歲至六十歲以上）──別開生面自我成熟期

　　　…………………………………………………………… 172

　　二、書法 …………………………………………………………… 172

　　　（一）篆書 ……………………………………………………… 173

　　　（二）隸書 ……………………………………………………… 173

　第二節　書篆藝術遠播東瀛 ………………………………………… 173

　　一、日籍學子遠渡中國拜師學藝 ………………………………… 173

　　　（一）圓山大迂 ………………………………………………… 173

　　　（二）秋山白巖 ………………………………………………… 175

　　二、徐三庚的影響 ………………………………………………… 177

　　　（一）西川春洞 ………………………………………………… 177

　　　（二）初世中村蘭臺 …………………………………………… 181

　第三節　徐三庚書篆藝術的啟示 …………………………………… 182

參考書目 ………………………………………………………………… 185

附錄一：徐三庚篆刻作品邊款姓名字號齋名署款使用期表 ………… 195

附錄二：徐三庚篆刻作品列表 ………………………………………… 197

附錄三：徐三庚書法作品列表 ………………………………………… 291

第二二冊　晚清民初石版印刷藝術研究

作者簡介

　　陳霆，女，1977 年生，江蘇揚州人。上海交通大學設計學院講師。蘇州大學藝術學院，設計藝術學博士。加州大學聖迭戈分校，訪問學者。

　　主要論文／會議報告和著作包括：《簡析晚清石印畫報的圖文關係變化》（《美術與設計》2014）；《清末民初石版畫與傳統木版畫的圖像差異》（《美術》2014）；《民國早期商業美術圖像的產生和流行與石印技術的關係》（《創意設計源》2015）； "Difference of the Imagery Style between Chinese traditional Wood Block Art and Late Qing Lithography Art "（2015 AAS in ASIA Conference）；《陳盛鐸畫集》（上海人民美術出版社 2017）；《中國美術史圖說》（中國建築工業出版社 2006）等。

提　要

　　本書將對石版印刷藝術在晚清民初這一中國近代設計文化啓蒙階段所產生的文化影響和社會意義做一系統研究。

　　石版印刷術傳入中國並帶來印刷技術革新，由此興起了中國近代印刷工業。隨著以手工作坊爲基礎的傳統雕版印刷業爲新興的印刷工業所替代，印刷藝術的圖像形式，加工製作和傳播模式，文化功能等也發生了質的變化。石版印刷藝術在晚清民初的發展最終促進了中國近代設計文化的形成和設計思維由傳統到現代的轉型，並且在新聞傳播領域、商業領域和教育領域發揮積極作用。具體分以下幾個層面：

　　傳統圖像模式和圖像功能在石版印刷技術的衝擊下發生深刻變化。

　　新興出版物和多樣化的圖像內容成爲各種觀念的載體和信息傳播渠道，對近代中國民眾的審美趣味、社會風尙和文化思潮的觸發和更迭產生深刻影響。

　　規模化生產和市場化供求結合加速了信息和文化的傳播，擴大了知識的普及。

　　印刷工業的興起對近代中國城市化和商業化進程產生巨大推動力。

　　本書分析基於石印藝術的中國早期工業化階段的流行圖像，分析石印技術的發展、傳播及其對大眾視覺藝術領域的影響和文化意義，編織起一幅晚清民初的文化景象。將技術、視覺圖像和大眾流行文化作爲一股影響力量來分析晚清民初中國社會的現代化進程。

目　次

引　言 ……………………………………………………………………………1

第一章　石版印刷術的產生——揭開印刷工業化的序幕 …………………9

　一、西方石版印刷術的產生和發展 ………………………………………9

　　（一）石版印刷術的發明 …………………………………………………9

　　（二）石版印刷術的製作原理 ……………………………………………10

　　（三）黑白石印——彩色石印——照相石印 ……………………………10

　二、西方石版印刷術的特點 ………………………………………………11

　　（一）西方印刷工業的有機組成 ……………………………………………11

　　（二）藝術家的參與 ………………………………………………………14

　　（三）官方的支持 ………………………………………………………15

第二章　革故鼎新之際石版印刷術傳入中國 ……………………… 19

　一、新舊交替的時代背景 ………………………………………… 19

　　（一）中國人的主動學習 ………………………………………… 19

　　（二）列強對技術的有效輸入渠道 ……………………………… 20

　　（三）中國歷來對印刷出版的重視 ……………………………… 21

　　（四）現代城市和商業中心的初步形成 ………………………… 22

　二、清代晚期傳統印刷工藝與石印的關係 ……………………… 23

　　（一）清代雕版印刷對晚清石版印刷具有直接影響 …………… 23

　　（二）晚清多種印刷工藝的出現為石印術的傳入和運用做了鋪墊 … 27

　　（三）石版印刷的流行導致雕版印刷的衰落 …………………… 29

　三、石版印刷術傳入中國的過程 ………………………………… 35

　　（一）外國傳教士為宣傳需要帶入中國 ………………………… 35

　　（二）從邊境到口岸——石印術在中國的傳播 ………………… 37

　　（三）石印術的強勢發展——國人建立石印印刷所 …………… 38

第三章　晚清民初中國石印圖像的特點 …………………………… 43

　一、晚清石印圖像的特點 ………………………………………… 44

　　（一）構圖法則——趣味到真實 ………………………………… 45

　　（二）畫面組織——分離到整合 ………………………………… 47

　　（三）藝術造型——程式到寫實 ………………………………… 50

　　（四）表現手法——線條到明暗 ………………………………… 55

　　（五）圖像背後——功能與技藝 ………………………………… 56

　　（六）總結 ………………………………………………………… 58

　二、晚清石印圖像與文字的關係 ………………………………… 61

　　（一）傳統雕版文學作品中的圖文關係——「文配圖」 ……… 62

　　（二）石印畫報的圖文關係——「圖配文」 …………………… 64

　　（三）圖像主導的形成因素 ……………………………………… 65

　　（四）圖文閱讀習慣的改變 ……………………………………… 71

　三、晚清石印圖像的進一步發展和分化 ………………………… 72

　　（一）表現方式的分化 …………………………………………… 73

　　（二）圖像應用的分化 …………………………………………… 76

第四章　石版印刷術在中國的發展及影響 ………………………… 125

一、新聞傳播領域──促進近代新聞業的發展 ·················· 125
　　（一）石印新聞畫──補充文字新聞 ····················· 126
　　（二）石印小報──傳播民主進步思想 ·················· 143
二、商業美術領域──參與商業文化的建立 ··················· 147
　　（一）石印商業美術的主要門類及其形成和發展 ··········· 148
　　（二）商業美術圖像與石印技術的關係 ·················· 152
　　（三）月份牌體現的石印特徵 ························· 167
　　（四）石印畫報到商業美術的演變 ····················· 175
三、教育領域──石印技術對晚清民初的國民教育做出重要貢獻 ······ 178
　　（一）在傳統文化教育方面的貢獻 ····················· 178
　　（二）在新式教育方面的貢獻 ························· 179
　　（三）石印畫報和商業美術的教育作用 ·················· 182
四、石版印刷的衰落 ································· 188
結　論 ·· 221
參考文獻 ··· 223
附　錄 ·· 227

第二三冊　詩意的家居：明清徽州民居的審美研究

作者簡介

　　衣曉龍，男，1978 年生，山東平度人。2006 年起，師從著名民俗學家陳勤建教授，2009 年畢業於華東師範大學文藝民俗學專業，獲文學博士學位。現任職於浙江師範大學文化創意與傳播學院，從事民俗學、民間文學等學科的教學和研究工作。

提　要

　　民俗學是研究人類傳承性生活模式的學科，在民俗中，生活樣式是表象，背後是人的精神生活、情感世界。文藝民俗學的任務之一則是將民俗生活模式作為審美研究對象，從而揭示模式中內含的民眾心靈生活之美。民居這一民俗事象作為民眾的「家」居同樣具有文藝民俗學意義上的研究價值。

　　本書選取中國傳統民居中明清時期徽州古村落民居為研究對象，突破民俗學界傳統研究中側重關注民居中儀式、習俗的研究窠臼，將民居置於文藝民俗學的視域下進行審美研究，重點挖掘其作為生活藝術的美學內涵，並將

民居提高到民眾詩意心靈圖像的物化表達的層面進行解讀。

　　本書綜合運用民俗學、文藝學、美學、建築學、地理學等學科的理論成果，以田野考察、考古資料和文獻資料相結合的「三重論證法」為研究方法，以文藝民俗學為理論工具，對徽州民居進行多學科交叉的嘗試性研究。

目　次

緒　論 …………………………………………………………………… 1
第一章　徽州民居：「天時、地利、人和」………………………… 25
　第一節　「天時」：徽州民居順「天」而生 ……………………… 25
　第二節　「地利」：徽州民居應「地」而作 ……………………… 29
　第三節　「人和」：徽州民居因「人」而興 ……………………… 38
第二章　徽州民居：中華傳統美的承載和展演 …………………… 49
　第一節　儒家中和美之統轄 ………………………………………… 52
　第二節　道家自然美之滲透 ………………………………………… 64
　第三節　佛家空靈美之潤澤 ………………………………………… 75
　第四節　俗家渾樸美之充溢 ………………………………………… 79
第三章　徽州民居：美之根──民俗美 …………………………… 89
　第一節　禳災祈福：民俗意願之美 ………………………………… 90
　第二節　舒適怡人：民俗智慧之美 ………………………………… 99
　第三節　雅俗共賞：民俗技藝之美 ………………………………… 105
第四章　徽州民居：時空流轉中的心靈藝術 ……………………… 125
　第一節　徽州民居：時空幻化出的居住藝術 ……………………… 126
　第二節　徽州民居：詩意心靈的圖像物化 ……………………… 136
第五章　涅槃還是死亡：對傳統民居藝術生死的拷問 …………… 153
　第一節　龍 PK 上帝 ………………………………………………… 153
　第二節　詩意家居　回歸浪漫 …………………………………… 168
結　語 …………………………………………………………………… 175
附錄 1：中國民居及徽州民居研究論文舉要 ……………………… 179
附錄 2：徽州文化研究資料選 ……………………………………… 205
附錄 3：1～6 批全國文物保護單位中的古民居古村鎮及中國歷史文化名村
　　　　名錄 …………………………………………………………… 223
附錄 4：中國各民族住宅結構及風格表 …………………………… 231

參考文獻 ……………………………………………………………… 249

後　記 ……………………………………………………………… 265

風格的視野
──漢唐之間平面圖像美術考古（上）

李杰、弓淼　著

作者簡介

李杰，美術學博士，西安外國語大學藝術學院副院長、藝術研究所所長，藝術學理論學術帶頭人，碩士研究生導師，陝西高校人文社科工作專家，陝西省藝術類高考專家組專家，陝西省美術博物館學術委員，陝西唐代藝術研究會副會長，中華炎黃文化研究會農耕文化研究會副秘書長，湯用彤國學院特聘教授，黃帝學學會會員，九三學社社員。

出版專著四部：《勒石與勾描——唐代石槨人物線刻的繪畫風格學研究》（人民美術出版社）、《中國美術考古學的風格譜系研究》（科學出版社）《基於美術考古學語境下的唐代石槨藝術研究》（臺灣花木蘭出版社）、《立象盡意——魏晉南北朝墓室壁畫的風格學研究》（商務印書館）。在《人民日報》《文藝研究》《美術》《美術觀察》《人大複印》《人文雜誌》《民族藝術》等核心期刊發表論文 40 餘篇。獲陝西省第十一次哲學社會科學優秀成果二等獎；陝西高校人文社會科學優秀成果二等獎、三等獎；西安市第十次哲學社會科學優秀成果二等獎。主持國家社科基金 1 項、國家重大子課題 1 項，主持教育部重點課題 1 項，主持省部級項目 3 項，主持其他縱向課題 7 項。

弓淼，設計藝術學碩士，西安外國語大學藝術學院講師。發表論文十餘篇，主持參與國家社科及省部級、地廳級項目 8 項。

提　　要

本書以漢唐之間考古物質數據爲基礎，對這一時期美術作品平面圖像進行美術考古學研究。全書從歷時和共時兩個角度，對期間發現的美術作品的區域、風格及延承發展等進行考察，總結作品風格的演變趨勢和特點，建構中古時期平面圖像的美術考古學基礎性研究構成。

本書的創新點主要有二。其一，豐富了中國考古學中美術作品時代風格的研究方法。本研究著眼於建立中國美術風格學必不可缺的技術環節，通過對各個時期大量作品元素的定量研究和定性分析，使之形成一套相對完整和有效的研究手段。其二，定性了漢唐時期美術時代風格的研究屬性。本書力求將各時期作爲一個整體，在上下時期進行縱向比較，使之形成完整流變體系。通過對形式風格、造型規則、線型程式等本體元素的討論，在一定程度上對各時期考古作品的時代風格以及在其發展序列中的地位與意義進行定位。旨在爲中國美術考古學研究的這一領域開闢一條直接的通道，從平面圖像的角度重建業已失傳的證據。

本書爲國家藝術基金 2019 年度藝術人才培養資助項目「科技美術考古學人才培養」的階段性成果

目

次

上　冊

導　言 ………………………………………… 1

　一、中國美術考古學的研究理念與物質解讀 …… 1
　二、中國美術考古學的風格架構 …………… 14
　三、漢唐之間墓室圖像的研究現狀 ………… 24
　四、研究的路徑 ……………………………… 30

上部　圖像研究的物質基礎 ………………… 33

第一章　墓室圖像的考古學陳述 ……………… 35

　第一節　漢唐之間主要墓室圖像的發現 ……… 37
　　一、漢代主要墓室圖像的發現 ……………… 37
　　二、魏晉南北朝墓室圖像的發現 …………… 40
　　三、隋唐墓室圖像的發現 …………………… 45
　第二節　漢唐之間壁畫墓的地理分佈 ………… 47
　　一、漢代壁畫墓的地理分佈 ………………… 47
　　二、魏晉南北朝壁畫墓的地理分佈 ………… 49
　　三、唐代壁畫墓的分佈與分期 ……………… 53

第二章　漢唐之間墓室圖像的配置系統 ……… 57

　第一節　漢代墓室圖像題材的配置關係 ……… 57
　　一、中原地區墓室圖像配置 ………………… 57
　　二、關中地區墓室圖像配置 ………………… 65
　　三、東北地區墓室圖像配置 ………………… 67

四、北方地區墓室圖像配置 ························· 72

五、河西地區墓室圖像配置 ························· 75

六、東方地區墓室圖像配置 ························· 76

第二節　魏晉南北朝墓室圖像題材配置規制 ······· 77

一、遼陽地區墓室圖像配置 ························· 79

二、嘉峪關地區墓室圖像配置 ····················· 83

三、高句麗地區墓室圖像配置 ····················· 85

四、平城地區墓室圖像配置 ························· 87

五、洛陽地區墓室圖像配置 ························· 88

六、鄴城、晉陽地區墓室圖像配置 ················· 92

七、關隴地區墓室圖像配置 ························· 96

八、青齊地區墓室圖像配置 ························· 98

九、南方地區墓室圖像配置 ························ 100

第三節　唐代墓室圖像題材配置規制 ············· 102

一、墓室圖像配置 ································· 102

二、唐代石槨配置情況 ····························· 114

中部　圖像學研究 ································· 129

第三章　墓主與作者 ······························· 131

第一節　壁畫墓的墓主類型 ······················· 131

一、漢代壁畫墓墓主分類 ··························· 132

二、唐代石槨墓的墓主 ····························· 139

第二節　墓室壁畫的創作者 ······················· 141

一、樣稿創作者 ··································· 142

二、畫匠 ··· 151

三、勒石將作 ····································· 154

第四章　工藝與材料 ······························· 159

第一節　墓室壁畫的製作工藝 ····················· 159

一、地仗 ··· 159

二、礦物顏料 ····································· 163

第二節　勒石線刻 ································· 166

一、適合石料 ····································· 168

二、漢畫像石的「雕塑」性 ························· 170

三、石刻線畫的「繪畫」性 ························· 171

四、勒石技法推演 ································· 172

五、表現技法的轉化 ······························· 175

中　冊

第五章　造型的時代普識性 …………………… 191
　第一節　造型類型化 ……………………… 191
　第二節　時代風尚承變 …………………… 203
　　一、秀骨清像到面短而豔 …………… 203
　　二、魏晉風尚延續 …………………… 206
　　三、豐肥妍美 ………………………… 209
　第三節　臉形形式 ………………………… 211
　　一、早期人物臉型 …………………… 211
　　二、魏晉南北朝平面人物臉型 ……… 216
　　三、唐代平面人物臉型 ……………… 218
　第四節　眼形規程 ………………………… 221
　　一、阿堵傳神 ………………………… 221
　　二、婳目 ……………………………… 223
　　三、三白眼 …………………………… 230
　　四、宦官眼形 ………………………… 237
　　五、程式的流變 ……………………… 238
　第五節　程序中的凸式特例 ……………… 240
　第六節　襆頭 ……………………………… 253
　　一、源起 ……………………………… 254
　　二、襆頭定形 ………………………… 258
　　三、女式襆頭 ………………………… 262
　第七節　寺人之令 ………………………… 264

下部　風格學研究 ……………………………… 277

第六章　觀念的顯現 ……………………………… 279
　第一節　墓室圖像的敘事頃間 …………… 279
　　一、決定性頃間 ……………………… 280
　　二、連環性頃間 ……………………… 286
　　三、象徵性頃間 ……………………… 294
　第二節　六朝士人形象 …………………… 298
　　一、士人品藻 ………………………… 298
　　二、玉人 ……………………………… 299
　　三、放達自然 ………………………… 304
　　四、自適神仙人 ……………………… 305

第三節　魏晉美學中的玄佛互文……………………308
一、佛道互漸………………………308
二、儒佛互漸………………………311
三、玄佛互漸………………………312
四、經驗與超驗………………………315
第四節　佛造像的形式影響………………………320
一、佛畫入華………………………320
二、六法與六支………………………328
三、量度、儀軌的影響………………………329
第五節　士女畫的圖式構建………………………348
一、成立背景………………………349
二、創立………………………352
三、形式結構………………………356
第六節　密體與疏體………………………361
一、密體向疏體轉化的精神依據………………361
二、線形張力的轉化………………………377
第七節　白畫的形態………………………386
一、溯源………………………386
二、描與成………………………391
三、定義………………………394
第八節　空間營造………………………395
一、圖與底………………………395
二、圖形張力………………………403
三、觀的視點………………………410
第九節　善畫存形………………………415

下　冊

第七章　形式風格延承………………………429
第一節　線群的結構性………………………430
一、形式基礎………………………430
二、陰影的影射………………………445
三、結構線群的凸顯………………………455
四、結構線群的成熟………………………475
第二節　裝飾性線群………………………482
一、概念化裝飾線群………………………482

二、從屬性表現 ………………………… 490

三、表意性的轉變 ……………………… 498

第三節　線群的重構 …………………… 501

一、主觀秩序性線群的回歸 …………… 501

二、折線的支撐 ………………………… 505

三、中式體量觀念 ……………………… 512

四、建構形式譜系 ……………………… 518

第八章　線形程式 …………………… 521

第一節　線型的延承軌跡 ……………… 522

一、秦漢線型的基本特徵 ……………… 522

二、魏晉南北朝的線型特徵 …………… 527

三、「鐵線描」程式 …………………… 532

四、盛唐的變速線型 …………………… 536

五、五代的線型轉化 …………………… 553

六、提按線型的開端 …………………… 555

第二節　時代線型對比 ………………… 559

結　論 ………………………………… 565

主要參考文獻 ………………………… 569

導　言

一、中國美術考古學的研究理念與物質解讀

百年間關於中國美術考古學的研究方法好像被大家所有意模糊掉，特別是作爲考古學的附屬學科，一直以來被作爲解釋歷史的陪襯。在功利目的下的考古學理論中，美術的無階級性形而上特質往往會被排斥在「歷史建構」的證據理論之外，以至於長期以來，「考古學」認爲美術考古是用來塡補空缺的「拿來物」，並不需要它具有獨立的價值取向和獨有的闡釋理論。

1、問題指向

馬克思指出，歷史就是一切事物發生、發展、衰亡的過程。所有的科學都是在人類發展中產生發展的，以此，廣義而言，自然科學也是歷史的一部分，人類歷史的發展也是人與自然的轉換關係，就此而論，人類只有一部學科，既歷史學。從哲學角度來看，歷史，包括兩種，其一爲一去不復返的空間歷史史實，另一種是我們常說的，後代解釋的歷史。因此，對歷史的解喻常常是變動不拘的，今天的歷史未必等同於明天的歷史。同時，由於切入角度的不同，產生了不同的歷史解構，由此而誕生了各個學科的元理論構成，其認知結構取決於認知主體的客觀條件和主觀意識相統一的認知環境及主體意願相結合而構成的認知能力。在大多歷史研究中，我們常常關注的是某一歷史對象、事件或歷史現象的解釋過程和表達模式，或者是研究理論所形成的歷史認識或觀點。

傳統考古學作爲一個相對注重客觀對象的學科概念，早期的考古學只是作爲陳述歷史的附證依據，因此，形成了重物質而輕人行的基本認識觀。近

代考古學顯然認識到要在歷史學科中佔據一定的位置，則必然需要形成自己的獨立價值觀，跨越古物學的基本認知，由物質及其行為乃至觀念，進而達到能夠敘述歷史的目的。所有的史學實踐都是基於本一學科的研究目標原則所決定，即是說，為什麼要研究這些？其因果的解釋規律是怎樣的？對於尚未成立學科的中國美術考古學而言，其元理論的建立主要是回答為什麼要建立這一學科以及這一研究方向有什麼作用的問題。然而，現階段的中國美術考古學的基礎研究理論主要以美術學和考古學的不同學科視角來照射問題的不同側面，其結果必然產生結論的多義性，因此，這些研究往往會避開中國美術考古學元問題拷問，來回答一些具體的問題。然而，一個成熟的學科體系顯然不能缺失對其元理論研究，脫離了對中國美術考古學本質是什麼的設問，必然會使這一學科模糊了發展方向。

2、定性基礎

中國美術考古學並非一個新鮮的概念，為什麼會在今天提出建立中國美術考古學學科？主要是因為美術考古學的概念提出和相關實踐性實驗研究已經達到一定的積累，正在趨於理論性提煉階段，很多進一步的研究已經不能滿足於理論建構。從研究特徵來看，其主導研究已從單向化趨勢轉向整體化定性研究，同時，量化研究日趨盛行，並積累形成趨勢化延承關係，此外，跨學科研究的異軍突起，以及精微化深入研究日益受到重視，這些現象已經明確顯示出這一學科定性成立的成熟基礎，顯然，建立脫離於考古學和藝術學而構成的中國美術考古學的獨立學科體系已具備條件。

一種思想或學科的成立，首先要具有一般意義的普遍解釋定律，成為這一學科的基礎概念。泛史學結構首先確認人類的發展歷史是有章可循的，雖然社會歷史是由雜亂無章的、由各種偶然所積累起來的時間序列，雖然看似並不存在普遍意義上的關聯，但隨著人的主觀意識上的主動嵌入，使得歷史的聯繫逐步顯現出發展秩序，這種概念上的定律也就是黑格爾所定性的歷史規律的「普遍精神」。

美術考古學顯然屬於泛歷史學中的派生學科，其所研究的對象是人類歷史中的藝術發展運動過程及規律，它是依託時間而生存，屬於過去的、不能直接完整展現在我們面前的藝術創作過程及關聯發展。雖然人類藝術的發展多呈現為無機的事件堆積而成，歷史事物之間並不存在必然的普遍聯繫。然而隨著現代史學的研究深入，我們有理由相信，人類的歷史是一個現實的、

合乎規律的、以物質生產的發展為基礎的「自然歷史過程」。更為重要的是
人類社會的基本矛盾始終推動著歷史前進，推動人類由低級向高級發展，推
動新式社會構成更替舊的社會結構，從而形成了具有客觀性、必然性和前進
性的「史學規律」。這一規律設定並非時間性的「眞實的」歷史，是建立在
「有意識的、經過思慮或憑激情行動、追求某種目的的人參與」的基礎之上。
因此，「史學」並不等同於「歷史」，史學的歷史不是過去發生的事實，而是
可以使人們想像地再現歷史的概括象徵，「在歷史學家創造歷史事實之前，
歷史事實對於任何歷史學家而言都是不存在的。」〔註1〕正如貝奈戴托‧克
羅齊所說，歷史存在於每一個人的心中，同史學家一起用語言學與哲學攜手
去產生歷史。簡單來說，史學的歷史既是由一本書和多本書傾瀉而出的思想
史，〔註2〕歷史的基礎不是史實，而是解釋的歷史思想，正是由於這種關於
過去的知識，「才有引起對話和選擇的可能性，」〔註3〕史學才具有了無限的
魅力和無限的可能。

　　從中國美術考古學的學科構成體系來看，必須完成以下五項基本內容要
素：其一，反映不同藝術範圍和演進過程的專門史；其二，研究史學一般原
理和史學方法論的史學概論，如本體論、認識論、方法論等；其三，研究本
學科自身發展過程及其規律的史學史；其四，研究考古史料及其運用方法的
藝術史料學；其五為，研究美術考古學史學成果表現形態的美術考古編纂
學。簡單來說，從研究層次來看，中國美術考古學的建立要完成三個遞進層
次，首先第一個層次是建立資料的基礎層次，包括考古資料、文獻資料、人
類學資料等；第二個層次是敍述層次，主要對考古歷史過程、藝術本質規律
的闡釋和敍述；第三個層次為本體層次，即史學理論和研究方法的確立以及
本體哲學的建構。如若再進行更為深入的明晰界定，或者說，從認識觀層次
而言，要完成四個方面的思維系統，首先是低層認識內容，以考古資料為依
託，對個別的藝術史實的存在形態和原始形態進行考釋和客觀描述，儘量確
保研究資料的眞實性和準確性；中層認識史學主要是以探討藝術發展與歷史
史實之間的相互關係，通過分析和歸納解釋時間延展下的空間藝術歷史形
態；第三個層次是本體認識層次，既建立歷史美術演進的一般規律和理論模

〔註1〕愛德華‧霍列特‧卡爾，歷史是什麼，商務印書館，1981：18。
〔註2〕貝奈戴托‧克羅齊、博任敢譯，歷史學的理論與實際，商務印書館，1982：9。
〔註3〕雷蒙‧阿隆，歷史意識的維度，華東師範大學出版社，2016：5。

型，這一層次的研究需要具有歷史想像和抽象表達的方法意識；最後一個層次爲哲學認識層次，需要從宏觀角度對中國美術考古學進行思考，對本體論、認識觀以及方法論的價值標準和學理定位進行哲學思辨研究。

3、整體與還原

每一個研究領域都有一套獨有的設問方式和解決問題的辦法來理解這個世界，例如，社會學研究會專注於社會結構的問題研究，歷史學研究者更加注重過去式時間性問題的分析，物理學家專注於驗證性過程實驗，地理學家則會注視自然性問題，因爲比起實驗數據而言，他們的研究結論更依賴於田野數據的分析。顯然，每一個研究體系都具有明確的闡釋問題的「反身性」。而中國美術考古學的建立首先需要確立的是，設定其獨有的問題設問方向、獨有的理解問題的方法以及整體的學科傾向。簡單來說，中國美術考古學學科與其他學科的區別主要在於對現有資料的問題設定組合程式，就好比每一個自然人的區別在於 DNA 排序方式的不同。相近學科之間雖然存在諸多共通問題，然而將它們的方法、語境、問題、詞匯等關鍵基因相對應排列，就會看到，每一個學科都有屬於自己的獨特序列。

這種序列的區分主要基於在文化整體觀的限定下這個學科對問題設問點的不同。即是說，中國美術考古學學科秩序的建立首先要符合社會科學的整體趨向，將觀念與實踐置於更大的區域文化和異域文化的整體背景視角下來理解，將其主導觀念與人類行爲相互關聯，在整體性關聯的前提下，關注各部分要素的組織關係以及整體因素如何對具體事件產生影響，獨立事件如何積累成整體趨勢。也就是說，從宏觀角度而言，中國美術考古學的建立首先要釐清歷史整體觀與本體還原觀念的功用與界限。

還原理論（Reductionism）是針對整體主義（Holism）而言的具體化思維方式，是研究人文科學複雜系統的兩種相對的理論思想。整體主義強調研究系統的自身高層次和整體觀，還原主義則主張將高層次還原爲低層次、將整體研究觀還原爲各個組成部分加以研究。簡單說，還原主義多爲量化、客觀漸進研究，而整體主義則更多表現爲質性研究。還原主義一直以來較爲統一，以客觀量化作爲主導思想，而整體主義隨著認識的變化而產生了較多體系，例如，泛靈論、神創論進而到當代較爲流行的全息論等。兩者已不再是初期的簡單相對性質，隨著研究思想的昇華，兩者的界限已變得相當模糊，一部分原屬還原主義的觀念被整體主義採用，一些屬於整體主義的理論則被

還原主義施用，兩種觀念在長期對抗交融之後達成了一定程度的間性融合。

　　對於中國美術考古學的基礎理論而言，其元理論的建立是相關跨學科成果的積累，質性整體觀是構架其元理論的基本概念。這一觀念的建立主要是依據現已明確掌握的歷史資料和考古直觀材料，運用歷史學和藝術學的經驗和分析判斷方法，對中國歷史美術的發生、延承與未來發展的性質做出判斷。這種質性研究的方法主要側重於定性判別，著重對事物發展的趨勢、方向和重大轉折點進行預測，這也是一種在歷史條件鏈不具備完整性的前提下所採用的，能夠搭建起整體觀的主要方法。顯然，定性預測在注重於事物屬性的發展和規律，具有較大的靈活性，易於充分發揮經驗的主觀能動性。而其缺點是易受主觀因素的影響，易受個人的知識、經驗和能力的束縛和限制。中國美術考古學本身既是一個跨學科的建構，因此，在構建基其礎整體觀念質性研究的時候，應關注事物發展的定量精確描述，爲質性化的定性提供堅實的量化根基。在這一分析構架中，定性預測和定量分析並不是相互排斥的，而是可以相互補充的，因此，在實際整體觀搭建過程中需將兩者辯證的結合起來使用。

　　歷史美術的展現主要以整體趨勢與時期特性兩部分組成，兩者互爲依託。整體由短時段風格累積所組成，形成一個長時段理論建構的整體觀，兩者相互作用的對應範疇爲：偶然、必然和邏輯，並互爲因果。因此，我們往往會把短時段風格設定爲一個事件結構，但是組成事件的內容則比較複雜，既包括自身發展因素、文化因素、環境因素同時也包括外來碰撞的偶然因素。然而，在這個互證系統的中，整體預測則比較複雜，而事件組成則較爲簡單。之所以說整體觀較爲複雜，主要是由於在長時段整體考核系統中，時段組分的性質是通過與其他組分的關係而表現出來的，當我們具體分析某個組分時，往往不可避免地會考慮到相近組分的影響，使之改變了其獨立性質，從而影響了預測的趨向性。在歷史美術整體觀的設定上，由於存在短時段事件風格中的證明缺環，整體複雜系統的預測，往往只是指出可能性，具有不確定性、概率性、偶然性和多解性質。我們知道，考古資料是一個人爲限定的短時間定格物質，而歷史文獻則是以事件爲定性的記錄，兩者本身具有不對應性質。然而，在歷史美術進程中，如果沒有一個相對穩定的整體觀，就會使物質遺存和文獻難以形成契合關聯，因此，長時段整體觀與短時段事件還原的契合，是建設美術考古學的元理論的基礎概念。

實際上,歷史美術的整體概念設定具有強烈的主觀性,而短時段事件與之相比則具有一定的客觀性質。整體觀其實就是人們憑經驗、遺物和傳統而估算出來的概率,在現有歷史美術的還原情境中,考古遺物與歷史文獻尚無辦法計算美術事情和延承發生的客觀概率,因而只能用主觀概率來描述歷史美術的整體趨勢。這也是中國美術考古學的主要責任之一,傳統考古學雖設計在歷史學科之下,但其研究過程卻更接近於自然學科,較為排斥主觀推測。而中國美術考古學則要看到脫出於考古學之考古資料的另一面作用,雖然這些資料承載著在歷史闡釋的史料作用,但其背後所傳達的核心信息顯然並不僅限於史料價值。對於美術考古學研究而言,較為客觀的美術考古資料雖然只是單一表達的瞬間體現,但它的集合所隱藏的美術創作歷程則是中國美術考古學元理論設定的基礎資料,是從物質微觀推導質性宏觀的必然手段,也是避免中國美術考古學整體觀建設中,易產生的思維缺陷和情感陷阱的互證手段。基於此我們可以將中國美術考古學的元理論的基本承載點概括為,具體美術考古作品的時空界限與中國傳統美術發展規律的時空限定保持統一,美術創作本體與歷時態美術形態演變相統一,其基本理解方法為從考古物質遺存的現象形態推導美術發生、發展的本體本質構造。〔註4〕

4、理論框架建構原則

考古發現的物質材料不會自動提供我們所需要的歷史信息,需要研究者通過一定程序的嚴密論證,才能將考古材料轉變成較為清晰的知識信息。變成能傳遞給公眾的歷史知識。由於每個研究者在論證的時候所採用的理論不同,由此產生的知識也並不是統一、相同的。每個相對成熟的學科在研究方法、資料收集及解釋選擇等方法論設定都有著明確的排他性質,會根據本學科的要求來面對基礎資料和選擇方法。中國美術考古學認識論的設定,也是基於本學科的研究目標來考察美術考古資料的獲取與分列,資料中的「肯定性與或然性的不同程度」,〔註5〕以及時期物質與整體延承之間的關係與區別。

歸結而言,正如英國歷史學家科林伍德(Robin George Collingwood)所

〔註4〕 李樹榕,關於藝術原理學科建設的思考,內蒙古大學學報(人文社會科學版),2003,2:69。

〔註5〕 陳淳,考古學理論:回顧與期望,中國考古學會年鑑編輯委員會,中國考古學年鑑2016,中國社會科學出版社,2017。

指出的：我們的歷史，不單單取決於考古所發掘的物質東西，更取決於我們想解決什麼問題。基於這一認識，在美術考古學的理念下，考古資料就不是一些死的物質，它是我們研究和說明問題的支撐。面對中國美術考古學視域，以什麼手段整理資料，以什麼方法對考古資料進行篩選，怎樣提取物質資料中所顯示出的外顯與內質信息，特別是如何綜合的闡釋資料的藝術價值，將考古資料轉化爲藝術歷史的解釋意義，是中國美術考古學的特定問題。同時這也是中國美術考古學理論的獨具屬性的思維模式，以及由此而延伸的一種探索問題的基本方向。

　　理論作爲一個常規概念，宏觀而言，是統攝所有成熟學科的基本要素，是人對自然、事物的普遍性認識觀念。它並非是一成不變的定律，而是具有顯效的時代性。〔註6〕概而論之，作爲普遍規律的理論基本分爲三個層次，其一爲較高層次的形而上的哲學概念，既如相對文化論、唯物論等闡釋普適性原理的理論，它並非從某一領域的具體經驗或發現驗證而得，它是一種人文社會科學的總體宏觀理論；中間層次理論屬於認識論的範疇，它主要基於物質與人類行爲之間建立起的一種有效關係，從而形成的規律性認識；其三爲較低層次的經驗規律和基本邏輯理論，它主要反應爲現象的規律總結以及直覺分析。這三種理論層次雖各具功性，卻相互交持，互有重疊，高級層次的理論大多由較低一級的理論凝結而成。如果我們將這一建構對應於中國美術考古學，按照從物質資料發現到理論昇華的秩序，即會形成以下構架：較低層次爲考古資料解讀，即如類型學、地層學分析、遺址規劃及地質學研究等初級資料分析；中間層次爲藝術信息提煉，包括時代技法、時期工藝、創作理念、行爲類比等藝術創造綜合分析；較高層次爲價值觀和認識觀的提煉，即如發展規律的動能、歷史藝術的本質及古代藝術對人類的啓示等。

　　中國美術考古學的研究體系受到考古學和藝術學的影響，雖然經過較長時間的積累，並未形成獨立的研究理念，其中的各個層次尚未完善，甚至還存在斷層環節，是以仍然主要依賴相關學科的研究方法和理解視角。我們知道，思想和科學的歷史不是自發的，中國美術考古學的成立具有顯性的困難，在事實經驗和感性認知上必須找到明確的對應方法，才能將其基礎理論昇華到抽象的普遍認知。

〔註6〕陳勝前，考古學理論的層次問題，東南文化，2012，6：28。

5、兩種解讀邏輯

當我們對中國美術考古學的學科理論架構有了基本認知之後，我們即可回過頭來看看這一學科所面對的基礎資料的性質。在三個層次中，較高層次的理論是由較低層次的成果積澱而成，因此，在相對還不完備的中國美術考古學理論構架中，考古資料的篩選和定性是這一學科的認知基礎，也就是說，對考古物質資料的有效解讀取決於中國美術考古學的設問集合。因此在說明物質資料的屬性時，我們勢必要上升到最高層次，以中國美術考古學的總目標來推導下限層次的定性問題。中國美術考古學的終極目標是研究人類歷史的精神價值觀以及對我們的啓示，就此下延的中間層次的核心問題是，透過考古物質資料洞見古人的藝術創造行爲以及古代藝術創作規律，因此而論，考古物質資料的闡釋理論決定了設定物質標本及提取信息的方法與手段，〔註 7〕也就是說，理論決定了方法的應用，而方法則限定了物質資料的信息取捨。中國美術考古學理論優先的導嚮明確了藝術風格流變的首要性方向，同時也限定了技術手段和邏輯演變方法，幫助我們從龐雜的考古資料中找出解決問題的線索邏輯導向，並在反向驗證的基礎上建構出一套完整的問題研究模型。〔註 8〕

關於這種理論驗證程序，在認識論上存在兩種相對的取向，面對考古資料和問題對象，一種是強調直覺感知的經驗主義，另一種是具有解釋意義的理性主義哲學。自「現代哲學之父」法國哲學家卡迪爾（René Descartes）把認識論提到首位，並將哲學觀念提升爲物質和精神並存的二元論之後，經驗主義與理性主義成爲哲學理論的交織論點。作爲一個認識論的概念，經驗主義主要指與理性認識相區別的一個認識階段和認識形式，即感性認識。對應於歷史審美而言，經驗主義主注重強調心理學的反映特質，將情感和想像的分析至於首要研究對象，企圖以聯想律來詮釋人類的藝術創造。歸納而言，面對史實，經驗主義提倡不受任何理論的影響，獨立的進行觀察並保持中立。約翰．洛克在《人類理解論》中把知識的構成歸結於「簡單觀念」，並認爲知識都來自感官或內省。這種觀念的提煉主要分爲三種形式，其一爲，將若干單一感受結集爲一個複合觀念；其二爲，將複數觀念對等觀察並成形爲相互

〔註 7〕 B. Myhre, "Theory inScandinavia Archaeology Since 1960: A View from Norway." Archaeological Theory in Europe, London: Routledge, 1991.

〔註 8〕 K. R. Hoover and T. Donovan, The Elements ofSocial Scientific Thinking, Boston: Wadswarth, 10th ed, 2011.

關係；其三爲，將同時或非同時的觀念分開並列，抽樣形成一般觀念。〔註9〕從辯證哲學的角度來看，經驗主義顯然屬於唯心主義的先驗理論，誇大了感覺經驗的歸納作用。

　　隨著自然科學的進步，人們逐漸認識到強調直覺感受的經驗主義，在面對繁複史實時往往只能簡單的對其表象進行歸納，而對於較爲複雜的深層關係則難以得到滿意的答案。理性主義的出現則是針對經驗主義注重表象的弱點而成立，理性主義認爲人的理性認知高於並獨立於感官感知，感性的理解是一種不確定的認知狀態，是對知識世界的偏面認識。巴魯克斯賓諾莎（Baruch Spinoza）和戈特弗里德・萊布尼茨（Gottfried Leibniz）在笛卡爾（Descartes）形而上學的理論基礎之上提出了理性主義的知識產生方式，他們認爲，原則上所有知識可以通過單純的推理得到，並將知識的認知建立在可以驗證的「實證」基礎之上。其後的 19 世紀理性主義則更加明確，知識智慧是通過表象之後的符合邏輯的推理而獲得結論，通過論點與論據的解釋而發現眞理。以理性主義爲基礎的解釋美學（Hermeneutic）是在現象學與存在主義的集合體，把人的理性審美提高到首位，強調理性規則化。隨著理性哲學的逐步深化，理性主義美學也逐漸形成了其典型化認知，認爲對於藝術創作的定性，只有符合理性邏輯的明確嚴整的、局部與整體密切配合的作品才具有藝術價值。據此推理，藝術作品所創造的典型形象應當高於現實，只有由理性所產生的美才具有普遍意義，才是永恆的審美標誌，理性主義美學力圖爲藝術創作提出標準化的、不變的理性法則。

　　經驗主義和理性主義的產生雖然具有時間順序，但兩者在對認識論的理解上基本相左，面對相同的美術考古物質資料，兩種理論會產生完全不同的認知觀。經驗主義會強調物質表面直觀藝術性的感性抒發，而理性主義則會注重物質規律的整理和規範。顯然，在考古學的認識中，理性主義條理性是一種相對科學的方法和標準，明顯有助於考古資料的分類歸納和梳理，因此，現代考古學認爲理性主義會「減少現象世界裏不確定性的過程，通過觀察和研究使得這些現象能夠被部分瞭解，」〔註10〕更具有「科學」的意義。然而，所有理論概念都具有兩面性因素，針對美術考古學的問題指向而言，考古物質的審美所指顯然具有另一番意圖，美術作品所呈現的「美」的特質，

〔註9〕〔英〕約翰・洛克，人類理解論，商務印書館，1998。
〔註10〕陳淳，考古學理論：回顧與期望，中國考古學會年鑒編輯委員會，中國考古學年鑒，2016，中國社會科學出版社，2017。

主要反映在人們的主觀意願和審美對象之間的互動關係之上，因此，「美」則很難設定爲一個明確的尺度標準。

6、物質解讀的理論模型

顯然，面對中國美術考古學的理論核心問題和美術考古資料，無論是倡導感性闡釋的經驗主義擬或注重推理的理性主義，都有其一定的分析缺陷。考古物質資料分爲顯性資料和隱性資料兩部分，顯性資料較爲直觀，具有表象意義，而隱性資料則較爲複雜，它所包含的是物質背後的人類精神詮釋內涵，對我們進行歷史重構起著核心的作用。〔註11〕因此，中國美術考古學的研究必須在這兩者之間取得平衡，並成型一套方法將美術考古資料轉化爲對歷史具有明確意義的闡釋。顯然，中國美術考古學的確立，必然需要這樣一套具有普遍意義的理論架構，來面對考古物質資料。

中國美術考古學物質闡釋核心理論的建構原則必須是在具有證僞能力的前提下，成形一個相對穩定能夠引導諸多問題得以解釋的，具有普遍意義的理論模型。基於這一建構原則，我們首先要設定中國美術考古學的理論核心問題目標是什麼？這也是中國美術考古學之所以成立的基本原則性問題，是這一學科必須解釋的宏觀終極問題，也就是如何對歷史美術發展的總體趨勢和發展規律進行定性，而得到這一結論的理論途徑顯然會區別於一般考古學及一般美術學的理論結構。從我們所知的美術考古物質資料到終極問題的解答，單一的以經驗主義或理性主義的認識觀作爲途徑，顯然無法得到滿意的答案。因爲，從美術考古學的出發點來看待美術考古物質的屬性，不但具有顯性的感性抒發特性，同時也具有隱性背景的理性積澱。因此，在建構中國美術考古學的理論模型時，必須從兩條路線互補統一的來相互作用補充，從而能夠較爲宏觀的看清楚問題趨向和解釋的路徑。（表1）

對於中國美術考古學的普遍性理論而言，正確地反映美術考古物質的根本要求是，這一理論不僅要能夠正確地反映事物的現象表意，同時也要能夠正確地反映事物的本質和規律。從經驗主義來看待美術考古物質，往往會從直觀感受角度的量化總結來闡釋物質的形態特徵等顯性特質，從理性主義角度歸納總結隱形文化的精神性趨勢。兩者雖存在方向性偏離的所指，但也存在趨同性的交叉特指，所指的普遍性原則與特指的特殊性原則雖然偏向不

〔註11〕 S. Weiner, "Archaeology, ArchaeologicalScience and Integrative Archaeology." Israel Journal of EarthScience, 56, 2008。

同，但其中存在明確的相互轉變原理。直觀的量變是反映本質質變的前提基礎，而質變則是量變的整合結果。從宏觀角度來看，所有的歷史物質與事件都具有普遍聯繫性質，事物之間與事物的內外都不是孤立存在的，存在著相互影響、相互制約的關係，也就是說事物之間的聯繫具有普遍性質。因此，對於中國美術考古學的基礎理論闡釋，必須注意到現象與內質的整合特性。而在具體分析互施影響的同時，亦不能局限於具體問題之間，應適當擴大視角範圍，關注到事與物的前後延承歷史聯繫。在重視分析局部的同時，還要注意從整體上把握事物的關聯，將「兩點論」與「重點論」形成統一的比較路徑，建立量變與質變的對立統一規律原則。

表 1　中國美術考古學的理論建構模型

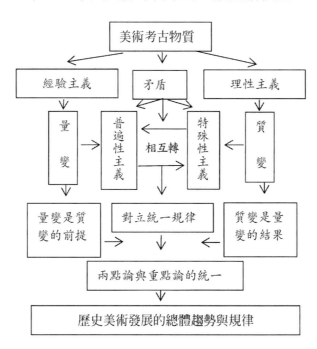

7、物質解讀的實踐路徑

　　考古物質的片段性使得對其解讀必然存在主觀性因素，解讀者所處的學術立場決定了對物質解釋的方法手段設定，因此而得到的結果必然具有明顯的學科性和時代性。從操作路線來看，中國美術考古學對考古物質的解讀主要分爲五個方面，首先是對獨立物質的基本現象進行分析，即如斷代、表意以及作用意義等直觀解讀；其次是將其放置於時間縱線上進行同類延承比

較;再之,將其放置在同期比較的橫軸上進行對應分析;其後放置在人類藝術創作的本體延承歷程上進行對位;此外,還需進行物質與事件的關聯,以至擴展到人類史、區域史、國別史等系統中進行量化分析。

物質解讀理論是將考古物質的呈現現象與對應解釋之間鏈接的橋樑,對於美術考古學而言,理論與物質之間是一個不能解脫的共同體,沒有理論對物質的解讀,我們所發現的考古遺存就會失去它的價值。傳統考古學理論的解讀方式大多傾向於實證研究,然而這種研究導向對於美術考古學而言,顯然忽視了歷史藝術創作人爲動機的複雜性因素等文化觀念的影響因素。歷史的多元性和闡釋的多元性提醒美術考古學在對物質解讀的方式上,不能簡單局限於實證科學單向進程的「漸變論」觀念之中,不能將考古物質僅僅作爲證明與反正的簡單資料來看待,而忽視了藝術物質背後的主觀性能動性因素。

中國美術考古學的「複雜性」決定了它的物質解讀建構既不是傳統意義上的考古學,也不是藝術學或歷史人類學等相接學科,而是具有獨立方法的綜合性歷史學分支。因此,它的解讀資源必然具有一定的複合型因素,既具有多元話語性(multivocality)同時也具有明確的反身性(reflexivity)。〔註12〕首先,物質資料的自然屬性、分類、形制、性質的認知是考古物質解讀的基礎數據;此外,歷史文獻、傳統、歷史文化觀念亦是解讀的基礎內涵;再者,相關學科的交叉理論是解讀物質的路徑,如考古學的中程理論、人類學理論等;而綜合性認識觀則決定了研究的方向,即如循環史觀、進化論等,特別是當代知識體系中的認知觀念則是物質解讀的根本導向。

「二重證據法」提出後,一直是古物學和傳統考古學物質解讀的主要方法,〔註13〕即便是「三重證據法」〔註14〕擬或是「四重證據法」〔註15〕相繼成立,並沒有改變這種解讀方法的根本性質。不可否認,這類方法論極大的促進了中國史學的進步,同時也極大地拓展了文獻研究的附證和考古物質的內涵,形成了直接史料和間接史料對應的敘事觀,使得中國史學逐步趨向於實證科學的方向。然而,隨著交叉史學化漸漸明朗,「證據法」的不足也漸漸

〔註12〕 阿薩·伯格倫、比約恩·尼爾森,回顧與展望:反身考古學還是反身的方法?,南方文物,2017,1:254。

〔註13〕 陳清泉、蘇雙碧、李桂海、蕭黎、葛增福,中國史學家評傳(下冊),中州古籍出版社,1985:1220。

〔註14〕 王煦華,秦漢的方士與儒生,上海古籍出版社,1998:5~6。

〔註15〕 葉舒憲,物的敘事:中華文明探源的四重證據法,蘭州大學學報(社會科學版),2010,11:1~8。

顯現出來。在現代史學研究中為了證明觀點的正確，往往會將地下的物質資料強硬的對應於文獻，而在考古學中，為了說明考古物質的重要而牽強於文獻的對應。在這個過程中，研究者對文獻或物質都會削足適履、各取所需的揀擇自己需要的數據，既如將文獻裝入考古學的瓶子中，擬或將物質資料塞進文獻的盒子裏。「證據法」簡單而實效對應方法，使得我們默許了這種互證關係，然而，歷史往往不是隨著這些表面現象的呈現而構成，也不會隨我們的主觀意願而成立。人類演進的複雜性和多元性，促使我們的思想不能一廂情願的接受單向的直線延展。由於物質與文獻的不同屬性，特別是在人為介入的歷史複雜特性之下，讓我們不能簡單地將物質與文獻進行直接對應，因此，在歷史研究中兩者最可靠的關係是相互補充，而不是簡單的相互證明。在美術考古學研究中這種複合性更為顯著，例如，圖像與文獻的主導關係，時代創作與考古物質之間的對應關係，文獻與歷史社會的重構，物質與文獻相互矛盾的主次關係，多態互動與相間性的補充關係，再如，田野考察中的物質痕跡的話語性〔註16〕與物質成品本身之間的邏輯關係等。可見，對於中國美術考古學而言，還原歷史除了證據學說的量化比較，更需要質性研究的統合和引導，即是說，在日趨實證「科學化」的研究趨勢中，看似清晰的數據量化往往會失去明確的方向性，需要以藝術發生發展的本體質性邏輯來指導數據的整合，以中國傳統史學的闡梳和理解理念來統合量化與質性之間的矛盾，在考古物質、文化思考和藝術本體邏輯之間建構相互補充與平衡的分析模態。只有這樣才能符合時代的認知，與當代的學術前沿理論同步，並和成熟的相關學科理論保持協調。

8、小　結

　　歷史對於任何學科而言都是一個複雜性的命題，只是由於研究目的的不同產生了不同的理論體系。由於中國美術考古學的複合型因素，要求其必須借鑒和綜合相關學科的研究經驗，來解決自身的問題，同時也要梳理出獨立於其他學科的研究理念和路徑。考古物質是中國美術考古學研究根本，對其解讀的原則和方式直接影響著學科問題的導向和結論的明確性，因此，對於物質性質的探討是中國美術考古學能否成立的首要問題。其建構秩序首先是確立具有普遍意義的哲學原理，其次，在基本理念的統照下，建立研究理論構架，之後搭建研究實施的操作路徑。

〔註16〕唐・伊德，韓連慶譯，讓事物「說話」，北京北京大學出版社，2008：109。

　　一個學科的成立，首先要在哲學上具有一般意義的普遍解釋定律，中國美術考古學的元理論的設定主要是解決其研究意義和本體本質的基本邏輯關係。隨著後現代理論成爲當代研究主流，顛覆了「現代性」所建立的理性主義的確定性取向，〔註17〕進而統合了經驗主義與理性主義的基本概念，用以綜合的面對理論目標，進而呈現出一種富有活力的創造性。〔註18〕理論是由較低層次的成果積澱而成，中國美術考古學理論建構的基礎，是如何解讀美術考古物質遺存，透過物質的解讀洞見歷史人類藝術創作的規律。面對考古遺物，美術考古學勢必要在人文哲學的統照下，以傳統文化表達方式爲導向，以歷史藝術的本體發展規律爲取向，通過科學化的量化標準對考古物質進行綜合定性。使質性研究的模糊性的得以補充，並爲量化研究提供明確的導向。

二、中國美術考古學的風格架構

1、學科的構架體系

　　20 世紀初，隨著莫高窟藏經洞大量美術作品的發現，拉開了世界關注中國古代繪畫藝術的序幕。20 世紀 20 年代，由國外專家帶領的田野考古伊始，改變了中國傳統金石學（博古學）的散亂體制，逐步形成了相對成熟的考古學體系，〔註19〕即便如此，其中「尙缺少著中國人的努力」。〔註20〕20 世紀 60 年代已降，隨著出土藝術品的數量和斷代相對豐富起來，〔註21〕爲美術考

〔註17〕麥茨・埃爾弗森，甘會斌譯，後現代主義與社會研究，上海人民出版社，2011：22。

〔註18〕Mike Featherstone. Postmodernism. Newbury Park, Sage, 1988:203.

〔註19〕20 世紀 20 年代伊始至新中國成立這一時期的考古發掘主要集中在抗戰之前，最重要的是 20 年代末李濟持的殷墟發掘（李濟，安陽，中國社會科學出版社，1990。）和抗戰期間的蜀王建陵整理（馮漢驥，前蜀王建墓發掘報告，文物出版社，1964。）以及莫高窟附近古墓發掘（夏鼐，敦煌考古漫記，考古通訊，1955，1：1～3。）；（夏鼐，敦煌千佛洞的歷史與寶藏，考古通訊，1956，4：42～48。）；向達，西征小記，唐代長安與西域文明，三聯出版社，1957：337。）

〔註20〕1946 年郭沫若在《美術考古一世紀》的譯者前言中說：「（中國）大地實在等待得有點不耐煩的光景……一部世界完整的美術史，甚至人類文化發展全史，就缺少著中國人的努力。」〔德〕米海里司，郭沫若譯，美術考古一世紀，新文藝出版社，1954：4～5。）

〔註21〕20 世紀 60～80 年代是中國考古發掘的爆發時期，例如長安地區的漢唐墓葬的集中發掘；河北滿城漢墓發掘（中國科學院考古研究所滿城發掘隊，滿城漢墓發掘紀要，考古，1972，1。）；長沙馬王堆一號漢墓發掘（座談長沙馬王

古學的建立提供了一個相對系統的資料基礎。〔註22〕20 世紀 80 年代伊始，隨著跨學科研究的興起，促進了中國美術考古學的確立。〔註23〕

中國美術考古學至今尚處在概念界定的階段，20 世紀 80 年代藝術學逐漸脫離於文學、哲學學科，逐步形成相對獨立的學科體系，由此而觸發了關於美術考古學學科定位的討論。主要分為兩種觀點：傾向於藝術學科〔註24〕和傾向於考古學方向〔註25〕。

中國美術考古學能否獨立，不僅要有特定的研究對象和研究目的，更重要的一點是要有自己獨立的方法論體系，國內外相關學者已經進行了一些研究方法的探討。以情念形式為主線的圖像學研究方法〔註26〕；以「中層理論」為主體的社會學研究方法〔註27〕；以「層位學」「類型學」作為基礎的考古學研究方法〔註28〕；以「中間層次」（形式要素與母題之間的關聯）為主的風格學方法〔註29〕。此外還有國內諸多學者多是基於以上理論而做的具體研究，

堆一號漢墓——關於發掘的重要性，文物，1972，9：52。）山東銀雀山漢墓發掘（山東省博物館、臨沂文物組.山東臨沂西漢墓發現〈孫子兵法〉和〈孫臏兵法〉等竹簡的簡報，文物，1974，2：15～26。）等。

〔註22〕1961 年由中國科學院考古研究所整理的《新中國的考古收穫》（文物出版社，1961 年）一書，整理了豐富的美術考古資料，並強調了這些資料的藝術價值（中國科學院考古研究所，新中國的考古收穫，文物出版社，1961：2。）

〔註23〕《中國大百科全書》中的考古學和美術編中都將「美術考古學」設定為獨立學科（考古學編輯委員會，中國大百科全書——考古學，中國大百科全書出版社，1986；美術編輯委員會，中國大百科全書——美術，中國大百科全書出版社，1991。）

〔註24〕例如：范夢，美術學——有待深入探討的學科，美術研究，2001，2；陳池瑜，中國現代美術學史，黑龍江美術出版社，2000：304；阮榮春，中國美術考古學史綱，天津人民美術出版社，2004，孫長初，中國藝術考古學初探，文物出版社，2004。

〔註25〕例如：夏鼐、王仲殊，考古學，中國大百科全書·考古學，中國大百科全書出版社，1986：17；楊泓，美術考古半世紀——中國美術考古發現史，文物出版社，1997：5；嚴文明，大力提倡美術考古學研究，走向 21 世紀的考古學，三秦出版社，1997：138；劉鳳君，美術考古學導論，山東大學出版社，1995：124。

〔註26〕例如：Panofsky E., Perspective as Symbolic Form Panofsky. New York: Zone Books, 1991.

〔註27〕例如：Binford L. R., Middle-range Research and the Role of Actualistic Studies.; Working at Archaeology, New York: Academic, 1983；Binford L. R., Archaeology as Anthropology. American Antiquity, 1962,28.

〔註28〕例如：楊泓，美術考古半世紀——中國美術考古發現史，文物出版社，1997。

〔註29〕例如：Wen Fong, et al., Images of the Mind. Princeton University, 1984；Wen C. Fong, Why Chinese Painting is History. Art Bulletin 2003.2.

國內外相關研究成果爲中國美術考古學的確立，基本奠定了界限範圍和研究方向的基礎，爲中國美術考古學風格譜系的深入研究開展打下了良好的理論基礎。

美術考古學作爲一個新興學科，有關研究方法及理論確立尚多爭議，其作爲考古學的分支學科，大多延續了田野考古學的基本研究方法，〔註30〕主要借鑒於考古地層學、類型學、文化人類學、圖像學等研究成果。〔註31〕但往往流於形式，把考古標本與古代美術史簡單串聯起來，將其作爲傳統考古學中標型學的補充，缺乏獨立的品格價值。

考古學與藝術學有著各自關注的重點，考古學的理性規範與作爲從審美意識形態出發的藝術學有著原則性的差別。〔註32〕而在全球化文化極度交融的今天，新的研究結構促使藝術考古學必須結合各學科的研究成果使之形成相對獨立的研究形態和目標。「全球化」之下的本土文化並不是以單一文化、單一觀念、單一環境的形式存在，而是不同文化相互碰撞交融而形成的地域性文化和民族特徵。相對於考古學理性注重出土實物而言，藝術學更加關注於作品本身所反映的藝術觀念、技法體系和文化特徵，這種看似兩極的研究觀念如何相契，顯然是藝術考古學必須解決的課題。廣義而言，考古學與藝術學有著諸多相通性，例如物質對象的相同、研究資料的同步性、時代風格與斷代的契合性等等，狹義而言，我們必須在兩者之間找到一些相對獨立而又密切相連的技術手段（研究方法），來系統、準確地詮釋考古標本的藝術價值和文化特性。

美術考古成爲一個獨立學科的前提不但需要借鑒各學科的研究成果，亦要形成一套區別於研究方向的獨立研究體系與方法，能夠解決其他學科所不能深化研究的問題。

美術考古學的確立，首先應該打破傳統考古學與美術學的專業界限，以「開放」的態度面對考古資料，在遵循兩者的基本理念的基礎上，尋求一條相對包容且互補的「解釋構架」。這種相互補充的構架形成一種常規程式，也就爲美術考古的研究打下了一個基礎系統，在此語境下不同學科的研究者即可能充分發揮各自的原創性和能動性。

〔註30〕楊泓、鄭岩，中國美術考古學概論，中國社會科學出版社，2008：3。
〔註31〕孫長初，中國藝術考古學初探，文物出版社，2004：2。
〔註32〕夏鼐、王仲殊，中國大百科全書‧考古學，中國大百科全書出版社，1986：17。

2、風格構成向度

　　風格體系作爲中國美術考古學的一個基礎研究系統，需要一個具有比較統一的普適性社會觀念，作爲將各時期形成一個整體進行研究的基礎，以便將各時期進行橫、縱向比較，使之形成整體流變體系。中國作爲一個以農業定居的傳統社會，每一時期都會形成較爲統一的社會傳統和整體審美觀念，首先滿足了「時代風格」基本的社會普適性基本要素。中國古代美術是統治階層意願的傳達，特別是中古之前的美術，貴族的喜好決定了藝術創作的藝術取向和價值。古代美術作爲社會高層消費品，表現技法更加容易在形成一種主導性的表達形式。

　　然而，時至今日，有關古代美術的風格定義卻頗爲濫觴，對於某一階段「時代風格」的確認，學術界始終沒有一個明確的概念，既有文化風格的闡釋又有圖像風格的解釋甚或以社會體制而命名。特別是面對畫面風格的明確定位時，大多都是繞過藝術直觀本體而言他，往往會陷入圖像學的「互文」性狀態，忽視了繪畫本體在各個階段時期所顯現出的，以技法程式所體現出的時代特有共性特徵。

　　之所以有此結果，大多是由於理論研究者雖然具有較強的邏輯觀念但卻缺乏藝術創作實踐能力，面對作品中所顯現的具體技法特徵和創作觀念無法對應理解。往往把「可述」的歷史強加於「可視」的作品當中，繞過畫面的可視本體元素而進入背景分析，被動落入文化學的圈套。

　　任何藝術表現都是爲了一定的內容表達，就如秦漢藝術都具有特定的內容和功能，在兩者關係中，作爲內容的屬性是被動的，形式賦予表達意願以不同的形態，使其產生外在形式的不同，獲得自身獨特的屬性。在兩者範疇內，既具有相互轉化的特徵，同時還具有各自區分的相對性，文化論學者對於兩層關係上的處理，往往會將內容視爲整體，而將表現形式視爲部分的關係，顯然將藝術表現排除在獨立性之外。因此，面對中國美術考古學的特定研究主體和需解決的問題，我們有必要設定美術考古學獨立的主導性研究方向和研究途徑。

　　對於中國考古學中美術風格體系的確立，首先應將關注主題設定在特定考古藝術品的審美特性、形式組織及沿承關係之上，在不否定傳統的描述可視與可述之間的既定關係的同時，通過現實視覺與再現分析的對應比較來確立藝術作品的即有風格。爲可視與可述的結合提供一個全新的認知角度，建立單一作品和時代序列本體元素新的視覺描述規範，並以此建立適合明確闡

釋藝術品獨立本體特徵和時代特點的研究體系。

　　中國考古學美術風格確認的研究，不單要在理論邏輯上具有嚴密性，同時還要在解決具體作品問題和時代作品問題上具有明確的實操性和介別性。因此，我們首先應以考古發現爲依據，梳理出具有明確斷代、明確地域，分時期、分序列、分類型的圖像序列。再次，以圖像爲基礎，對應各時期影響繪畫創作的文化、社會、政治觀念，樹立各時期壁畫背景信息的對應分類序列。

　　在此基礎上建立中國美術考古學風格譜系研究的基礎數據庫。進行研究分析時力求從藝術發展的角度出發，將持續繪畫視像結構的形態進行歷史縱向與同期橫向的直觀比較，總結其具有歷史發展常規性的時代風格流變趨勢。對應實物形象與形象本身的結構意義以及各個單體畫像與周圍圖像間的聯繫關係，以人類進行藝術創作的普適性共有經驗來理解考古資料，同時考慮到影響人類創作經驗的沿承因素和外在影響，以參與性的方式，從視覺角度「重建業已失傳的證據」，來定義考古美術作品的「風格結構」意義，並以此來建立中國美術考古學研究的風格系統體系，以「技藝」本身發生、發展的邏輯性本體因素，對應整體風格轉變的綜合性因素，總結出各時期風格演變的整體趨勢，從而對各代典型持續性風格能夠明確定位。（表 2）

表 2：中國美術考古學譜系定位的基本研究路徑

風格譜系	考古學資料 ・漢前圖像 ・漢代圖像 ・魏晉圖像 ・南北朝圖像 ・隋代圖像 ・唐代圖像 背景資料 ・墓葬形制 ・消費主體 ・創作主體 ・政治文化 ・宗教	對各時期圖像按時期進行對應分類排序 對各時期文化信息時期進行對應分類排序	各時期本體要素確認	造型法則	・影響因素 ・審美風尚 ・傳統觀念 ・外來造型因素 ・製作材料影響	各時期風格特徵
				形式風格	・形式程式影響因素 ・結構線群轉變軌跡 ・裝飾線群轉變軌跡	
				線性軌跡	・影響因素 ・平行線型 ・變速線型	
				觀察方式	・影響因素 ・「遊觀」 ・空間突破 ・時間延續 ・圖底關係	

3、圖像本體的視像結構

如何用理論明確表述視覺形式，相對於用語言來詮釋繪畫風格，「視覺」就顯得更加明確、直接。當面對一幅古代藝術圖像的發展邏輯性本體因素，我們能看到什麼。從直觀視覺角度不妨更加純粹的提煉出作品本體視像的基本元素，作為闡釋其美術風格的表述基點。

在中國式畫面當中，最為重要的組成要素是造型、形式、線型和空間。因此，以這些典型要素作為分析對象，並關注各階段所能給畫家提供的創作觀念及技術手段，在各自獨立體系中持續性演變規則。通過現實視覺與再現分析的對應比較來確立作品的表現風格，以形式程式；普適造型；線型規則；空間秩序等風格特徵作為描述對象，在一定程度上確認各時期時代風格以及在發展史中的地位與意義。顯然會對考古美術作品本體元素視覺描述規範的建立，提供一個可視與可述結合的一條全新的認知角度。〔註 33〕

（1）普適造型

對特定時期的考古藝術進行考察時，我們可以忽略這些作品的作者，但是卻不能忽略在這一時期人文境域限定下，作品中所體現出的文化特質。中古時期的平面圖像表現具有一定意義上的符號性質，即用一種自身創造的意識形態來代替現實實體，它不但具備了一定的普識性表意共識，也是人的主觀意識飛躍。〔註 34〕這種中國特有的比象觀念，在之後的繪畫中非常易見。

藝術形式的發展必然受到階段性歷史的局限，從一個看似簡單的藝術程式的表象及技法形式中，可以反映出當時社會的宗教、經濟、哲學、物質基礎等歷史現象。技法程式中顯現著各種觀念的影子，包含著各種社會觀念作用下的普識性社會審美傾向，這種特性是藝術家對各種造型元素進行主觀條理化和規則化的表現定式。

美國心理學家威廉・詹姆斯在論述神經系統與心理經驗時說，物質與非物質之間存在著等同的關係。中國傳統觀相術亦認為，人的外在表現與人的內在素質具有同一性。中國傳統觀相術是一種綜合規律的觀察方式，採用的是定性的分析方法，根據人的各種體徵表現來確定人物的性格、命運。相人術在中國古代社會相當普及，甚至普通民眾都具有一些相人的簡單知識，這

〔註33〕李杰，半個世紀的困惑——繪畫風格學方法論，大舞臺，2013，10：87。
〔註34〕張幼萍，從符號學角度淺談史前藝術的意義和作用，陝西歷史博物館館刊，9期：257。

種普及現象的基礎就是，它必須具備一種相當便捷的操作手段來支持。古代相術家經過長期實踐，將這種看似複雜的哲學觀念轉化爲一種具有操作性的視覺形態，從人的外在形象特徵上進行性格化的總結分類。即通過觀察大量人群的外在形態及性格特徵，利用歸納法總結出人的性格與人的某一外在特徵相對應的概率比例，並進行量化分析，從而建立起一種人物性格觀察程式。這種帶有明確指向意義具有符號性質的單元組合，其整體富有意義地表示爲一種「指涉、再現和意義」〔註35〕的構成組合結構，它是人類繪畫早期的表意性表現形式的必然現象。同時，這種類型化傳統造型法則並不是一成不變，它是一種動態的模式，隨時間的推移和觀念的轉變而變化，時代特徵即隨此轉變而顯現，把握各階段的普適性特點亦就掌握了各時代的基本造型特徵。

中國傳統的普適造型法則，並不是由知覺對象本身的這些由「技術」直觀翻版「客觀人物」性質本身傳遞的，〔註36〕而是由造型中具有明顯傾向性的典型化特徵，與觀者神經系統中的類型性社會經驗相切合所形成的普識性平面造型。與觀者的感知和心理產生共鳴，得以在藝術造型中體現出「視覺力中的表現性含義」，〔註37〕正如葉瀚所說，「美術關乎社會文明之徵兆。」

（2）形式程式

中國傳統形式觀念注重結構的象徵性與畫面之內的秩序性；並賦於象徵性的表現形態來傳達內在的精神狀態。在中國傳統畫面中結構性線群是表現形態的主體，而裝飾線群則是輔助於結構線群對「眞實」體積的表現。它的作用主要是豐富畫面秩序，並隨著結構性線群的變化而轉化。

秦漢時期本土「概念化」平面形式基本是由表現形態的外框線和內部塡充線群所組成，兩者之間並無必然的關聯性質，隸屬關係非常明確。魏晉時期西來體積表現觀念通過線性轉化，暈色幾乎被結構線群所代替，畫家想以線表達體積的意圖則非常明確。唐代伊始，隨著畫家對結構性線群表現的逐步明確，迫使畫面中的裝飾線群也必須符合這種追求「眞實」的線群組織要求。

〔註35〕曹意強，圖像與語言的轉向──後形式主義、圖像學與符號學，藝術史的視野──圖像研究的理論、方法與意義，中國美術學院出版社，2007：418。

〔註36〕〔美〕維爾納·海納斯，精神發展的比較心理學研究，芝加哥出版社，1948：67～82。

〔註37〕〔美〕魯道夫，阿恩海姆，滕守堯、朱疆源譯，藝術與視知覺，四川人民出版社，2006：611。

中國傳統平面藝術是以幾個相對集中的線群來塑造複雜形體造型，由表現轉折結構的結構性線群及豐富畫面的裝飾性線群所組成。每一組線群都代表著一種方向上的暗示，線群之間的配合就是各種「暗示」相互呼應、相互平衡，構成了一個感覺意義上完整的中國繪畫線群組合。這種平衡不是現實形體上的物理平衡，而是畫家對於畫面中線的主觀分佈，在視覺上所產生的意象整體。是通過線條相加而成的具有共同走向的線群之間的配合，所形成視覺感知上的「眞實」形象。

（3）線型規則

繪畫創作就是藝術家落跡留痕的過程，通過畫家落筆於媒介上的痕跡得以傳達形象和意境。在中國古代繪畫中最爲重要的痕跡非「線」莫屬，在幾千年的用線史上，線型的發展在不同的歷史時期有著明晰的發展軌跡，創造出了不同的時代線型風格。

關於線型的研究，早在南朝時期，謝赫既提出了著名的「骨法用筆」，並且他還將線型筆法作爲獨立的關照體系。然而，傳統畫論中關於筆法的論述，大多將其放置在一個相應的品格之中，對用筆的速度、勢度及多向的變化進行描述。這些筆法描述似乎使我們體會到了各代的線型特徵，但如更深一步瞭解，就會發現這些描寫大都存在於寫意式的文學語境之下，不但不能具體地看清這些線型的面貌，甚至還會給我們帶來更大的困惑。隨著 20 世紀以來，考古學不斷提供出一幅幅斷代明確的歷史依據，從而使我們能夠逐漸地看清不同歷史時期人物畫的基本線型特徵。

就線條而言，它最初只是作爲一種零件存在於繪畫之中，本身尚談不上獨立的價值。早期人物畫線條的作用主要以「存形」爲目的，畫家的關注點並未放在線型之上，線條被動地受形象所制約，只是借輪廓線來框定形體。線型只起到一個把握形體，劃分色界的作用，線條本身並無實際意義。

魏晉南北朝時期是中國繪畫線型的重要轉折時期，畫家得以從「存形」的桎梏中解脫出來，開始關注線型在繪畫中的表現作用，對線型的從新認識也是這一時期畫家的重要追求。值得說明的是，此時對線型的理解還處於初始階段，從無規則用線方式的大氛圍下，能夠畫出標準、圓潤、持續平滑的線條就是一種進步。

由於書法用筆的介入，唐代繪畫中的「線」發生了質的變化，並爲其灌注了更多的精神內容。此時的線條對刻畫人物內心活動與表情動態的一致性

起到了相當重要的作用。〔註 38〕至此，中國繪畫中的「線」已經不是西方幾
何學中所謂的「線」了，而是在特定的用筆方式，即「描」法所造就的基本
造型元素，其自身的規範化成為中國繪畫中最早定型的線型藝術處理手段。

究其根本，中國古代人物繪畫的用線軌跡，從筆的發展角度來看只有
兩大類。即勻速行筆，較少變化一類；以及變速提按，變化豐富一類。兩類
用線在壓力、速度等物理因素和工具、操作等技術因素的影響下呈現出不同
的藝術效果。鐵線描的平行行筆速度均勻，毛筆施與紙面的垂直壓力相同。「提
按線型則是在行筆中加入了垂直提按的運動，利用垂直壓力的不同使得線型
產生粗細變化。

（4）空間秩序

繪畫所顯示的空間關係，並不是單純現實物象的直接反射，它與人的視
覺感知經驗、主觀表達方式和畫面形式表現密切相關。

中國傳統繪畫是將材質本身作為背景，將表現形象脫於「基底」之上，
以獲得視覺模擬的深度感，而不是借助現實物象中的體積、光線及時差來決
定畫面的空間概念。這種懸浮的現象顯然不是其本身的物理實質，是由於觀
看者大腦注意機制的心理誤差所造成的視覺主觀選擇性現象。

傳統畫家將現實中不同環境下的不同事物，從新平列、相錯組合在同一
幅畫面中，得以形成前後的空間關係。這種空間關係是由不斷的層疊所造成
的視覺錯覺，作為基底的材質面永遠保持本身的「整一性」，〔註 39〕每附加
一層的同時，下面一層圖像就自然成為上面圖形的「基底面」。這種處理方
式不同於西方畫家在畫面中極力將不同事物放在同一環境之內的「全景裝
置」。〔註 40〕中國古代傳統畫家往往用錯維和填充的方式將不同角度、不同
空間觀察的景象描繪在一幅畫中，甚至有些情節毫不相干，即使是多層圖形
的大小也不受透視所限制。這樣的一種處理觀念，為感性的形式表達提供更
大空間，畫家可以主觀地在畫面中添加所要表現的景象，而不會產生視覺上
的不適和突兀感。

這個層次就如人們上臺階一樣逐步深入，在視覺上形成跳躍性的、由裏

〔註38〕彭修銀，中國繪畫藝術論，山西教育出版社，2001：17。
〔註39〕〔美〕魯道夫‧阿恩海姆，滕守堯、朱疆源譯，藝術與視知覺，四川人民出
版社，2006：294。
〔註40〕〔德〕阿道夫‧希爾德勃蘭特，潘耀昌譯，造型藝術中的形式問題，中國人
民大學出版社，2004：27。

向外或由外向內逐層深入的效果。這種中國式的「圖底」關係相當微妙，畫面中的每一個單體都是一種平面化元素，它們同時處於整體畫面所呈現的三度空間之中。各單元之間既是一種平面排列，同時又呈現出一種向深度延展的視覺效果。由於這兩種看似相互對立視覺構成模式的相互作用，使得中國式的畫面「產生了更爲複雜的形式和更爲深刻的含義。」〔註41〕

　　傳統繪畫中的平列縱深現象，源於南北朝的「二元」透視模式。〔註42〕當表現形體以「二元」形式出現時，就會從心理上引導觀眾的視線前後縱向平行移動，而不是像焦點透視那樣在畫面中只有一個焦點。

　　傳統畫家有意識地這樣處理人與景的關係，現實中人與景之間的作用關係，被畫家主動捨棄。這樣就爲觀者提供了一個主動遐想像的空間，當人們在觀看這些作品時，會無意識的聯想到平時所見現實物象的空間經驗，並且根據自己的視覺經驗將畫面從新整合。

　　中國傳統繪畫的空間關係並沒有僅停留在畫幅之內，而是無限延展。畫家利用「遊觀」的觀察方法，削弱了背景中視覺焦點所體現出的空間狀態，從而使觀者產生無限深遠的假設空間。「這個無限的空間卻是在一個有限的空間的某一個精確的位置上自我矛盾地呈現出來的。」〔註43〕畫家有意削弱各單元本身的焦點，並且由於各單元的形式感相同，使得畫面保持了整體、統一的效果，使得這種看似毫不相干的組合不會顯得突兀。甚至於「逆透視現象」（Inverted Perspective）也會在畫面中得以「合理化」呈現。

　　換言之，中古時期的傳統畫家並非只憑眼睛或單一視點來描繪自然，會把它想像爲某種變動不居的「由各種感覺同時理會的東西，」更加偏重畫面所表達的人文價值。作者將不同時間、不同地域、不同狀態的人物統一在同一個時間框架之中，「畫面中的表現對象既不屬於過去，也不屬於現在，他們所代表的是從歷史和人類行爲中抽象出來的、沒有時限的儒家理想人格典範。」〔註44〕

〔註41〕〔美〕魯道夫・阿恩海姆，滕守堯、朱疆源譯，藝術與視知覺，四川人民出版社，2006：154。
〔註42〕〔美〕巫鴻，李清泉、鄭岩等譯，中國古代藝術與建築中的「紀念碑性」，世紀出版集團、上海人民美術出版社，2009：344。
〔註43〕〔美〕魯道夫・阿恩海姆，滕守堯、朱疆源譯，藝術與視知覺，四川人民出版社，2006：399。
〔註44〕〔美〕巫鴻，李清泉、鄭岩等譯，中國古代藝術與建築中的「紀念碑性」，世紀出版集團、上海人民美術出版社，2009：353。

中國美術考古學風格譜系的建立需要一個切實可行並具實操性的方法來對各時期美術作品的時代風格進行定位。從藝術創作的本體角度切入，通過對考古圖像實物具體風格元素的對應性分析，爲古代出土藝術品的斷代以及藝術價值和時代風格等的認定提供了一個實效、明確具有實操性研究方法，更具意義的是會爲中國美術考古學建立提供一套切實可行的、具體的風格定義程式和思路，對中國美術考古學的學科獨立具有明確的實踐意義。

三、漢唐之間墓室圖像的研究現狀

1、漢代墓室壁畫的研究現狀

上世紀中期以前，有關漢代墓室壁畫的研究主要以日本在我國東北地區的考古發現研究爲中心，典型研究包括：濱田耕作著《旅順刁家屯の一古坟》、內藤寬、森修著《營城子——前牧城驛附近の漢代壁畫磚墓》、原田淑人著《遼寧南林子壁畫の古坟》、水野清一著《營城子古坟の壁畫に就いこ》等。1934 年賀昌群撰文「三種漢畫之發現」介紹八里臺漢墓壁畫，1947 年，李文信撰文介紹遼陽北園墓群。〔註45〕

上世紀 50 年代至 80 年代，是漢代壁畫墓的重要發掘時期，其綜述性重要研究成果主要爲：駒井和愛所著的《中國考古學論叢》中對漢代壁畫進行了綜述分析，〔註46〕1984 年，楊泓在《漢代壁畫墓》中介紹了上世紀 50 年代至八十年代的重要漢壁畫成果。〔註47〕1980 年金維諾發表了《秦漢時代的壁畫》，〔註48〕1986 年邢義田發表了《漢代壁畫的發展和壁畫墓》〔註49〕等。這一時期的專題較多，主要包括關注漢代人信仰的《漢代鬼神の世界》〔註50〕和英國漢學家魯惟一的《中國人的生死觀——漢朝的信仰、深化與情理》〔註51〕

〔註45〕李文信，遼陽北園壁畫古墓記略，國立瀋陽博物館籌備委員會彙刊，1947，10。
〔註46〕駒井和愛，中國考古學論叢，東京：慶友社，1974：357～362。
〔註47〕楊泓，漢代的壁畫墓，中國社會科學院考古研究所編，新中國考古發現與研究，文物出版社，1984：447～451。
〔註48〕金維諾，秦漢時代的壁畫，美術研究，1980，1：15～21。
〔註49〕邢義田，漢代壁畫的發展和壁畫墓，中央研究院歷史語言研究所集刊，第57本，1986：139～159。
〔註50〕〔日〕林巳奈夫，漢代鬼神の世界，東方學報，1974：223～306。
〔註51〕Lonwe, Michael. Chinese Ideas of Life and Death: Faith, Myth and Reason in the Han Period （202 B.C.～A.D220）, rpt, Taibei: SMC Publishing Ic.（First ed. by George Allen & Unwin, London, 1982）.

等。關注圖像藝術的有英國史學家屈臣 William Watson）所著的《中國漢唐藝術中的寫實風格》、〔註52〕美國藝術史學家詹姆斯（Jean M. James）發表的「解析漢代喪葬藝術：喪葬環境的重要性」〔註53〕等數十篇論文和專著。

　　上世紀九十年代至今，除發掘報告外，對於區域研究的包括黃明蘭、郭引強合編的《洛陽漢墓壁畫》、〔註54〕岳邦湖等著《遙望星宿——岩畫及墓葬壁畫》〔註55〕等。關於文化性質的研究主要有 Alexander C. Soper 所著的《漢代畫像藝術的文化性》、〔註56〕Martin J. Powers 所著的《中國早期的藝術和政治表現》〔註57〕、李如森的《漢代喪葬制度》〔註58〕等。關於文化藝術研究的主要有賀西林的《古墓丹青——漢代墓室壁畫的發現與研究》、〔註59〕顧森所著的《秦漢美術史》、〔註60〕巫鴻的《武梁祠——中國古代畫像藝術的思想性》〔註61〕等。綜述性研究主要有信立祥的《漢代畫像石綜合研究》、〔註62〕李發林所著的《漢畫考釋和研究》、〔註63〕王建中的《漢代畫像石通論》〔註64〕以及楊愛國的《幽明兩界——紀年漢畫像石研究》〔註65〕等。

　　對於漢畫像石的研究無論從數量和題材來看，山東地區都是關鍵地帶，因此，在對各地區漢畫像石題材研究時，大多以山東畫像石的研究成果作為對比標準。

〔註52〕 Watson, William. Realistic Style in the Art of Han and Tang China , Hull: University of Hull, 1975:The Art of Hina to AD 900.New Haven:Yale University Press，1995.

〔註53〕 James,Jean M. "Interpreting Han Funerary Art: the Importance of Context", Oriental Art 31（1985），no. 3, pp.283-92.

〔註54〕 黃明蘭，洛陽漢畫像磚，河南美術出版社，1996。

〔註55〕 岳邦湖等，岩畫及壁畫墓：遙望星宿——甘肅考古文化叢書，敦煌文藝出版社，2004。

〔註56〕 Soper, Alexander C，夏雨涵譯，漢代畫像藝術的文化性，藝術家，1987，6。

〔註57〕 Powers, Martin J. Art and Political Early China, New Haven: Yale University Press. 1991.

〔註58〕 李如森，漢代喪葬制度，吉林大學出版社，1995：323～334。

〔註59〕 賀西林，古墓丹青——漢代墓室壁畫的發現與研究，陝西人民美術出版社，2001。

〔註60〕 顧森，秦漢美術史，人民美術出版社，2000。

〔註61〕 Wu Hong The Wu Liang Shrine: The Ideology og Early Chinese Pictorial Art , Califomia: Stanford University Press, 1989。

〔註62〕 信立祥，漢代畫像石綜合研究，文物出版社，2000。

〔註63〕 李發林，漢畫考釋和研究，中國文聯出版社，2000。

〔註64〕 王建中，漢代畫像石通論，紫禁城出版社，2001。

〔註65〕 楊愛國，幽明兩界——紀年漢畫像石研究，陝西人民美術出版社，2006。

關於畫像石圖像分析的專題研究較多，主要集中在繪畫、墓門石刻、墓室畫像石的圖像分析等，其中繪畫圖像最多，例如，練春海在 2011 年發表的「西漢長安墓室壁畫研究綜論」；〔註66〕程林泉、張翔宇在 2006 年發表的「關中地區漢墓壁畫墓淺析」等。關於畫像石題材研究的主要有李凇在 2000 年發表的「從永元模式到永和模式──陝北漢代畫像石中的西王母圖像分期研究」、〔註67〕王娟在 2010 年發表的「畫像石藝術考據──陝北、晉西北地區畫像石藝術的傳播及區域特色」、〔註68〕陝西省榆林市文物保護研究所康蘭英在 2011 年發表的「榆林市漢畫像石的製作與裝置」〔註69〕等。

2、魏晉南北朝墓室壁畫的研究現狀

由於魏晉南北朝壁畫墓的發現較為分散且保護較差，使得關於這一階段的研究也較為散亂，甚至很多主要壁畫墓的斷代和墓主尚存較多爭議。例如，甘肅嘉峪關新城畫像磚墓發掘時，將其定為東漢時期，後經分析改定為魏晉。山東蒼山元嘉元年畫像石墓發掘時亦曾誤定為劉宋文帝元嘉元年（424年），後改為東漢元嘉元年（151 年），如此例證頗多，有關與墓主的討論也主要集中在如河北磁縣北朝灣漳大墓、南京幾座模印磚壁畫墓等幾座大型壁畫墓上。

（1）個案研究

題材研究是魏晉南北朝壁畫研究最多的部分，這類研究大多以文獻與圖像資料的互證和對題材的分類進行分析，如對竹林七賢畫像磚的考證、對單項題材的主題研究，如孝子題材、家居題材、雜技題材的專項個案研究等。這些研究大多對壁畫的題材進行題材分類，對揭示圖像的史料價值起到了積極的作用，但這種斷章取義的對壁畫細節進行孤立考證的研究，往往忽視了壁畫的整體組合關係和在墓葬中的存在價值。

同時也有一類是以個體墓葬作為研究對象的個案研究，其中較為深入的

〔註66〕練春海，西漢長安墓室壁畫研究綜論，中國漢畫學會第十三屆年會論文集，2011。

〔註67〕李凇，從「永元模式」到「永和模式」──陝北漢代畫像石中的西王母圖像分期研究，考古與文物，2000，5：56～67。

〔註68〕王娟，畫像石藝術考據──陝北、晉西北地區畫像石藝術的傳播及區域特色，社會科學家，2010，12：25～29。

〔註69〕康蘭英、高濤，榆林市漢畫像石的製作與裝置，中國漢畫學會第十三屆年會論文集，2014。

如 Annette L. Juliano 的專著《鄧縣：一座重要的六朝墓葬》，作者以討論鄧縣畫像磚的六朝繪畫風格爲主題，對鄧縣墓在六朝世俗美術研究中的價値進行了評價，其中特別注意了鄧縣畫像磚在中國山水畫發展史上的意義和在南北文化交流中的地位。

（2）綜合研究

　　目前有關魏晉南北朝壁畫墓的綜合研究，主要分爲地域性範圍研究，或時段性壁畫墓研究，亦有跨時代綜合比較的歸納性比較分析。

　　1974 年，Ellen Johnston Laing 以竹林七賢爲中心討論了魏晉玄學對當時繪畫的影響；〔註 70〕1983 年，史樹青在《文物》發表文章分析了婁叡墓壁畫的畫風及作者；〔註 71〕1983 年，日本考古學家町田章對南齊帝陵的墓葬形制、制度、壁畫、神道石刻等內容，進行了比較系統的研究。〔註 72〕同年宿白在《文物》發表文章，將婁叡墓與山西、河北的幾座墓葬進行了比較研究，基本確認了北齊大型墓葬的等級規格。〔註 73〕

　　1985 年馮普仁在《文物》發表對南朝墓葬進行了類型分析與分期研究；〔註 74〕1986 年劉彥軍對十六國和北朝時期北方墓葬的形制進行了類型學研究；〔註 75〕1987 年張小舟在《考古學報》發表文章，結合墓葬形制、壁畫、隨葬品的特徵，將北方魏晉十六國墓葬分爲中原、西北和東北三個區域；〔註 76〕1989 年，湯池對魏晉南北朝墓葬壁畫按時代和地域進行了綜述，並對這些墓葬的時代和地域特徵差異進行了分析；〔註 77〕1990 年 Audrey Spiro 對竹林七賢與榮啓期畫像磚進行了專題研究；〔註 78〕1995 年，祝重壽在《中國壁畫史

〔註 70〕 Ellon Jhnston Laing, "Neo-Taoism and the 'Seven Sages of the Bamboo Grove'in Chinese Paintig", Artibus Asioe,36（1974）PP.5～54.

〔註 71〕 史樹青，從婁叡墓壁畫看北齊畫家手筆，文物，1983，10：29～30。

〔註 72〕 町田章，勞繼譯，南齊帝陵考，東南文化，第 2 輯，江蘇古籍出版社，1987：43～63。

〔註 73〕 宿白，太原北齊婁叡墓參觀記，文物，1983，10：24～26。

〔註 74〕 馮普仁，南朝墓葬的類型與分期，考古，1985，3：269～278。

〔註 75〕 劉彥軍，簡論五胡十六國和北朝時期的北方墓葬，中原文物，1986，3：100～106。

〔註 76〕 張小舟，北方地區魏晉十六國墓葬的分區與分期，考古學報，1987，1：19～43。

〔註 77〕 湯池，漢魏南北朝的墓室壁畫，宿白主編，中國美術全集——繪畫編 12．墓室壁畫，文物出版社，1989：9～15。

〔註 78〕 Audrey Spiro, Contemplating the Ancients, p.98, Berkeley, University of Califomia Press, 1900.

綱》中對魏晉南北朝壁畫進行了概述；〔註79〕1977年，林樹中在《文物》發表文章對江蘇丹陽南齊陵墓磚印壁畫進行了分析；〔註80〕2000年，楊孝俊在《考古與文物》發表文章對東魏、北齊墓葬進行了綜合性考古學分析；〔註81〕同年，蘇哲在北周田弘墓發掘報告中，對北周壁畫墓進行了整體性分析和綜述；〔註82〕2002年和2016年鄭岩在《魏晉南北朝壁畫墓研究》〔註83〕及增補本〔註84〕中對魏晉南北朝墓室壁畫的形制、背景文化等進行考古學綜合研究。

以上研究大多集中在考古學和歷史學研究範圍，近年來，大批美術史研究者，特別是接受西方研究體系的學者，進入魏晉南北朝藝術研究領域當中，帶來了諸多新的研究方法和看待問題的全新視角，爲魏晉南北朝壁畫研究注入了新鮮血液。

3、隋唐墓室壁畫的研究現狀

20世紀中期以來，不斷發現的唐代壁畫墓爲研究中國傳統繪畫提供了大量的直觀且斷代明確的圖像資料。從數量和質量而言，唐代墓室壁畫的發現遠超其他時期的墓室壁畫。因此，自上世紀50年代伊始，唐墓壁畫的研究就吸引了大批專家學者的目光。在相關唐墓壁畫研究學者的不斷努力下，該領域取得了大量的研究成果。

從現已發現的唐代壁畫墓的分佈來看，陝西地區發現的壁畫墓占全國總數的絕大部分，對陝西地區唐墓壁畫的研究也就代表了全國的基本狀態。因此，對唐代壁畫墓的分區已不具有現實意義，因而對壁畫墓的分期則成爲研究重心。

（1）分期研究

宿白在1982年發表的「西安地區唐墓壁畫的布局和內容」一文，將在西安地區發現的唐代壁畫墓分爲五期，其中第一期爲唐高宗至唐太宗中期；第二期爲唐高宗時期；第三期爲706年至729年；第四期爲745至787年；

〔註79〕祝重壽，中國壁畫史綱，文物出版社，1995：23～32。
〔註80〕林樹中，江蘇丹陽南齊陵墓磚印壁畫探討，文物，1977，1：71～72。
〔註81〕楊孝俊，東魏北齊墓葬的考古學研究，考古與文物，2000，5：68～88。
〔註82〕原州聯合考古隊，北周田弘墓——原州聯合考古隊發掘調查報告（2），（東京）勉誠出版，2000：123。
〔註83〕鄭岩，魏晉南北朝壁畫墓研究，文物出版社，2002。
〔註84〕鄭岩，魏晉南北朝壁畫墓研究，文物出版社，2016。

〔註 85〕楊泓在 1997 年出版的《美術考古半世紀——中國美術考古發展史》一書中確定了唐墓壁畫在中國傳統繪畫史中的重要地位；〔註 86〕齊東方、王仁波等依據宿白的分期方法並結合新發現的壁畫墓將唐代壁畫墓分爲四期〔註 87〕和三期。〔註 88〕

（2）綜合研究

有關唐代壁畫墓的綜合研究主要集中在墓室壁畫的考古學分析上，較爲完整的有：邵曉莉在 2011 年發表的「隋唐墓葬藝術淵源新探——以陝西潼關稅村隋代壁畫墓爲中心」；〔註 89〕王仁波、何修齡在 1984 年發表的「陝西唐代壁畫之研究」；〔註 90〕李星明的《唐代墓室壁畫研究》、〔註 91〕楊泓的「隋唐造型藝術淵源簡論」〔註 92〕等；陝西陝西歷史博物館編《唐墓壁畫珍品精粹》、〔註 93〕陝西省考古研究所編《陝西新出土唐墓壁畫》〔註 94〕等。

（3）專題研究

關於唐墓壁畫的專題研究相對較多，主要集中在背景研究、圖像志研究、圖像學研究、風格學研究等。其中較爲典型的有：顧鐵符在 1956 年發表的「西安東郊唐墓壁畫中的斗栱」；〔註 95〕王仁波在 1973 年發表的「唐懿德太子墓壁畫題材的分析」；〔註 96〕孫機在 1996 年發表的「唐李壽石槨線刻

〔註 85〕宿白，西安地區唐墓壁畫的布局和內容，考古學報，1982，2：137～154。

〔註 86〕楊泓，美術考古半世紀——中國美術考古發展史，文物出版社，1997：264～284。

〔註 87〕齊東方、張靜，唐墓壁畫與高松冢古墳壁畫的比較研究，唐研究（第一卷），1995：447～472。

〔註 88〕王仁波、何修齡、單暐，陝西唐代壁畫之研究（上），文博，1984，1：39～52；王仁波、何修齡、單暐：陝西唐代壁畫之研究（下），文博，1984，2：44～55。

〔註 89〕邵曉莉，隋唐墓葬藝術淵源新探——以陝西潼關稅村隋代壁畫墓爲中心，文藝研究，2011，1。

〔註 90〕王仁波、何修齡，陝西唐代壁畫之研究，文博，1984，1～2。

〔註 91〕李星明，唐代墓室壁畫研究，陝西人民美術出版社，2005。

〔註 92〕楊泓，隋唐造型藝術淵源簡論，漢唐美術考古和佛教藝術，文物出版社，2000：156～163。

〔註 93〕陝西歷史博物館編、尹盛平主編、李西興撰文，唐墓壁畫珍品精粹，陝西人民美術出版社，1991。

〔註 94〕陝西省考古研究所、韓偉、張建林主編，陝西新出土唐墓壁畫，重慶出版社，1998。

〔註 95〕顧鐵符，西安東郊唐墓壁畫中的斗栱，文物參考資料，1956，11：44～45。

〔註 96〕王仁波，唐懿德太子墓壁畫題材的分析，考古，1973，6：381～393、371。

《仕女圖》、《樂舞圖》散記」；〔註97〕齊東方在 1998 年發表的「唐墓壁畫中的金銀器圖像」一文；〔註98〕楊效俊在 1999 年發表的「影作木構間的樹石」一文；〔註99〕王世平在 2001 年發表的「唐墓壁畫的社會意義」〔註100〕等等，據筆者統計，關於唐代墓室壁畫的專題研究文章和論文多達 6 千餘篇。

通過以上整理可以看出，關於漢唐之間的墓室壁畫研究大多集中在對壁畫墓形制、分期以及背景文化的分析，而關於墓室壁畫的風格研究相對較薄弱，因此，本研究主要以美術考古學的繪畫本體風格分析方法，對漢唐之間的墓室壁畫進行分析研究，以期能對這一時期的壁畫的沿承和時代風格作以等位。

四、研究的路徑

本文所言的「譜系」並非一般意義上的將基礎資料進行簡單分類排列或比較，而是將資料作為基本研究的背景，採用本體研究的方法，通過對作品本體元素的對應分析尋找出中國平面藝術發展至中國時期的基本延承規律、時代風格特徵以及創作原則。基於這個原則，本文主要以傳統考古學資料作為研究基礎，以美術考古學的藝術本體為研究主體，以中古時期墓室平面作品為線索，對漢唐期間持續的繪畫形態進行縱向與橫向比較分析，力圖在對這一時期墓室壁畫共性特徵的分析中，總結出漢唐時期墓室平面圖像中具有歷史發展常規性時代風格的流變趨勢，並以此引代出中古時期傳統平面藝術的時代藝術風格。

本文從藝術發展的角度，關注於各歷史階段所能給畫家提供的創作觀念及技術手段，並著重以組成傳統人物畫藝術本體的「三要素」〔註101〕作為分析主體，對「三要素」在各自獨立系統中持續性演變進行分析，放在一個更大的發展框架之內對三者之間的關係進行梳理，同時關注影響其風格轉變的

〔註97〕孫機，唐李壽石槨線刻「仕女圖」、「樂舞圖」散記（上），文物，1996，5：33～49；孫機，唐李壽石槨線刻「仕女圖」、「樂舞圖」散記（下），文物，1996，6：56～68。

〔註98〕齊東方，唐墓壁畫中的金銀器圖像，文博，1998，6：66～69、82。

〔註99〕楊效俊，影作木構間的樹石，陝西歷史博物館館刊（第六輯），西北大學出版社，1999：253～262。

〔註100〕王世平，唐墓壁畫的社會意義，陝西歷史博物館館刊（第八輯），2001：122～136。

〔註101〕造型－形式－線型。

外在因素，並以此建立本文的研究系統。以便能夠清晰、具體地對漢唐之間
的繪畫風格進行客觀的描述，以期達到對這一時期繪畫風格的確切認識。

　　中古時期的平面藝術既是中國本土繪畫形式的延續，又有外來風格的雜
糅，在多種因素作用下奠定了中國古典繪畫的基石。因此本文在對漢唐墓室
壁畫進行研究時，會將範圍適當擴大，尋出形式當中哪些是既往程式的延續，
哪些是生發的新腔，力求在探討中古時期平面藝術時代風格的同時，闡釋其
風格的形成原因。

　　一、本文首先以考古學成果爲依據，對漢唐墓室壁畫圖像按時期進行排
序，對其形制、墓主身份及創作主體等進行分析，以作爲對中古墓室壁畫藝
術風格研究的背景。

　　二、對繪畫勾描技法和勒石技法進行時期對比分析，作爲風格定性研究
的前提。

　　三、關注造型背後的各時期文化、哲學的沿承因素，將造型形式與文化、
哲學背景作爲一個關聯繫統，在相同與相異的範疇間進行形式和含義的關聯
比較。同時關注造型形式的流變，以明晰這一時期平面藝術的基本造型法則。

　　四、將這一時期墓室壁畫放置在中國古典人物畫形式風格演進的整體框
架當中，著力關注線群組合關係及其發展軌跡，以期對這一時期的形式風格
作以定位。

　　五、將這一時期墓室壁畫的具體線型表現，放置於傳統繪畫線型演變框
架之內，從直觀表現的角度進行對比探討。對其在傳統繪畫中的地位及流變
作用進行定位。

　　通過以上分析，可基本清晰地看出中古時期平面藝術造型、形式及線型
軌跡的演變規律。如果將這些本體因素按時區對應排列，中國傳統平面藝術
的典型時代風格也就昭然若揭了。

上部　圖像研究的物質基礎

第一章　墓室圖像的考古學陳述

　　本文之所以將「美術」與考古學相結合形成一個詞匯，而不用「藝術」。即是將研究範圍儘量框定在相對同性的藝術形式內，使得研究更具典型性和準確性。「美術」一詞是近代引進的西式詞語，一直以來，無論中外，美術的邊界較爲模糊，西方的「美術」（Art）往往泛指一切構成美感的藝術方式，特別是該此被引用至中國的時候，被戴上了一定的政治性和現代性，並將中國古代所有藝術均囊括之中。這只是一種表象特徵，而有甚者，隨著21世紀興起的跨學科研究風氣，各個學科的滲入以及美術史研究自身的不斷向外擴展，「把更大量「非美術」的視覺材料納入以往美術史的神聖場地」。[註1]

　　因此，當我們在歷史的境態下解構古代美術的時候，往往會使我們很難形成一種統一的藝術概念，特別是大量社會學家、歷史學家、甚或自然科學家介入美術史研究的境遇下，在使美術研究更加豐富和立體的同時，也給美術本身的本體研究帶來了更多的阻撓和危機。

　　當我們用這種美術狀態進入中國歷史美術中，顯然難以適應，在古代詞語中與之較爲接近的也只有「圖像」一詞似乎尚可接近美術的概念。《魏書》卷二十三，衛操云：「刊石紀功，圖像存形」。進一步分析會發現，在中國古代「圖像」是專指於記錄的平面形象，主要用以代替文字表達政治意圖和社會風尚。

　　因此，在界定美術考古學（中古時期）的研究範圍的時候，則會將資料設定在平面圖像的範圍內，其目的主要是通過較爲統一的藝術形式形成較爲穩定的研究結果。

〔註1〕〔美〕巫鴻，並不純粹的「美術」，讀書，2006，3：36。

　　中國古代的平面圖像主要分爲四種表現形式，一爲紙帛類繪畫；二爲寺觀壁畫；三爲洞窟壁畫；四爲墓室壁畫。紙帛繪畫由於年代久遠存世數量極少，並多有存疑。遺存的寺觀壁畫和洞窟壁畫，由於紀年不明，大多也只能框定在概略的時段之內，無法確定其具體創作時間。從藝術史發展角度出發，自然不能將其作爲反映唐代特定時期繪畫特徵及流變的可靠素材。

　　傳統中國美術史研究注重主流畫家及其作品的探討和對傳世作品的分析，對於存世作品極少的古代繪畫來說，多數學者是依據歷史文獻的記載來闡釋其風貌，對其繪畫直觀形態的把握則相對薄弱。然而，僅憑文獻來詮釋特定時代的藝術作品，往往會導致認識上的空泛甚至曲解。值得慶幸的是，現代考古學在一定程度上彌補了這一缺憾。

　　20 世紀中期以來，隨著不斷的古代墓葬考古發掘，爲美術考古學研究提供了大量的圖像實物。並以其相對充足的數量和斷代的明確性，大大地彌補了上述繪畫研究材料的不足，從而爲明確地認知各時期的時代風格及其流變形態提供了可靠的實物例證。

　　古代墓葬形制作爲社會秩序的一種體現，特別是中古時期的壁畫墓專屬於皇族和高官貴族，是中國古代貴族文化的體現，並以此來顯示他們生前的社會地位及審美取向。依據已發表的考古資料統計，現已發現中古時期較爲重要的壁畫墓主要集中於時代權利中心區域，是相對應時期的主流藝術的時代代表。

　　因此，在古代主流繪畫的組成要素中，紙帛繪畫、寺觀壁畫、史載畫家及畫史，都只能作爲瞭解古代繪畫的旁證，而古代墓葬中出土的繪畫作品以其斷代的明確、數量充足，理應是反映當時繪畫風貌的主要證據。從地理分佈和消費主體來看，上述的所有組成要素，都直指於各時期權利中心地區的貴族群體，由此也可確信，墓室壁畫的創作者是當時具有較高水準的藝術家。在時序相對完整的漢唐壁畫墓，代表了這一時期統治階層的審美取向，也可以說，漢唐之間的墓室壁畫是這一時期的主流形式與風格變遷的代表性作品。因此，墓室壁畫圖像便具有了我們瞭解古代繪畫風貌及其風格演變的標本作用。這正是本研究以漢唐之間墓室壁畫作爲主要對象來探討中國美術考古學風格演變譜系的主要原因。

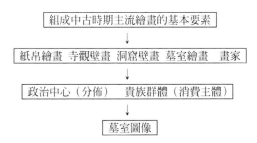

　　本研究的基礎資料主要採用漢唐之間的墓室壁畫，採用這些資料作為分析基礎的原因是，墓室壁畫是作為相對成熟並形成中國平面藝術主要程式風格的主要地域資料。中古時期的中國繪畫成熟程式地域主要分為以兩京地區為中心的長安模式和以南京為中心的建康模式。而現已發現的漢唐之間的主要墓室壁畫，即是以這兩個區域為核心。對於在新疆、甘肅等地發現的量洞窟壁畫，由於多為中國繪畫成熟程式的轉換模式，因而，本文在研究中並未將其設定為基礎資料，而是將其作為分析程式風格形成不可或缺的輔助資料。

第一節　漢唐之間主要墓室圖像的發現

　　本文的研究基礎資料主要設定在中古時期的墓葬壁畫圖像，洞窟壁畫和寺觀壁畫由於紀年和斷代以及序列較不成體系的原因，以此將其作為輔助說明資料。本文所言之對象為廣義上的「壁畫」形式，顧名思義「壁」是承載藝術創作的載體，墓室中的「壁」既包括墓室壁面、石刻畫像，同時也包括墓室中的棺、槨等葬具。

一、漢代主要墓室圖像的發現

　　中國制度規範的墓室壁畫墓的盛行始於西漢並延續至清末。中國墓室壁畫的體系中漢代墓室壁畫不但在數量題材上較為豐富，同時也是規範性墓葬裝飾的代表。關於漢代壁畫墓的發現的近百年間，主要分為兩個階段，主要以上世紀中期為分界。上世紀初期，以鳥居龍藏（1870～1953 年）為代表的日本考古人在東北地區和內蒙古東部進行了為期近半個世紀的考古發掘。濱田耕作在 1918 年發掘了旅順刁家屯漢墓；〔註 2〕1931 年，內藤寬等主持發掘

〔註 2〕 1、〔日〕濱田耕作，旅順刁家屯の一古坟，濱田耕作先生著作集刊行委員會

了大連金縣營城子漢墓；〔註3〕原田淑人在 1942 年發掘了遼寧南林子壁畫墓。〔註4〕

上世紀 50 年代發掘的漢代壁畫墓主要有山西平陸棗園村壁畫墓、〔註5〕內蒙古托克托壁畫墓、〔註6〕山東梁山後銀山壁畫墓〔註7〕等。60 年代發掘的主要有河南密縣打虎亭 1、2 號墓、〔註8〕河南密縣後士郭 1、2 號壁畫墓等。70 年代發掘的主要有河南洛陽卜千秋墓、〔註9〕河北安平逯家莊壁畫墓、〔註10〕內蒙古和林格爾新店子壁畫墓〔註11〕等。80 年代發掘的主要有內蒙古包頭召灣 51 號壁畫墓、〔註12〕河南永城柿園梁王壁畫墓、〔註13〕河南洛陽西工壁畫墓、〔註14〕河南偃師杏園村壁畫墓、〔註15〕新安鐵塔山壁畫墓、〔註16〕陝西西安交通大學附屬小學壁畫墓、〔註17〕西安曲江池 1 號漢墓、〔註18〕陝

編，濱田耕作著作集（第四卷），京都市：同朋舍，1993：225～243；2、〔日〕濱田耕作，旅順刁家屯古坟調查補遺，濱田耕作先生著作集刊行委員會編，濱田耕作著作集（第四卷），京都市：同朋舍，1993：253～297。

〔註3〕〔日〕内藤寬、森修，營城子——前牧城驛附近の漢代壁畫磚墓，東京：東亞考古學會，1934。

〔註4〕〔日〕原田淑人，遼寧南林子壁畫の古坟，國華，1943，53 編第 4 冊。

〔註5〕山西省文物管理委員會，山西平陸棗園村壁畫漢墓，考古，1959，5：462～468。

〔註6〕羅福頤，內蒙古自治區托克托縣新發現的漢墓壁畫，文物參考資料，1956，9：45。

〔註7〕關天相、冀剛，梁山漢墓，文物參考資料，1955，5：43～44。

〔註8〕安金槐、王與剛，密縣打虎亭漢代畫像石墓和壁畫墓，文物，1972，10：49～62。

〔註9〕洛陽博物館，洛陽西漢卜千秋壁畫墓發掘簡報，文物，1977，6：1～12。

〔註10〕郝建文，歷久彌新的安平漢墓壁畫，當代人，2009，5：35～37。

〔註11〕內蒙古文物工作隊、內蒙古博物館，和林格爾發現一座重要的東漢壁畫墓，文物，1974，1：8～20。

〔註12〕內蒙古文物考古研究所，內蒙古中南部漢代墓葬，中國大百科全書出版社，203～214。

〔註13〕鄭清森，河南永城柿園漢墓壁畫淺析，中原文物，2002，6，63～66。

〔註14〕洛陽市文物工作隊，洛陽西工東漢壁畫墓，中原文物，1982，3：15～21。

〔註15〕中國社會科學院考古研究所河南第二工作隊，河南偃師杏園村東漢壁畫墓，考古，1985，1：18～22。

〔註16〕洛陽市文物工作隊，洛陽新安縣鐵塔山漢墓發掘報告，文物，2002，5：33～38。

〔註17〕陝西省考古研究所、西安交通大學，西安交通大學西漢壁畫墓發掘簡報，考古與文物，1990，4：57～63。

〔註18〕徐進、張蘊，西安南郊曲江池漢唐墓清理簡報，考古與文物，1987，6：40

西咸陽龔家灣 1 號壁畫墓、〔註19〕甘肅武威磨嘴子山壁畫墓、〔註20〕等。90
年代發掘的主要壁畫墓有山西永濟上村東漢壁畫墓、〔註21〕河南洛陽淺井頭
壁畫墓、〔註22〕河南洛陽東郊機工廠壁畫墓、〔註23〕河南洛陽朱村壁畫墓、
〔註24〕河南滎陽萇村漢代壁畫墓、〔註25〕河南洛陽偃師縣新莽壁畫墓、〔註26〕
內蒙古鄂爾多斯鄂托克鳳凰山 M1 壁畫墓、〔註27〕甘肅民樂八掛營 1、2、3
號壁畫墓、〔註28〕包頭張龍圪旦壁畫墓〔註29〕等。

　　本世紀發現的漢代壁畫墓主要有陝西旬邑縣百子村東漢壁畫墓、〔註 30〕
內蒙古鄂爾多斯巴音格爾村漢墓、〔註31〕四川中江縣塔梁子 M3 崖墓、〔註32〕
四川三臺縣郪江崖墓群柏林坡 1 號墓、〔註33〕河南洛陽宜陽縣尹屯新莽壁畫
墓、〔註34〕陝西定邊郝灘東漢壁畫墓〔註35〕、西安理工大學壁畫墓〔註36〕、

～45。

〔註19〕　孫德潤、賀雅宜，龔家灣一號墓葬清理簡報，考古與文物，1987，1：1～9。

〔註20〕　黨壽山，甘肅武威磨嘴子發現一座東漢壁畫墓，考古，1995，11：1052～1053。

〔註21〕　運城行署文化局、永濟市博物館，山西永濟上村東漢壁畫墓清理簡報，文物
　　　　季刊，1997，6：5～11。

〔註22〕　洛陽市第二文物工作隊，洛陽淺井頭西漢壁畫墓發掘簡報，文物，1993，5：
　　　　1～10。

〔註23〕　洛陽市文物工作隊，洛陽機車工廠東漢壁畫墓，文物，1992，3：27～34、26。

〔註24〕　洛陽市第二文物工作隊，洛陽市朱村東漢壁畫墓發掘簡報，文物，1992，12：
　　　　15～20。

〔註25〕　鄭州市文物考古研究所、滎陽市文物保護管理所，河南滎陽萇村漢代壁畫墓
　　　　調查，文物，1996，3：18～25、27。

〔註26〕　洛陽市第二文物工作隊，洛陽堰師縣新莽壁畫墓清理簡報，文物，1992，12：
　　　　1～8。

〔註27〕　王志浩、尹春雷、嚴敏、布和、巴圖吉日格拉、於國強，鄂爾多斯漢墓——
　　　　鳳凰山墓葬，內蒙古中南部漢代墓葬（會議），1998，3：161～175。

〔註28〕　賀西林，古墓丹青——漢代墓室壁畫的發現與研究，陝西人民美術出版社。
　　　　2001，序言。

〔註29〕　李虹、張海斌、李彩霞、許魁、鄭素清、董永軍、劉亞東，包頭漢墓——張
　　　　龍圪旦墓葬，內蒙古中南部漢代墓葬（會議），1998，3：266～274。

〔註30〕　陝西省考古研究所，陝西旬邑發現東漢壁畫墓，考古與文物，2002-3：76。

〔註31〕　楊澤蒙、王大方，內蒙古中南部發現漢代壁畫墓，中國文物報，2001，12，7。

〔註32〕　四川省文物考古研究所、德陽市文物考古研究所、中江縣文物保護管理所，
　　　　四川中江塔梁子崖墓發掘簡報，文物，2004，9：4～33。

〔註33〕　四川省文物考古研究院、綿陽市文物管理局、三臺縣文物管理所，四川三臺
　　　　郪江崖墓群柏林坡 1 號墓發掘簡報，文物，2005，9：14～35。

〔註34〕　洛陽市第二文物工作隊，宜陽縣尹屯新莽壁畫墓，中國考古學年鑒（2004），
　　　　文物出版社，2004：262～263。

西安曲江池一小區內新發現的西漢壁畫墓〔註37〕、陝西靖邊東漢壁畫墓。〔註38〕

　　漢代畫像石的發現研究可考於宋代，南宋時期洪适（1117～1184 年）在《隸續》的開篇即錄摹了漢代畫像石。上世紀中期後，隨著對漢墓的科學發掘，畫像石的發現與整理逐步規範，迄今已發現畫像石墓二百餘座，其分佈於山東、河南、北京、天津、陝西安徽、江蘇、湖北、山西、四川、貴州、雲南、甘肅、浙江等區域，其豐富的題材和典型的造型是漢代平面藝術的重要補充。

二、魏晉南北朝墓室圖像的發現

　　魏晉南北朝（220 年～589 年），又稱三國兩晉南北朝，從 220 年曹丕稱帝到 589 年隋朝滅南朝陳，共 369 年。分為以曹魏正統，蜀漢與孫吳並立三國時期、西晉時期、東晉與十六國時期、南朝與北朝對立時期。處在漢唐之間的魏晉南北朝是中國歷史上政權最為混亂的一段時期。長期的地方割據和頻繁的戰爭，諸多新文化因素互相影響，交相滲透，玄學的興起、道教的勃興及佛教、波斯、希臘文化的羼入，使得剛剛建立穩定的中國傳統文化受到強烈衝擊影響。中國藝術在這個多元素並存競爭的背景下，創造了諸多前代無可企及的高峰，然先賢巨製已無可考，僅見於文獻。20 世紀 70 年代，隨著大規模的魏晉南北朝壁畫墓葬的發現，開啟了今人從視覺上認識這一階段平面藝術面貌的企望。

　　上世紀初至上世紀初是魏晉南北朝壁畫墓的初始發現期，首次發現，是英國考古學家斯坦因於 1915 年在考察新疆阿斯塔納古墓群時，發現的 4 座十六國時期的壁畫墓；1918 年，日本學者在遼寧遼陽迎水寺發現一座漢魏壁畫墓；〔註39〕1935 年在洛陽北向陽村發現的北魏元乂墓；〔註40〕1943 年，遼陽

〔註35〕陝西省考古研究所、榆林市文物管理委員會，陝西定邊郝灘發現東漢壁畫墓，考古與文物，2004，5：20～21。

〔註36〕西安市文物保護研究所，西安理工大學西漢壁畫墓發掘簡報，文物，2006，5：7～44。

〔註37〕馮國，西安發現一座迄今規模最大西漢壁畫墓，新華網西安，2009，2，20。

〔註38〕陝西省考古研究院、榆林市文物研究所、靖邊縣文物管理辦公室，陝西靖邊東漢壁畫墓，文物，2009，2：32～43。

〔註39〕〔日〕八木奘三郎，滿洲考古學，狄原星文館版，1928：287～326。

〔註40〕洛陽博物館，河南洛陽北魏元乂墓調查，文物，1974，12：53～55。

發現三燕的北園一號墓；〔註41〕1944 年，遼陽發現魏晉棒檯子 1 號墓；〔註42〕
1944 年，西北科學考察團歷史考古組，由向達、夏鼐以及閻文儒等人在甘肅
敦煌佛爺廟東區發掘了翟宗盈墓。〔註43〕

　　上世紀 50～60 年代，魏晉南北朝壁畫墓發現的數量逐漸增大，例如 1951
～1959 年發現於遼陽的 8 座魏晉南北朝壁畫墓；〔註44〕1951 年 12 月，在河
南鄧縣學莊發現的一座南朝畫像磚墓；〔註45〕1956 年，甘肅文管所發掘了酒
泉下河清 1 號墓；〔註46〕1956 年，內蒙古準格爾旗羊市塔區發現的七角形單
室壁畫墓；〔註47〕1960 年，在南京西善橋宮山北麓發掘的南朝「竹林七賢與
榮啟期」磚畫墓，〔註48〕此後，其後又發現南京西善橋油坊村大墓、〔註 49〕
江蘇丹陽胡橋鶴仙坳墓、〔註 50〕丹陽建山金家村壁畫墓和胡橋吳家村大墓
〔註51〕等；1965 年發現 1992 年再次調查的洛陽洛孟公路東側清河郡王元鐸
墓；〔註52〕1965 年，遼寧北票西官營子發現的北燕馮素弗壁畫墓；〔註53〕

〔註41〕李文信，遼陽北園壁畫古墓記略，國立瀋陽博物館籌備委員會彙刊，1947，1：
　　　　122～163；駒井和愛，遼陽發現の漢代墳墓，中國考古學研究，1952（東京）：
　　　　119～128；Wilma。Fairbank and Kitano Masao（北野正男），"Han Mural Paintings
　　　　in the Pei-yuan Tomb at Liao-yang，South Manchuria," Artibus Asiae, 17, no.3/4
　　　　（1954），pp.143～80, Cambridge, Massachusetts.Harvard University Press, 1972.
〔註42〕李文信，遼陽發現的三座壁畫古墓，文物參考資料，1955，5：15～28。
〔註43〕郭永利、楊惠福，敦煌翟宗盈墓及其年代，考古與文物，2007，4：61～63。
〔註44〕李文信，遼陽發現的三座壁畫古墓，文物參考資料，5：28～42；沈新，遼陽
　　　　市北郊新發現兩座壁畫古墓，文物參考資料，1955，7：152～154；東北博物
　　　　館，遼陽三道壕兩座壁畫墓的清理工作簡報，文物參考資料，1955，12：49
　　　　～584；王增新，遼陽市棒檯子二號壁畫墓，考古，1960，1：20～23；王增新，
　　　　遼寧遼陽縣南雪梅村壁畫墓及石墓，考古，1960，1：16～19；李慶發，遼陽
　　　　上王家村晉代壁畫墓清理簡報，文物，1959，7：60～62；遼陽市文物管理所，
　　　　遼陽發現三座壁畫墓，考古.1980，1：58～65。
〔註45〕柳涵，鄧縣畫像磚的時代和研究，考古，1959，5：255～263。
〔註46〕甘肅省文物管理委員會，酒泉下河清第 1 號和第銘號墓發掘簡報，文物。1959，
　　　　10：71～76。
〔註47〕汪宇平，內蒙古準格爾旗羊市塔區破壞壁畫古墓一座，文物參考資料，1957，
　　　　9：78。
〔註48〕南京博物院、南京市文物保管委員會，南京西善橋南朝大墓及其磚刻壁畫，
　　　　文物，1960，8、9 合刊：37～42。
〔註49〕羅宗真，南京西善橋油坊村南朝大墓的發掘，考古，1963，6：291～300、290。
〔註50〕南京博物院，江蘇丹陽胡橋南朝大墓及磚刻壁畫，文物，1974，2：44～56。
〔註51〕南京博物院，江蘇丹陽胡橋、建山兩座南朝墓葬，文物，1980，2：1～17。
〔註52〕徐嬋菲，洛陽北魏元懌墓壁畫，文物，2002，2：89～92。
〔註53〕黎瑤渤，遼寧北票縣西官營子北燕馮素弗墓，文物，1973，3：2～28。

70～80 年代魏晉南北朝壁畫墓的發現較多。1972 年，江蘇鎮江南郊池南山畜牧場二七大隊清理的東晉隆安二年墓；〔註54〕1972 年，沁陽市西白鄉發現的北朝墓；〔註55〕1972 年發掘的嘉峪關牌坊梁墓；〔註56〕1973～1978 年清理的朝陽地區大平房1號北燕壁畫墓、北廟村1號墓；〔註57〕1972～1979 年，在甘肅嘉峪關先後發掘的新城1、3、4、5、6、7、12、13 號壁畫墓；〔註58〕1977 年，甘肅酒泉發掘的丁家閘5號壁畫墓；〔註59〕1975 年發現於新疆吐魯番盆地高昌古城哈喇和卓的北涼 94、96、97、98、號壁畫墓；〔註60〕1973 年，山西壽陽西南發現的北齊庫狄迴洛墓；〔註61〕1974 年，河北磁縣東陳村西北發現的東魏堯峻墓；〔註62〕1975 年，發現於河北磁縣東槐樹村的北齊高潤墓；〔註63〕1976 年清理的江蘇常州戚家村畫像磚墓；〔註64〕1976 年在河北磁縣大冢營村發現的東魏茹茹公主墓；〔註65〕1978 年清理的南京鐵心橋王家窪墓；〔註66〕1978 年清理的江蘇邗江包家1、2 號墓；〔註67〕1979 年在太原市南郊晉祠公社王郭村西南1公里發現的北齊婁叡墓；〔註68〕1982 年在遼寧朝陽清理的袁檯子壁畫墓；〔註69〕1987～1989 年發掘的河北磁縣

〔註54〕鎮江市博物館，鎮江東晉畫像磚墓，文物，1973，4：51～57。

〔註55〕鄧宏里、蔡全法，沁陽縣西白發現北朝墓漢畫像石棺床，中原文物，1983，1。

〔註56〕張朋川，河西出土的漢晉繪畫簡述，文物，1978，6：61～62。

〔註57〕朝陽地區博物館、朝陽縣文化館，遼寧朝陽發現北燕、北魏墓，考古，198，10：912～929。

〔註58〕甘肅省文物隊等.嘉峪關壁畫墓發掘報告，文物出版社，1985；嘉峪關市文物管理所，嘉峪關新城十二、十三號畫像磚墓發掘簡報，文物，1982，8：7～15。

〔註59〕甘肅省文物考古研究所，酒泉十六國墓壁畫，文物出版社，1989。

〔註60〕新疆博物館考古隊.吐魯番哈喇和卓古墓群發掘簡報，文物，1978，6：1～14；新疆社科院考古研究所，新疆考古三十年，新疆人民出版社，1983。

〔註61〕王克林，北齊庫狄迴洛墓，考古學報，1979，3：377～402。

〔註62〕磁縣文化館，河北磁縣東陳村北齊堯峻墓，文物，1984，4：16～22。

〔註63〕磁縣文化館，河北磁縣北齊高潤墓，考古，1979，3：235～243。

〔註64〕常州市博物館，常州南郊戚家村畫像磚墓，文物，1979，3：32～41。

〔註65〕磁縣文化館，河北磁縣東魏茹茹公主墓，文物，1984，4：1～9。

〔註66〕姚遷、古兵，六朝藝術，北京，文物出版社，1981：圖版224～233。

〔註67〕揚州博物館，江蘇邗江發現兩座南朝畫像磚墓，考古.1984，3：243～248、263。

〔註68〕山西省考古研究所、太原市文物管理委員會，太原市北齊婁叡墓發掘簡報，文物，1983，10：1～23。

〔註69〕遼寧省博物館文物隊、朝陽地區博物館文物隊、朝陽縣文化館，朝陽袁檯子東晉壁畫墓，文物，1984，6：29～45。

灣漳墓；〔註70〕。1986 年發現於濟南東八里窪的北朝壁畫墓；〔註71〕1987
年發掘於太原南郊第一熱電廠的北齊壁畫墓；〔註72〕1984～1985 年清理的
陝西咸陽胡家溝西魏侯義墓；〔註73〕1983 年在寧夏固原深溝村發掘的北周
李賢夫婦墓；〔註74〕1984 年在濟南馬家莊清理的祝阿縣令口道貴墓；〔註75〕
1984 年清理的常州田舍村墓；〔註76〕1984 年在湖北襄陽賈家沖發現一座畫
像磚墓；〔註77〕1986 年，在湖北武昌東湖三官殿發現了一座梁代紀年墓；
〔註78〕1987 年清理的南京油坊橋賈家凹墓；〔註79〕1987 年在佛爺廟灣發掘
的 133 號壁畫墓；〔註80〕1989 年，在洛陽孟津北陳村發現的北魏王溫墓；
〔註81〕1986 年，山東臨朐冶源海浮山發現的崔芬墓；〔註82〕1988 年在咸陽
底張灣發現的三座北周壁畫墓。〔註83〕

上世紀 90 年代以後，魏晉南北朝壁畫墓持續發現。1991 年在山西懷仁縣
發現的北魏丹陽王墓；〔註84〕1993 年，在內蒙古和林格爾榆樹梁發現的北魏

〔註70〕中國社會科學院考古研究所、河北省文物研究所－鄴城考古工作隊，河北磁
　　　　縣灣漳北朝墓，考古，1990，7：601～607、600、圖版陸。

〔註71〕山東省文物考古研究所，濟南市東八里窪北朝壁畫墓，文物，1989，4：67～
　　　　78。

〔註72〕山西省考古研究所、太原市文物管理委員會，太原南郊北齊壁畫墓，文物，
　　　　1990，12：1～10。

〔註73〕咸陽市文管會、咸陽市博物館，咸陽市胡家溝西魏侯義墓清理簡報，文物，
　　　　1987，12，57～68。

〔註74〕寧夏回族自治區博物館等，寧夏固原北周李賢夫婦墓發掘簡報，文物，1985，
　　　　11，1～20。

〔註75〕濟南市博物館，濟南市馬家莊北齊墓，文物，1985，10：42～48、66。

〔註76〕常州市博物館、武進縣博物館，江蘇常州南郊畫像、花紋磚墓，考古，1994，
　　　　12：1097～1103。

〔註77〕襄樊市文物管理處，襄陽賈家沖畫像磚墓，江漢考古，1986，1：16～33。

〔註78〕武漢市博物館，武昌東湖三官殿梁墓清理簡報，江漢考古，1991，2：23～28。

〔註79〕南京市博物館，南京油坊橋發現一座南朝畫像磚墓，考古，1990，10：898～
　　　　902。

〔註80〕甘肅省文物考古研究所戴春陽主編，敦煌佛爺廟灣西晉畫像磚墓，文物出版
　　　　社，1998。

〔註81〕洛陽市文物工作隊，洛陽孟津北陳村北魏壁畫墓，文物，1995，8：26～35。

〔註82〕山東省文物考古所、臨朐縣博物館，山東臨朐北齊崔芬壁畫墓，文物，2002，
　　　　4；Wu Wenqi, "Painted Murals of the Northern Qi Period," Orientations, vol.29,
　　　　no.6, June 1998, pp.60～9。

〔註83〕負安志，中國北周珍貴文物，陝西人民美術出版社，1993：36～131。

〔註84〕求實，懷仁縣發現北魏丹陽王墓，北朝研究，1993，4。

壁畫墓；〔註85〕1993 年發掘的甘肅酒泉西溝 5、7 號墓；〔註86〕1994 年清理的江蘇六合樊集墓；〔註87〕1995 年在甘肅佛爺廟灣發現的佛爺廟灣 37、118 號西晉墓；〔註88〕1997 年在大同智家堡發現的北魏壁畫墓；〔註89〕2000 年在山西大同雁北師院發現的北魏宋紹祖墓；〔註90〕1993 年發掘的寧夏回族自治區固原縣王澇壩村的宇文猛墓；〔註91〕1996 年在固原大堡村發掘的北周田弘墓；〔註92〕2000 年在陝西西安北郊炕底寨發現的北周安伽墓；〔註93〕2003 年，陝西省西安市未央區井上村東發現的北周涼州薩保史君墓；〔註94〕2005 年至 2008 年在安陽固岸墓地發掘的 5 座晉墓；〔註95〕2005 年在山西大同沙嶺發現的北魏壁畫墓；〔註96〕2009 年，山西省大同市御東新區文瀛北路發現的北魏壁畫墓；〔註97〕2009 年，山西大同市城區南端雲波里路中段發現了一座北魏壁畫墓。〔註98〕

〔註85〕王大方，內蒙古首次發現北魏大型磚室壁畫墓，中國文物報，1993 年 11 月 28 日：1 版；蘇俊等，內蒙古和林格爾北魏壁畫墓發掘的意義，中國文物報，1993 年 11 月 28 日：3 版。

〔註86〕甘肅省文物考古研究所，甘肅酒泉西溝村魏晉墓發掘報告，文物，1996，7：4～7。

〔註87〕王志高等，六合縣樊集畫像磚墓，中國考古學會編，中國考古學年鑒 1995，文物出版社，1997：142～143。

〔註88〕甘肅省文物考古研究所戴春陽主編，教煌佛爺廟灣西晉畫像磚墓，文物出版社，1998。

〔註89〕王銀田、劉俊喜，大同智家堡北魏墓石棺壁畫，文物，2001，7：40～51。

〔註90〕山西省考古研究所、大同市考古研究所，大同市北魏宋紹祖墓發掘簡報，文物，2001，7：19～39。

〔註91〕寧夏文物考古所固原工作站，固原北周宇文猛墓發掘簡報，許成主編，寧夏考古文集，寧夏人民出版社，1996：135～216。

〔註92〕原州聯合考古隊，北周田弘墓——原州聯合考古隊發掘調查報告 2，（東京）勉誠出版，2000。

〔註93〕陝西省考古研究所，西安北郊北周安伽墓發掘簡報，考古與文物，2000，6：頁 28～35；陝西省考古研究所，西安發現的北周安伽墓，文物，2001，1 期：4～26。

〔註94〕西安市文物保護考古所，西安北周涼州薩保史君墓發掘簡報，文物，2005，3：4～33。

〔註95〕河南省文物考古研究所，河南安陽固岸墓地考古發掘收穫，華夏考古，2009，3。

〔註96〕大同市考古研究所，山西大同沙嶺北魏壁畫墓發掘簡報，文物，2006，10：4～24。

〔註97〕大同市考古研究所，山西大同文瀛路北魏壁畫墓發掘簡報，文物，2011，12：26～36、60。

〔註98〕大同市考古研究所，山西大同雲波里路北魏壁畫墓發掘簡報，文物，2011，

除已知墓葬發掘外，還有多件出土作品散見於各國博物館，如現藏於美國的北魏寧懋石室、〔註99〕北魏元謐石棺、〔註100〕北魏孝子畫像石棺床圍屏；〔註101〕沁陽縣石棺床〔註102〕等。

從墓葬數量和地域分佈來看，魏晉南北朝壁畫墓比較豐富，但由於大多墓葬保存狀況欠佳，考古資料有較爲散亂和不完整，致使對魏晉南北朝墓室壁畫資料的整理增加了較大的難度。

三、隋唐墓室圖像的發現

隋朝上承南北朝下啓唐朝，僅30餘年。隋代出土的壁畫墓較少，比較重要的有李靜訓墓〔註103〕和潼關稅村隋墓。〔註104〕

唐代壁畫墓的發掘始於上世紀初，俄國的科茲洛夫（П. К.，К о з л о в，Пётр Кузьмич）、德國的勒科克（LeCoq，Albert von）、日本的吉瑞超、大谷光瑞等人先後在新疆吐魯番阿斯塔那古墓群發掘唐代壁畫墓。而對唐代壁畫墓進行系統的發掘則始於20世紀50年代，其中約80%發現於陝西境內。由於陝西境內發現的唐代壁畫墓近百座，因此，本文對此進行總結後將重點放在選取重要墓葬進行介紹。

50年代發掘壁畫墓23座，全部發現於陝西境內，其中唐高宗至唐睿宗時期9座，玄宗時期7座，安史之亂以後7座，60年代發掘了4座，其中級別最高、最爲完整和藝術價值最高的是永泰公主墓。〔註105〕

70年代陝西關中地區發現20座，多爲初、盛唐時期的帝王陪葬墓，其中

12：13～25。

〔註99〕郭建邦，北魏寧懋石室線刻畫，人民美術出版社，1987；黃明蘭，洛陽北魏世俗石刻線畫集，人民美術出版社，1987：95～105。

〔註100〕黃明蘭，洛陽北魏世俗石刻線畫集，人民美術出版社，1987：30～39。

〔註101〕長廣敏雄，六朝畤代美術の研究，（東）美術出版社，1969：187～224、圖版17～28、43～56。

〔註102〕周到主編，中國畫像石全集・石刻線畫，河南美術出版社、山東美術出版社，2000：79～85。

〔註103〕唐金裕，西安西郊隋李靜訓墓發掘簡報，考古，1959，9：471～472。

〔註104〕陝西省考古研究院，陝西潼關稅村隋代壁畫墓發掘簡報，文物，2008，5：4～31。

〔註105〕陝西省文物管理委員會，唐永泰公主墓發掘簡報，文物，1964，1：71～94、39。

具有代表性和級別較高的主要有李壽墓、〔註106〕房陵大長公主墓、〔註107〕李鳳墓、〔註108〕章懷太子墓、〔註109〕懿德太子墓〔註110〕等。同時期南方地區發現5座壁畫墓，新疆阿斯塔那地區發現的張禮臣墓、187、188號墓〔註111〕等。80年代共發掘壁畫墓28座，大多集中於陝西地區，分屬於初唐、盛唐和中唐，其中具有典型意義的壁畫墓有長樂公主墓、〔註112〕韋氏家族墓群、〔註113〕唐安公主墓〔註114〕等。此外，同時期寧夏地區發現2座、山西2座、湖北3座、吉林1座、南方18座。90年代陝西地區共發掘壁畫墓16座，較爲重要的有新城長公主墓、〔註115〕金鄉縣主墓、〔註116〕節愍太子墓、〔註117〕惠莊太子墓、〔註118〕李晦墓〔註119〕等。此外，山西地區發現1座，河南、

〔註106〕陝西省博物館、文管會，唐李壽墓發掘簡報，文物，1974，9：71～88、61。

〔註107〕安崢地，唐房陵大長公主墓清理簡報，文博，1990，1：2～6。

〔註108〕富平縣文化館、陝西省博物館、文物管理委員會，唐李鳳墓發掘簡報，考古，1977，5：313～326。

〔註109〕陝西省博物館、乾縣文教局唐墓發掘組，唐章懷太子墓發掘簡報，文物，1972，7：13～19。

〔註110〕陝西省博物館、乾縣文教局唐墓發掘組，唐懿德太子墓發掘簡報，文物，1972，7：26～31。

〔註111〕新疆維吾爾自治區博物館，吐魯番縣阿斯塔那─哈拉和卓古墓群發掘簡報，文物，1973，10：7～27；李徵，新疆阿斯塔那三座唐墓出土珍貴絹畫及文書等文物，文物，1975，10：89～90。

〔註112〕昭陵博物館，唐昭陵長樂公主墓，文博，1988，3：10～30。

〔註113〕王育龍，西安南郊韋君夫人等墓葬清理簡報，考古與文物，1989，5：71～78、138。

〔註114〕陳安利、馬詠鍾，西安王家墳唐代唐安公主墓，文物，1991，9：16～27。

〔註115〕陝西省考古研究所、陝西歷史博物館、昭陵博物館，唐新城長公主墓發掘簡報，考古與文物，1997，3：3～38；陝西省考古研究所、陝西歷史博物館、昭陵博物館，唐新城長公主墓發掘報告，科學出版社，2004。

〔註116〕西安市文物管理考古所，西安唐金鄉縣主墓清理簡報，文物，1997，1：4～19；西安市文物保護考古所王自力、孫福喜，唐金鄉縣主墓，文物出版社，2002。

〔註117〕王小蒙、劉呆運，唐節愍太子墓發掘簡報，考古與文物，2004，4：13～25；陝西省考古研究所、富平縣文物管理委員會，唐節愍太子墓發掘報告，科學出版社，2004。

〔註118〕陝西省考古研究所、蒲城縣文體廣電局韓偉等，唐惠莊太子墓發掘簡報，考古與文物，1999，2：3～22；陝西省考古研究所，唐惠莊太子李撝墓發掘報告，科學出版社，2004。

〔註119〕陝西省考古研究院，壁上丹青──陝西出土壁畫集（下），科學出版社，2008：243～248。

北京各發現 1 座。21 世紀初新發現的壁畫墓近 10 座，其中以唐讓皇帝李憲墓〔註120〕、武惠妃敬陵〔註121〕以及韓休墓〔註122〕較爲重要。

第二節　漢唐之間壁畫墓的地理分佈

一、漢代壁畫墓的地理分佈

　　秦代建立統一集權制度伊始，各地的政治、經濟、文化無不受到中央政治中心的影響和主導。雖然在大的政治管理環境下具有高度同一地點特性，但各地由於地域性文化的差異，使得這些不同構成了考古分區上的主要支撐內容。特別是考古學的分區與人文地理分區的緊密切入，則增強考古資料分區的合理性因素。依據發現漢墓的分佈對照兩漢的經濟、政治及人口數量的轉換，基本可以看出兩者處在同步狀態。

　　漢高祖定都洛陽五個月後遷都長安，至武帝再定都洛陽，中原見證了漢代由興至衰的全部過程。同時，中原也是中華文明的發源地，在中國歷史中長期處於政治、經濟、文化中心，並對其他地區起著影響和引領作用。在現已發現的漢代壁畫墓中，中原地區無論在數量和規模均占首位。因此，中原地區和長安地區是研究漢代墓室壁畫的首要區域，其次爲東北地區和河西地區等，其中由於地域文化的影響，畫像石墓則主要集中在山東、陝北、四川等區域。

　　關於漢代壁畫墓的分區研究主要以賀西林、顧森、楊愛國等人的研究相對深入，其中以黃佩賢在《漢代墓室壁畫研究》中的分區與分期較爲典型。按黃佩賢的劃分，漢代壁畫墓主要分爲六個主要分佈區，一爲以洛陽爲中心的河南及河北南部等地區；二爲以西安爲中心的關中地區；三爲以遼寧遼陽爲中心的東北地區；四爲以內蒙古爲中心的北方地區；五爲甘肅河西地區；六爲以魯南、蘇北、皖北、豫東爲中心的東方地區。並將這些壁畫墓分爲西漢前期、西漢後期、新莽和東漢前期以及東漢後期 4 段分期。（表 1-1）

〔註120〕陝西省考古研究所，唐李憲墓發掘報告，科學出版社，2005。
〔註121〕程旭、師小群，唐貞順皇后敬陵石槨，文物，2012，5：74～96。
〔註122〕韓休墓北壁東側山水圖，周曉陸，新資料　新樣式——唐韓休墓壁畫「山莊水亭圖」初讀，陝西省美術博物館館刊，2014，12：88。

表 1-1：漢代壁畫墓的分區與時序表〔註 123〕

中原地區	西漢前期	永城芒碭漢梁王壁畫墓（1987～1991）（西漢後期）
	西漢後期	洛陽卜千秋壁畫墓（1976）、洛陽淺井頭壁畫墓（1992）、洛陽燒溝 61 號壁畫墓（1957）、（新莽至東漢前期）
	新莽至東漢前期	洛陽金谷園新莽壁畫墓（1978）、洛陽尹屯新莽壁畫墓（2003）、新安鐵塔山壁畫墓（1984）、偃師高龍鄉辛村新莽壁畫墓（1991）、洛陽金谷園東漢壁畫墓（1983）、洛陽北郊石油站東漢壁畫墓（1987）、山西平陸棗園村壁畫墓（1959）
	東漢後期	洛陽東郊機車廠壁畫墓（1990～1991）、偃師杏園村壁畫墓（1984）、洛陽西工壁畫墓（1981）、洛陽 3850 號壁畫墓（1992）、洛陽朱村壁畫墓（1991）、密縣打虎亭 1、2 號畫像石及壁畫墓（1960～1961）、密縣後士郭 1、2 號畫像石及壁畫墓（1963）、密縣後士郭 3 號畫像石及壁畫墓（1970）、滎陽王村鄉萇村漢壁畫墓（1994）、山西夏縣王村壁畫墓（1989）、山西永濟上村壁畫墓（1992）、河北望都所藥村 1 號壁畫墓（1952）、河北望都所藥村 2 號壁畫墓（1955）、河北安平逯家莊壁畫墓（1971）
關中地區	西漢前期	
	西漢後期	西安曲江池 1 號漢壁畫墓（1985）、西安交通大學西漢壁畫墓（1987）、西安理工大學 1 號西漢壁畫墓（2004）
	新莽至東漢前期	陝西千陽縣新莽壁畫墓（1972）、咸陽龔家灣 1 號新莽壁畫墓（1983）
	東漢後期	陝西旬邑縣百子村東漢壁畫墓（2000）
東北地區	西漢前期	
	西漢後期	
	新莽至東漢前期	遼陽大連金縣營城子壁畫墓（1931）
	東漢後期	遼陽迎水寺壁畫墓（1918）、遼陽南林子壁畫墓（1942）、遼陽北園 1、2、3 號壁畫墓（1943、1959、1986）、遼陽棒檯子屯 1、2 號壁畫墓（1944、1957）、遼陽三道壕窯廠第四現場壁畫墓（車騎墓）（1951）、遼陽三道壕窯廠第二現場令支張君墓（1953）、遼陽三道壕 1、2 號壁畫墓（1955）、遼陽三道壕 3 號壁畫墓（1974）、遼陽南雪梅村 1 號壁畫墓（1957）、遼陽鵝房 1 號壁畫墓（1957）、遼陽舊城東門裏東漢壁畫墓（1983）、遼陽南環街墓（1995）
北方地區	西漢前期	
	西漢後期	內蒙古包頭召灣 51 號墓（1982）

〔註 123〕黃佩賢，漢代壁畫墓的分區與分期研究，考古與文物，2010，1：75～76。

	新莽至東漢前期	內蒙古鄂爾多斯巴音格爾村兩座漢墓（2001）
	東漢後期	內蒙鄂托克鳳凰山 1 號東漢壁畫墓（1990～1992）、內蒙古托克托壁畫墓（1956）、內蒙古和林格爾壁畫墓（1972）、內蒙古包頭張龍圪旦東漢壁畫墓（1995）、陝西定邊赫灘 1 號東漢壁畫墓（2003）、陝西靖邊楊橋畔 1 號東漢壁畫墓（2005）
河西地區	西漢前期	
	西漢後期	
	新莽至東漢前期	甘肅武威韓佐五壩山東漢壁畫墓（1984）
	東漢後期	甘肅武威磨嘴子東漢壁畫墓（1989）、甘肅酒泉下河清 1 號東漢壁畫墓（1956）、甘肅民樂八掛營 1、2、3 號東漢壁畫墓（1993）
東方地區	西漢前期	
	西漢後期	
	新莽至東漢前期	山東梁山縣後銀山東漢壁畫墓（1954）
	東漢後期	江蘇徐州黃山隴東漢壁畫墓（1958）、安徽亳縣董園村 1、2 號東漢畫像石及壁畫墓（1974～77）、山東濟南青龍山東漢壁畫墓（1986）、山東東平縣老物資局院壁畫墓（2007）

二、魏晉南北朝壁畫墓的地理分佈

　　魏晉南北朝墓室壁畫在繼承漢代風格的同時，由於外來觀念的衝擊，促成了時代自有風貌的形成。且不同地區、不同時期的壁畫風格亦有很大差異，正如張彥遠所說：「其或生長南朝，不見北朝人物，習熟塞北，不識江南山川，遊處江東，不知京洛之盛。」〔註124〕特別是在南北對峙的近二百年間，佔據黃河流域的北朝和據有長江流域的南朝相互特立，致使我國社會形態及意識形態不能同軌進行，傳統藝術因此也形成了南北之分，「故當時繪畫，因地理民族之不同，亦隱然各馳其道。」〔註125〕

　　上世紀初至今，已發掘的魏晉南北朝墓室壁畫墓 200 餘座，但由於這一時期的壁畫墓較爲分散，墓葬保存狀況較差，同時也因爲只有個別墓葬成形發掘報告，因此很難進行深入研究。〔註126〕經整理目前較爲典型的魏晉南

〔註124〕〔唐〕張彥遠，歷代名畫記，卷二，敍師資傳授南北時代，中國美術論著叢刊，人民美術出版社，1963：81～88。
〔註125〕鄭午昌，中國畫學全史，江蘇文藝出版社，2008：41。
〔註126〕鄭岩，魏晉南北朝壁畫墓研究，文物出版社，2002：2。

北朝墓室壁畫墓計 161 座（不包括朝鮮地區），其中北方 134 座，南方 27 座。〔註 127〕

中原地區發現的壁畫墓主要爲北朝時期，其中五十六座壁畫墓爲洛陽發現的北朝壁畫墓，在這些北朝壁畫墓的分佈中也顯示出北朝政局的演變格局。北魏遷都洛陽之前的壁畫墓發現較爲分散，北魏遷都洛陽後，政局穩定，因此，所發現的北魏後期壁畫墓大多集中在洛陽附近。自北魏分裂爲東、西魏後，北魏的中心洛陽漸漸失去政治統治力，河北鄴城和長安地區漸成爲兩大政治中心。其後的北齊和北周則是兩地時態的延續，因此，北齊的 20 座壁畫墓大多發現在山東周邊地區，而已發現的北周壁畫墓則多位於長安地區。

現已發現的二十七座東北地區主要漢魏晉壁畫墓，〔註 128〕全部分佈在遼陽和朝陽兩地區。遼東的遼陽地區的壁畫墓的時限爲，東漢晚期至西晉，共發現十六座壁畫墓，從東漢晚期到西晉時期，這一帶的壁畫墓前後聯繫密切，自成系統，並與東北地區在其時的歷史狀況相吻合。東漢晚期漢朝的政治統治力漸趨衰弱，較爲偏遠的遼東地區則較爲安定。中平六年（189 年），董卓薦公孫度爲遼東太守，繼而割據遼東。經公孫度苦心經營，遼東地區在漢末三國的戰亂年代，暫獲安寧，逐漸成爲東北地區政治文化中心。

及至西晉時期，鮮卑慕容氏建立燕國，鼎盛於十六國期間。東北地區的政治中心遂轉至遼西的朝陽地區。〔註 129〕朝陽地區的壁畫墓從多個方面表現出 4 世紀至 5 世紀中葉漢文化與少數民族文化交融的特徵。〔註 130〕

西北地區是魏晉墓壁畫重要發現的地區，地點分佈在河西走廊一帶（少量發現於新疆吐魯番地區），其年代主要集中在漢末至十六國期間。西漢在河西置酒泉、武威、張掖、敦煌等郡，河西地區壁畫墓主要發現於酒泉和敦煌二郡。這一地區壁畫墓的題材、內容以及數量均較爲豐富，其學術價值反應了河西地區的特定歷史地位、民族事態以及與中原地區的文化交織關聯等歷史現實。建安之後，河西置爲雍州，晉惠帝永寧初，張軌（255～314 年）經

〔註 127〕本統計暫以鄭岩所著《魏晉南北朝壁畫墓研究》（2002）和《魏晉南北朝壁畫墓研究》（2016 增補本）中的記錄爲準。

〔註 128〕劉未，遼陽漢魏晉墓研究，邊疆考古研究，2003，5：232～233。

〔註 129〕333 年慕容皝（公元 297 年～公元 348 年）以平東將軍繼其父慕容廆之位，統領遼東，337 年，自稱燕王，建立前燕，定都大棘城，342 年，遷都龍城（今遼寧朝陽）。

〔註 130〕鄭岩，魏晉南北朝壁畫墓研究，文物出版社，2002：9。

營河西，河西地區發展迅速，中原腹地的名士多避難於河西，〔註131〕至十六國時已致極盛。

　　南方地區所發現的東晉南朝主要壁畫墓二十八座，發掘地主要集中在以南京爲中心的丹陽、武進、廣陵一帶，就占到二十座。南方壁畫墓的時代主要是集中在東晉之後，與北方比較數量相對較少，這與當時南方的文化經濟發展的狀況不相匹配。東晉之後。南方一直被認爲是「正朔所在」，並且，從當時重要畫家的分佈以及畫史的記錄來看，建康地區引領著中國藝術文化的進程，例如秀骨清像和張家樣（張僧繇）的由南及北的流行等等。但從壁畫墓的分佈來看，建康文化的顯著地位則並未在此得以體現。（表1-2）

表1-2：**魏晉南北朝主要壁畫墓的分佈**〔註132〕

東北地區27座	東漢－三燕27	遼寧27	遼陽23
			朝陽4
朝鮮地區57座*	魏晉南北朝57		
中原地區56座	北魏前期8	內蒙古-1	
		寧夏1	固原1
		山西6	大同6
	北魏晚期8	河南4	洛陽4
		山東2	德州1
			壽光1
		山西1	大同1
		河北1	瓷縣1
	東魏7	河北6	吳橋1
			景縣1
			磁縣3〔註133〕
			贊皇1
		河南1	安陽1〔註134〕

〔註131〕〔唐〕房玄齡等，晉書，卷八十六，張軌傳，中華書局，1974：2222。
〔註132〕本表主要參考：《魏晉南北朝壁畫墓研究》、《朝鮮境內高句麗壁畫墓的分佈、形制與壁畫主題》、《魏晉南北朝繪畫地理格局研究》等。
〔註133〕鄭岩，魏晉南北朝壁畫墓研究（增補本），文物出版社，2016：321。
〔註134〕鄭岩，魏晉南北朝壁畫墓研究（增補本），文物出版社，2016：321。

	北齊 20	山東 4	臨朐 1
			濟南 2
			臨淄 1
		河北 8	磁縣 7〔註 135〕
			平山 1
		山西 5	太原 3
			壽陽 1
			朔州 1〔註 136〕
		河南 2	安陽 2
		北京 1	
	西魏 1	陝西 1	咸陽 1
	北周 12	陝西 9	咸陽 6
			華縣 1
			西安 2〔註 137〕
		寧夏 3	固原 3
西北地區 51 座	魏晉十六國 51	甘肅 45	敦煌 9
			酒泉 17
			嘉峪關 14
			永昌 1
			高臺 3
			安西 1
		新疆 6〔註 138〕	吐魯番 5
			庫車 1
南方地區 28 座	東晉南朝 28	江蘇 20	南京 8〔註 139〕
			丹陽 3
			鎮江 1

〔註 135〕鄭岩，魏晉南北朝壁畫墓研究（增補本），文物出版社，2016：322。
〔註 136〕鄭岩，魏晉南北朝壁畫墓研究（增補本），文物出版社，2016：322。
〔註 137〕劉呆運、李明，長安區二十所西晉及隋墓，中國考古學年鑒 2004，文物出版
社，2005：380～381；鄭岩，魏晉南北朝壁畫墓研究（增補本），文物出版社，
2016：319。
〔註 138〕鄭岩，魏晉南北朝壁畫墓研究（增補本），文物出版社，2016：315。
〔註 139〕鄭岩，魏晉南北朝壁畫墓研究（增補本），文物出版社，2016：316。

			常州 2
			揚州 4〔註 140〕
			江寧 2〔註 141〕
		浙江 1	上虞 1
		湖北 5	襄陽 3〔註 142〕
			武昌 1
			穀城 1
		雲南 1	昭通 1
		福建 1	閩侯 1

*注：由於高句麗墓大多在朝鮮境內因此只作爲參考考察範圍。參見：趙俊傑，梁建軍，朝鮮境內高句麗壁畫墓的分佈、形制與壁畫主題，邊疆考古研究，2013，1：240～249。

三、唐代壁畫墓的分佈與分期

　　唐代是中國古代繪畫的一個高峰時期，有據可考的畫家近四百人。〔註 143〕由於繪畫作品主要消費群體的貴族們多集中在長安，以至各地知名畫家多匯聚於此。可以說，長安繪畫是當時中國畫壇的濃縮體現，亦是唐代流行風格的指向標。但由於文獻所記畫家風格，與現存的繪畫作品無法明確對應，所以，只能將其作爲瞭解唐代繪畫風貌的一個補充材料。

　　唐代墓葬形制是社會秩序的一種體現，其中的壁畫、線刻專屬於貴族們，是唐代貴族文化的體現，以此來顯示他們生前的社會地位及審美取向。依據已發表的考古資料統計，現已發現唐代較爲重要的壁畫墓計有 130 多座。由於唐代建都長安，皇室成員及貴族顯宦大多集中於此，所以唐代壁畫墓絕大部分發現於關中地區（關中地區 102 座，北方其他地區 21 座，南方地區 9 座）。（表 1-3）

〔註 140〕鄭岩，魏晉南北朝壁畫墓研究（增補本），文物出版社，2016：318。
〔註 141〕鄭岩，魏晉南北朝壁畫墓研究（增補本），文物出版社，2016：316。
〔註 142〕鄭岩，魏晉南北朝壁畫墓研究（增補本），文物出版社，2016：318。
〔註 143〕王伯敏，中國繪畫通史，北京：生活・讀書・新知三聯書店，2000：207。

表1-3：唐代主要壁畫墓的地理分佈數量對比表〔註144〕

關中 102	西安	長安	咸陽	臨潼	禮泉	乾縣	高陵	三原	蒲城	藍田	涇陽	富平	岐山	扶風
	28	16	8	1	20	7	2	5	4	2	1	6	1	1
山西 8	太原	萬榮												
	7	1												
河南 2	洛陽	安陽												
	1	1												
北京 2	海淀	豐臺												
	1	1												
新疆 6	吐魯番													
	6													
寧夏 2	固原													
	2													
吉林 1	和龍													
	1													
重慶 1	萬縣													
	1													
湖北 5	鄖縣	安陸												
	4	1												

〔註144〕此統計依據《文物》、《文博》、《考古與文物》、《考古學報》、《南方文物》、《江漢文物》；中國科學院考古研究所，新中國考古發現和研究，北京：科學出版社，1984；齊東方，隋唐考古，北京：文物出版社，2009；齊東方，試論西安地區唐代墓葬的等級制度，紀年北京大學考古專業三十週年論文集，北京：文物出版社，1990：286～310；李星明，唐代墓室壁畫研究，陝西：陝西人民美術出版社，2005；楊泓，美術考古半世紀——中國美術考古發現史，北京：文物出版社，1997，等資料統計。

浙江 2	臨安 2									
廣東 1	韶關 1									

　　現已發現的典型和大型的唐代壁畫墓幾乎都集中在西安地區，對唐代壁畫墓的分區以無意義，因此，對其分期則成爲唐代壁畫墓基礎研究的中心。1982 年宿白發表《西安地區唐墓壁畫的布局和內容》，對西安地區發掘的 24 座壁畫墓進行了綜合對比，並分爲 5 期，〔註145〕王仁波等在宿白的基礎上將這 24 座唐代壁畫墓分爲三期，〔註146〕同時，楊泓、〔註147〕齊東方〔註148〕等也根據新出土資料對宿白的分期作了一定的調整。

〔註145〕宿白，西安地區唐墓壁畫的布局和內容，考古學報，1982，2：137～154。

〔註146〕王仁波、何修齡、單暐，陝西唐代壁畫之研究（上），文博，1984，1：39～52；王仁波、何修齡、單暐，陝西唐代壁畫之研究（下），文博，1984，2：44～55。

〔註147〕楊泓，美術考古半世紀——中國美術考古發展史，文物出版社，1997：264～284。

〔註148〕齊東方、張靜，唐墓壁畫與高松冢古墳壁畫的比較研究，唐研究（第一卷），1995：447～472。

第二章　漢唐之間墓室圖像的配置系統

第一節　漢代墓室圖像題材的配置關係

　　墓葬系統是古代人對現實與想像的結合體，既有模擬現實的社會場景同時也把想像中的幻世景象呈現出來，主要通過人間、地下〔註1〕和天上三部分組成。圖像部分主要分爲天象和星象、引導升仙、祥瑞神界、驅邪辟疫、經史人物、墓主威儀與生活六類題材。同時，這些題材所對應的位置也因地域和時序不同有所變化。

　　按黃佩賢關於漢代壁畫墓的分區劃分，主要分爲六個分佈區域，中原地區：以洛陽爲中心的河南及河北南部等地區；關中地區：以西安爲中心；東北地區：以遼寧遼陽爲中心；北方地區：以內蒙古爲中心；河西地區：甘肅河西走廊；東方地區：以魯南、蘇北、皖北、豫東爲中心。除以上區域外還有四川、廣東等地發現零星漢代壁畫墓，如在四川三臺縣發現的紅棺材一號崖墓〔註2〕和中江縣發現的民主鄉塔梁子3號東漢崖墓〔註3〕等。

一、中原地區墓室圖像配置

　　中原地區所指的區域主要爲現河南一帶，該區域是漢代壁畫墓最爲集中

〔註1〕雖然漢人認爲宇宙可分爲天上、人間、地下三部分，但由於地下並非逝者所往之地，因此在漢墓中，大多只配置了象徵天上和人間的相關圖像，並未闢出象徵地下的圖像區域。

〔註2〕羅二虎，三臺縣都江崖墓初探，四川文物，1988，4：67～72，。

〔註3〕四川省文物考古研究所、德陽市文物考古研究所、中江縣文物保護管理所，四川中江塔梁子崖墓發掘簡報，文物，2004，9：4～33。

的地區，並以洛陽爲最。西漢時期墓室圖像的題材主要以升仙和辟邪爲主，如天象、雲氣、瑞獸、羽人和經史人物等。河南洛陽燒溝 61 號西漢壁畫墓，〔註 4〕墓頂爲平脊斜坡，墓室分前室、後室、耳室三部分，是洛陽地區西漢最流行的墓形。天象星辰圖位於主室前部頂脊，虎、羊頭、女子等祥瑞神話類圖像位於墓門內上額；翼龍、羽人等升仙類圖案位於後室隔牆上部；驅邪逐疫類圖像位處前、後兩室之間的隔牆正面上方，以及後室後山牆下方；後室後山牆下方繪 8 人及層迭山巒爲背景的歷史故事類圖像。此時期的墓室壁畫基本沒有與現世生活相關的題材。同時期的永城芒碭山柿園墓、洛陽淺井頭墓和洛陽卜千秋墓等的圖像配置，與燒溝 61 號西漢壁畫墓的壁畫配置基本相同。

洛陽金谷園新莽壁畫墓，〔註 5〕分爲前室、後室、耳室和墓道耳室，前室穹窿頂繪太陽、流雲紋；前室四牆繪仿木槫柱結構；後室墓頂平脊（南向北）繪陰陽、日、月等；後室門柱繪獸面；後室西壁上方栱眼（南向北）繪東方句芒、西方蓐收、鳳鳥、鳳凰；後室北壁上方栱眼（南向北）繪南方祝融、北方玄冥、水神玄武、天馬辰星。

東漢時期的墓室壁畫題材發生了明顯變化，現世生活題材逐漸增多，特別熟東漢末期，例如庖廚、飲宴等圍繞墓主的生活景象成爲圖像主體。河南密縣打虎亭 2 號墓〔註 6〕，甬道夯頂繪有雲氣圖紋；前室夯頂繪藻井紋、異禽怪獸；前室東、西兩壁繪大人物象；中室東壁繪車騎出行、迎賓宴飲圖；中室北壁繪帷帳、墓主、兩排賓客、各式樂舞百戲表演、侍女；中室南耳室繪輻車、動物；中室東耳室繪庖廚圖。（表 2-1）

表 2-1：中原地區漢代墓室壁畫配置表

名稱／位置	發掘時間	壁畫位置／內容	出　　處
河南永城芒碭山柿園墓	1987～1991	墓頂巨龍、魚身鴨嘴怪獸、鳳鳥、虎	閻道衡，永城芒山柿園發現梁國國王壁畫墓，中原文物，1990，1；河南省文物考古研究所，永城西漢梁國王陵與寢園，中州
		南壁西段、西壁南段（連貫）猛豹、仙山、朱鳥、神樹、靈芝等	

〔註 4〕　河南省文化局文物工作隊，洛陽西漢壁畫墓發掘報告，考古學報，1964，1。
〔註 5〕　洛陽博物館，洛陽金谷園新莽時期壁畫墓，文物參考資料，1985，9。
〔註 6〕　河南省文物研究所，密縣後士郭漢畫像石墓發掘報告，華夏考古，1987，2：96～159、223。

		西壁北段殘存幾何紋樣	古籍出版社，1996；閻根齊主編，芒碭山西漢梁國王墓地，文物出版社，2001。
河南洛陽卜千秋墓	1976	墓門內額上方人首鳥身像	洛陽博物館，洛陽西漢卜千秋壁畫發掘簡報，文物，1977，6；黃明蘭、郭引強，洛陽漢墓壁畫，文物出版社，1996：61～76。
		墓頂平脊（13塊磚）（內向外）黃蛇、日、伏羲、乘御龍鳳的墓主夫婦、九尾狐、蟾蜍、玉兔、仙人、白虎、朱雀、飛廉、青龍、持節羽人、月、女媧、流雲紋	
		後山牆熊面怪獸、青龍、白虎	
河南洛陽淺井頭墓	1992	墓頂平脊（21塊磚）（外向內）朱雀、伏羲、日、似虎怪獸、應龍、羽人乘龍、朱雀、蟾蜍、龍蛇穿璧、神人、月、女媧、流雲紋	洛陽市第二文物工作隊，洛陽淺井頭西漢壁畫墓，中國考古學年鑒（1993 年，文物出版社，1995：188～189；洛陽市第二文物工作隊，洛陽淺井頭西漢壁畫發掘簡報，文物，1993，5；黃明蘭、郭引強，洛陽漢墓壁畫，文物出版社，1996：77～86。
		墓頂斜坡（61塊磚）流雲紋	
河南洛陽燒溝61號墓	1957	墓門內上額羊頭、虎、女子、樹木等	河南省文化局文物工作隊，洛陽西漢壁畫墓發掘報告，考古學報，1964，1。
		墓頂平脊前部（12幅）連續的日、月、星象圖	
		主室梯形隔梁正面（正中長方壁）巨大怪物、小人、小熊、朱雀、青龍、白虎等，（倆側三角壁）黑熊、天馬、玉璧等，（下方橫長條壁）13 人、3 山、1 盛兩桃的盤隔梁後面（正中）5 玉璧。菱形鏤空圖案、半啓雙扇大門，（兩側）翼龍、羽人，（下方）無圖案	
		後室後山牆下方8人、1怪物、層疊山巒爲背景	

河南洛陽金谷園新莽墓	1978	前室穹窿頂太陽、流雲紋 前室四牆仿木樑柱結構	洛陽博物館,洛陽金谷園新莽時期壁畫墓,文物參考資料,1985,9。
		後室墓頂平脊(南向北)日、太一陰陽、後方至四方、月 後室門柱獸面 後室西壁上方栱眼(南向北)東方句芒、西方蓐收、鳳鳥、鳳凰 後室北壁上方栱眼(南向北)南方祝融、北方玄冥、水神玄武、天馬辰星	
河南洛陽新莽尹屯墓	2003	中室室頂彩雲、日、月 中室東坡禿首薰體人物、騎豬人物、龍、相連星辰、雲氣 中室西坡雙闕、奔虎與星辰、托星女子、6星繞殿脊、牽牛者、人首蛇神、和獸耳人手人物 中室南坡兔、人首蛇身人物、舞者、星辰、流雲;南坡下(後室門券正面)殘龍首 中室北坡星、雲、三首蛇身怪物、坐姿人物、穿裙女子等	洛陽市第二文物工作隊,宜陽縣尹屯新莽壁畫墓,中國考古學年鑒(2004年),文物出版社,2004:262~263;國家文物局主編,2003年中國考古發現,文物出版社,2004。
		中室的四壁仿木樑柱、斗栱	
		後室室頂及四坡流雲紋內鳳首和花卉圖案等	
河南新安鐵塔山墓	1984	墓門兩側各繪1守門武士	洛陽市文物隊,河南新安縣鐵塔山漢墓發掘報告,文物,2002,5:33~38。
		墓頂太陽、月亮、星宿、奔鹿、羊、彩雲等	
		後壁上方正中1人端坐,兩女侍奉於兩側 南壁舞蹈、擊鼓、奏樂 北壁舞蹈、宴飲、觀舞	
河南偃師高龍鄉新村新莽壁畫墓	1991	前室與中室間勾欄門橫欄(中)虎首、(左)人首蛇身的常羲托月(內有桂樹)、(右)人首蛇身的羲和托日(內有金烏)	鮑虎欣,偃師清理——西漢壁畫墓,中國文物報,1991,12,15;洛陽市第二文物工作隊,洛陽偃師新莽壁畫墓,中國靠古學年鑒(1993年),文物出版社,1995:190~191;
		中室東、西壁(對稱)(西壁)南庖廚圖、北六博宴飲圖,(東壁)南北面各一組宴飲對舞圖	

		中室與後室間的橫額西王母、玉兔搗藥、蟾蜍、雙翼似狗動物、九尾狐、男子、朱雀	史家珍,洛陽偃師縣新莽壁畫墓清理簡報,文物,1992,12:1～8;黃明蘭、郭引強,洛陽漢墓壁畫,文物出版社,1996:121～140。
		兩耳室門外北側執棨戟門吏	
河南洛陽金谷園東漢墓	1987	墓門內1仕族、1仕女	洛陽古墓博物館等編,洛陽古墓博物館,朝華出版社,1987:28。
		前室墓頂日、月、朱雀、白虎、飛鳥、彩雲	
		前室後壁珠樹	
		前室與後室間後甬道雲氣	
河南洛陽北郊石油站東漢墓	1987	前室至中室甬道兩壁殘存一對男立像	洛陽市文物工作隊,河南洛陽北郊東漢壁畫墓,考古,1991,8;黃明蘭、郭引強,洛陽漢墓壁畫,文物出版社,1996:141～148。
		中室穹窿頂(東、西處)一對人首蛇身神人分擎日、月,(南、北處)乘車御龍圖、乘車御鹿圖,通頂流雲紋	
		中室東、西兩壁(東壁)一弓,弓下為一幅織物;(西壁)戴冠穿長的門吏或屬吏之類	
山西平陸棗園村東漢墓	1959	主室券頂及牆壁最上方日、月、鶴、青龍、白虎、玄武、星宿、流雲紋	山西省文物管理委員會,山西平陸棗園村壁畫漢墓,考古,1959,9。
		北壁(青龍下)鳥、鹿、樹木、綿延山脈、房子、河流、道路、馬車、牛車、挽籃子男子、騎牛男子、坐樹下男子	
		南壁(白虎下)(一端)坐車男子、侍奉於車側男子	
		西壁(後壁玄武下)建築物、柳樹、農夫、犁田的牛、人物	
河南洛陽東郊機車工廠墓	1990～1991	墓門門楣內側鳥圖像	洛陽市文物工作隊,洛陽機車工廠東漢壁畫墓,文物,1992,3;洛陽市文物工作隊,洛陽東郊東漢壁畫墓,中國考古學年鑒(1992年),文物出版社,1994:254～255;黃明蘭、郭引強,洛陽漢墓壁畫,文物出版社,1996:155～168。
		前室東、西、南三壁甬道口兩側一對男立像	
		前室西耳室甬道口券拱正面3組人物騎馬圖	
		前室西耳室甬道北壁1馬車	
		中甬道東西兩壁雲氣、飛鳥、墨線繪兩瑞獸(似虎、似鹿)	
		中甬道券拱頂部殘存花紋	

		中室南、東、北三壁（南）戴冠人像、雜技表演人物，（東）侍女，（北）舞伎，（北壁芬拱正面）飛鳥	
河南偃師杏園村墓	1984	前室的南、西、北三壁相連車馬出行圖長卷 前室北壁東段下方（車馬出行圖下方）（殘）人物、盤案食器等，應為庖廚飲宴圖	中國科學院考古研究所編，杏園東漢墓壁畫，遼寧美術出版社，1995。
河南洛陽西工壁畫墓	1981	北壁東端紫紅橫欄、女墓主、僕人 南壁東端紫紅橫欄、端盤女侍、兩馬一車（殘） 東壁朱紅橫欄、帷幕下墓主夫婦像、侍僕、家具食器等	洛陽文物工作隊，洛陽西工東漢壁畫墓，中原文物，1982，3：15～20；宮大中，洛都美術史蹟，湖北美術出版社，1991：165～174。
河南洛陽3850號墓	1992	甬道頂部殘存墨線繪羽龍象 甬道東壁2持物男侍，行狀 甬道西壁3男侍殘像，居右者雙手托盤，盤中置3耳杯	洛陽市文物工作隊，洛陽市第3850號東漢墓，考古，1997，5：81～85。
河南洛陽朱村墓	1991	墓室北壁西部墓主夫婦帷帳內飲宴、男女侍從、家具食器 墓室南壁中下部車馬出行圖 墓室東壁東耳室芬門臥鹿	洛陽第二文物工作隊，洛陽市朱村東漢壁畫墓發掘簡報，文物，1992，12。
河南密縣打虎亭2號墓	1960～1961	墓門內甬道墨繪圖案殘跡 前室甬道墨繪圖案殘跡	安金槐、王與剛，密縣打虎亭漢代畫像畫像石墓和壁畫墓，文物，1972，10；河南省文物研究所編，密縣打虎亭漢墓，文物出版社，1993。
		前室芬頂藻井紋、異禽怪獸 前室東、西兩壁大人物殘像	
		中室東壁車騎出行、迎賓宴飲 中室北壁帷帳下墓主、兩排賓客、各式樂舞百戲表演者、侍女 中室南耳室軺車殘跡、動物象 中室東耳室庖廚圖	
		其他部分雲飾帶、異獸奇禽	
河南密縣後士郭1號墓	1963	墓門門楣背面一龍，奔躍姿態	河南省文物研究所，密縣後士郭漢畫像石墓發掘報告，華夏考古，1987，2：96～159、223。
		中室北壁（西部）有雲氣邊飾的窗櫺、窗櫺內1男2女，（中部）有雲氣邊飾的窗櫺，2人2雞組成的鬥雞圖，（下部）虎	

		頭、交項鴛鴦，（東端）有雲氣邊飾的窗櫺、2 人 2 雞組成的鬥雞圖	
河南密縣後士郭 2 號墓	1963	甬道夯頂不清，似為雲氣紋	河南省文物研究所，密縣後士郭漢畫像石墓發掘報告，華夏考古，1987，2：96～159、223。
		中室東壁（紅寬線分上、中、下 3 部分）（上）大型卷雲紋，（中）9 捧物男子分兩列向左行。中室北壁菱形窗格紋、雲氣紋、1 人 1 馬，似車馬出行圖	
河南密縣後士郭 3 號墓	1970	西室東壁石門額磚牆壁畫西室東壁上部（南）邊飾、仙草狀牙形紋、舞樂百戲圖	安金槐，河南密縣後士郭三號漢墓調查記，華夏考古，1994，3：29～32、40。
		中室北壁殘存茂樹，樹上壺形器、樹頂 2 鳳鳥、樹下老年男人坐車、2 人物、老年男人上部	
		構成後室石門的石立柱、石櫨斗和石橫額雲氣間的怪獸異禽雕像、彩繪交錯斜十字紋	
河南榮陽王村鄉萇村墓	1994	甬道前後兩道石門刻鋪首含環、朱繪木紋等	劉雅明，榮陽發現東漢壁畫墓，人民日報（海外版），1995，6，3；鄭州市文物考古研究所、榮陽市文物保管所，河南榮陽萇村漢代壁畫墓調查，文物，1996，3。
		甬道拱夯（頂）藻井紋，（其下）樓闕庭院，（內牆）側壁「門下曹賊」「功曹」「騎吏」「主簿」等	
		前室頂部（正頂）藻井紋，（側壁）長方格內珍禽瑞獸、人物前室側壁 4 層車騎出行圖，附榜題「郎中時車」、「巴郡太守時車」「奇相時車」等前室南壁（後室門外側）伎樂人物前室西壁（上）紅方框內 2 半身人物；（南側）附榜題「鳳皇」；（北側）附榜題「騏驎」	
山西夏縣王村墓	1989	上方（墓頂及其等高端牆上部）甬道上部東端頂二騎涉獵圖橫前室墓頂雲霧中梳枝巒嶂、只露出頭和尾的虎橫前室東壁起夯處騎鶴、乘魚羽翼仙人橫前室北端牆上部塌上人物、	侯八五，山西夏縣清理一座大型壁畫墓，中國文物報，1989，12，1；陝西省考古研究所，夏縣東漢壁畫墓，中國考古學年鑑（1990 年），文物出版社，1992：177；山西省

		屬吏、舞者等，應為舞樂宴飲圖	考古研究所等，山西夏縣王村東漢壁畫墓，文物，1994，8：34～46。
		下方（起券處以下的墓壁位置）甬道兩側牆壁3層官吏迎奉甬道北壁中、下層車騎出行橫前室東壁4層車馬出行圖、「安定大守裴將軍」像橫前室西壁4層車馬出行圖、有「為上計掾」等榜題北後室東端木構庭院建築	
山西永濟上村墓	1992	後室頂部朱紅色八瓣垂蓮，四壁中心與四角各垂一瓣，各瓣之下有朱紅垂線連接至券門頂部，墓壁四角券門等高處向上用白粉各繪一道白線	運城行署文化局、永濟市博物館，山西永濟上村東漢壁畫墓清理簡報，文物季刊，1997，2：5～11，
		後室四壁中、下部分繪北斗七星等多個星座，合成一幅星象圖	
河北望都所藥村1號墓	1952	前室南、西壁上部署吏，附「追鼓掾」、「門下功曹」等榜題前室西壁下部（券門南）「？子」，（券門北）2雞2鶩，（券門旁）「雞候夜不失其信也」榜題前室東壁署吏，附「辟車伍佰八人」，「門下小史」、等榜題；「羊酒」、「芝草」、「鸞鳥」、「白兔遊東山」、「鴛鴦」等前室北壁「主史記」、「主簿」、「鳳凰翔」北券門過道兩壁「白侍史」、「侍閣」、「小史」、「勉口謝史」拒地1.4米以上券流雲、鳥獸前室西耳室過道南壁下方朱書銘贊、「弟子一人」、「弟」、「弟」題字	河北省望都縣清理古殘墓發現彩繪壁畫，文物參考資料，1954，5：96～98；北京歷史博物館、河北省文化管理委員會編，望都漢墓壁畫，中國古典藝術出版社，1955。
河北望都所村2號墓	1955	保存的壁畫畫面很少，但內容和風格應與1號墓相近	河北省文化局文物工作隊，望都二號漢墓，文物出版社，1959。

| 河北安平逯家莊墓 | 1971 | 壁畫主要分佈在中室、前室右側室、中室右側室 | 河北省文物研究所,安平東漢壁畫墓發掘簡報,文物春秋,1989（創刊號）:70～77;河北省文物研究所編,安平東漢壁畫墓,文物出版社,1990。 |
| | | 壁畫內容包括盛大的馬車出行行列、下屬官吏治事、謁見,以及許多與墓主人家居生活相關的畫像,如規模龐大的府第、帷帳下端坐的墓主及其侍婢、伎樂圖、家具器具等 | |

二、關中地區墓室圖像配置

關中地區是秦漢的政治、經濟、文化中心,在此區域發現的漢代壁畫墓主要有:陝西西安曲江池 1 號墓、〔註7〕陝西西安交通大學墓、〔註8〕陝西西安理工大學 1 號墓、〔註9〕陝西千陽縣新莽壁畫墓、〔註10〕陝西咸陽龔家灣 1 號新莽壁畫墓、〔註11〕陝西旬邑縣百子村墓。〔註12〕

關中地區的墓葬形制主要爲土洞墓和磚室墓,依據關中漢代墓室壁畫的內容和分佈變化基本可分爲 3 個分期。第一時期的壁畫墓爲西漢晚期的西安交通大學附小壁畫墓以及樂遊源壁畫墓和西安南郊曲江池壁畫墓;第二時期的壁畫墓爲新莽至東漢早期的千陽縣壁畫墓、咸陽龔家灣漢墓、新築鎮新莽墓、姜源東漢磚室墓;第二時期的壁畫墓爲東漢中晚期的韓城市芝川鎮芝西村磚室墓、潼關楊震家族墓、旬邑百子村漢墓。（表 2-2）

表 2-2：關中地區漢代墓室壁畫配置表

名稱／位置	發掘時間	壁畫位置／內容	出　　處
陝西西安曲江池 1 號墓	1985	墓室東壁南側 1 犀牛 墓室西壁中部 1 頭大身細大魚,魚腹下一道水波紋 墓室南壁 4 黃牛、1 動物（殘） 墓室北部中壁 1 臥馬 墓室西壁第一臺階上 1 動物（殘,像牛又像豬）	徐進、張蘊,西安南郊曲江池漢唐墓葬清理簡報,考古與文物,1987,6。

〔註7〕 徐進、張蘊,西安南郊曲江池漢唐墓葬清理簡報,考古與文物,1987,6。
〔註8〕 陝西省考古研究所等,西安交通大學西漢壁畫墓,西安交通大學出版社,1991。
〔註9〕 西安理工大學基建工程中發現西漢壁畫墓,中國文物報,2004,12,10。
〔註10〕 寶雞市博物館、千陽縣文化館,陝西省千陽縣漢墓發掘簡報,考古,1975,3。
〔註11〕 孫德潤、賀雅宜,咸陽龔家灣一號墓葬清理簡報,考古與文物,1987,1。
〔註12〕 陝西省考古研究所,陝西旬邑發現東漢壁畫墓,考古與文物,2003,3。

陝西西安交通大學墓	1987	壁畫集中在主室，畫像以櫨花形紅色寬帶紋成兩部分	陝西省考古研究所等，西安交通大學西漢壁畫墓，西安交通大學出版社，1991。
		主室頂部和後牆上部（頂部）正中同心圓內繪日、月、鳳凰、雲紋、二十八宿、四靈獸；圓環外繪雲紋、鶴、（後壁上部）流雲、仙鶴、大卷雲紋、四足長嘴卷尾怪獸、臥鹿	
		主室牆下部和東南亞三面牆勾連雲紋、鹿、虎、鶴等	
陝西西安理工大學 1 號墓	2004	墓室券頂朱雀、翼龍、日、月、鶴、雲氣紋 南壁墓門東側龍、翼虎、雲紋 東壁南端上部車馬出行圖 東壁北部（偏上處）3 個獨立人物象，（偏下處）車馬出行圖 北壁上部乘龍羽人、黃蛇青蛇 西壁北部（殘）似爲舞樂場景 西壁中部鬥雞圖 西壁中部女主人、賓客並坐宴樂	西安理工大學基建工程中發現西漢壁畫墓，中國文物報，2004，12，10。
陝西千陽縣新莽壁畫墓	1972	東壁前端雲氣環繞、星辰、太陽（內有金鳥）、龍行動物（殘） 西壁前端雲氣環繞、星辰、月亮（內有圖案，殘）、虎（只見後身、虎尾，殘）	寶雞市博物館、千陽縣文化館，陝西省千陽縣漢墓發掘簡報，考古，1975，3。
陝西咸陽龔家灣 1 號新莽壁畫墓	1983	第三重石門門楣前面（中）似羊頭獸首，周圍有流雲紋 （右）以 3 條橫線將畫面分成兩部分，上繪高燭、有翼怪獸、人物、長幾、樹、下繪連綿高山（左）2 人端坐、1 樹（皆殘損嚴重）	孫德潤、賀雅宜，咸陽龔家灣一號墓葬清理簡報，考古與文物，1987，1。
陝西旬邑縣百子村墓	2000	墓門外兩壁「邪王力士」 墓門內「亭長」、「門者」	陝西省考古研究所，陝西旬邑發現東漢壁畫墓，考古與文物，2003，3。
		前室頂部四靈獸、日中金鳥、月中蟾蜍、蓮花藻井圖案、雲氣 前室南壁雞首或牛首人身怪物、牧牛圖、馬廄、豬 前室東壁（北）「亭長夫人」，（南段）牛耕、馬群	

	前室西壁（南）倉樓 前室北壁（西）「丞主薄」、樹下射猴射雀者，（東）屬史女眷、婢女，與東壁北段亭長夫人像相連 東側室庖廚圖 西側室（殘）只見「丞主簿夫人」		
	後室西壁（南端）「邠王」與屬吏、「畫師工」、長篇題記等 後室東壁屬吏夫人和孩子（上有長篇題記）、畫師工夫人等 後室後壁「T」形圖案		
西安市灞橋區新築鎮磚室壁畫墓		墓室南壁上殘存一彩繪白虎尾	后曉榮、陳曉飛，關中地區兩漢壁畫墓初探，中國歷史文物，2006，8：19。
扶風縣揉谷鄉姜源壁畫墓			后曉榮、陳曉飛，關中地區兩漢壁畫墓初探，中國歷史文物，2006，8：19。
韓城市芝川鎮芝西村磚室墓		前室頂部朱紅色單線彩繪的菱形圖案	王玉清，陝西韓城芝川鎮東漢墓，考古，1961，8。
潼關高橋鄉弔橋村楊震家族墓地		二號墓和六號墓均為墓道、前後室、夯門斗栱組成，表面塗朱繪，斗栱上部磚壁刻繪圓形和菱形圖案各三層，並塗鮮豔的紅、黃、白、藍等色	陝西省文物管理委員會，潼關弔橋漢代楊氏墓群發掘簡記，文物，1961，1。

三、東北地區墓室圖像配置

　　具《史記·秦始皇本紀》載，秦統一後建郡縣制，東北地區設遼東、遼西二郡。〔註 13〕《史記·絳侯周勃世家》載，漢代遼西、遼東共二十九縣。從漢初至漢末，東北地區一直是王朝與鮮卑等少數民族對立的主要區域，因此，漢代統治階層一直對該地區的行政中心遼陽進行嚴格管理和大力發展，從考古發現來看，該地區未發現西漢壁畫墓，新莽至東漢前期也僅發現一例，而東漢末期，壁畫墓的出土逐漸增多，其數量僅次於中原地區。

〔註13〕〔漢〕司馬遷，史記，秦始皇本紀（第 6 卷），中華書局，1982：239～240。

　　東北地區壁畫墓的題材較爲豐富，且以反應現世圖像爲主。以 1943 發現的遼陽北園 1 號墓爲例，墓門南側前廊西壁繪門卒；棺室南、北壁繪騎吏，棺室隔石上題記：「季春之月口」；後廊東壁北部繪樓閣；後廊東壁南部繪高樓、射鳥、舞樂百戲等，並有題記：「小府吏」、「教以勤化以誠」、「鼓壹太演蹺觀戰」等。

　　1951 年發現的遼陽三道壕車騎墓，墓門繪門卒；前室藻井繪日月、雲氣；左耳室繪墓主夫婦對飲、男女侍者、屏障、隱几、食案和食器等；右耳室右壁後半部和後壁全部分上、下兩層繪庖廚圖；墓室後壁繪男女子勞動場面；墓室還繪有車馬出行行列。（表 2-3）

表 2-3：東北地區漢代墓室壁畫配置表

名稱／位置	出土年份	壁畫位置內容	出　　處
遼陽大連金縣營城子墓	1931	墓門內外上部怪獸壁畫 墓門左右各畫一持棨門吏	內藤、森修，營城子──前牧城驛附近の漢代壁畫磚墓，刀經書社，1934。
		墓室北壁朱雀、青龍、佩劍加冠主人、老人、侍者、踏雲羽人、三人物（伏、跪、立狀） 東、南兩壁流雲、朱雀、怪獸、門卒	
遼陽迎水寺墓	1918	墓室北壁雞禽懸掛，爲庖廚圖 墓室西壁載尖帽背馬鞍的馬夫拖黑馬、赤馬拉傘形頂車、傘形屋頂、垂幕下墓主夫婦對坐、几案、置食物的盤器等 墓室南壁下 2 大 2 小人像 墓室東壁頭插髮簪女子、牛車、圓錐形紅羽毛帽男子在拖牛	八木奘三郎，遼陽發見の壁畫古墳，東洋學報，第 11 卷，第 1 號，1921，1。
遼陽南林子墓	1942	迴廊右通道右壁築坦、大小人像 20 多個，多坐像，5 小坐像前有數几案，2 大型立像作跳舞狀 迴廊後通道後壁殘存墨繪茂樹	駒井和愛，南滿洲遼陽於古蹟調查（1、2），考古學雜誌，第 32 卷第 2 號及 7 號，1942；遼陽發見の漢代墳墓，考古學研究（東京大學文學部考古學研究室），第一冊，1950，12；原田淑人，遼陽南林子の壁畫古墳，國華，第 53 編第 4 冊，1943，4。
		右耳室右壁（上）懸掛帷幕，（下）殘人物坐像 （據村人述）右耳室頂部原有日、月	
		左耳室後壁皷、2 人像、牛車	

遼陽北園 1 號墓	1943	墓門南側前廊西壁門卒	駒井和愛最近發見遼陽の漢代古墳國華第 54 編第 10 冊，1944，10；遼陽發見の漢代墳墓，考古學研究（東京大學文學部考古學研究室），第一冊，1950，12；李文信，遼寧北園壁畫古墓記略，國立瀋陽博物館籌備委員會刊，第一期，1947，10。
		棺室南、北壁騎吏 棺室隔石上榜題「季春之月□……」	
		後廊東壁北部樓閣 後廊東壁南部高樓、射鳥、舞樂百戲、「小府吏」、「教以勤化以誠」、「鼓壹太演蹺觀戰」等	
		左廊北壁車馬出行圖	
		左耳室壁面 1 人像（殘）	
		後耳室壁面堂屋內墓主、侍者	
遼陽北園 2 號墓	1959	墓門左右兩側壁石、前室左右耳室可辨識的有門卒、守門狗、房屋、兵器架、日月、仙鶴等	遼寧市文物管理所，遼寧發現三座壁畫墓，考古，1980，1。
遼陽北園 3 號墓	1986	墓門門卒形象	宿白編，中國美術全集・繪畫編（12）墓室壁畫，文物出版社，1989：圖版 28～29。
遼陽棒檯子屯 1 號墓	1944	墓門中部兩立柱（外）分繪 2 武裝門卒，（內）分繪 2 繫繩守門狗 墓門左右兩壁，兩幅近，分上中下 3 段繪舞樂百戲圖	李文信，遼寧發現的三座壁畫古墓，文物參考資料，1955，5：15～28。
		左、右兩小室壁間兩幅相近，墓主飲食圖	
		右廊左右後 3 壁出行圖 左廊左壁出行圖 後廊後左壁三層高樓、屋舍、井亭（殘）	
		後小室左右後三壁庖廚圖	
		墓內蓋石、壁端、棺頭雲氣	
遼陽棒檯子屯 2 號墓	1957	墓門兩側左右兩小室前壁分繪 2 武裝門卒	王增新，遼陽棒檯子屯 2 號壁畫墓，考古，1960，1：20～23。
		左耳室左、後壁車騎出行行列，人物車馬皆向右行	
		右耳室右壁墓主夫婦分坐方塌對飲、侍者、家具、食室、墨書隸體「大婢常樂」榜題、月輪等	

		後室後壁右半部三層樓房宅院 1座（殘）、水井、院牆、車等，院門前 4 車一字排列似將進院	
遼陽三道壕窯廠第四現場墓（車騎墓）	1951	墓門門卒	李文信，遼寧發現的三座壁畫古墓，文物參考資料，1955，12。
		前室藻井日月雲氣畫像	
		左耳室墓主夫婦對飲、男女侍者、屏障、短幾、案和其他食器	
		右耳室右壁後半部和後壁全部分上、下兩層繪庖廚圖	
		墓室後壁男女子勞動場面	
		棺室中央壁上石枋頭獸面	
		此外，墓中還有車馬出行行列	
遼陽三道壕窯廠第二現場令支令張君墓	1953	畫面以朱色橫線分成上下兩層墓門內左壁上部橫杆（杆上殘存魚、鳥等肉食），此幅應為庖廚圖	李文信，遼寧發現的三座壁畫古墓，文物參考資料，1955，12。
		右耳室前壁鞍馬、牽馬人	
		右耳室右、後壁 2 柱分 3 堂屋、屋內帷幕下方榻上的端坐人物、侍者、墨書隸體榜題「園令支令張口口」、「口夫人」、「公孫夫人」	
遼陽三道壕 1 號墓	1955	墓門左柱右側面上部繫繩狗	東北博物館，遼陽三道壕兩座壁畫墓的清理工作簡報，文物參考資料，1955，12。
		橫枋立柱和柱頭朱色雲水圖案	
		左耳室前壁庖廚圖，圖中有灶、井欄、橫杆上肉食、陶罐等	
		右耳室 3 面牆壁內容構圖相近，墓主夫婦在帷幕下方榻上對坐飲食情景，圖中還有几案、食器、侍者、鞋等	
		後壁馬車、牛車，人物模糊	
遼陽 3 道壕 2 號墓	1955	右耳室頂部太陽和一些彩色斑片（殘），很可能是日月天象圖	東北博物館，遼陽三道壕兩座壁畫墓的清理工作簡報，文物參考資料，1955，12。
		壁面右方墓主夫婦對坐帷幕下方席上，席的左、右、下方似有朱紅柱和欄杆	
		壁面左方牛車	

遼陽三號壕 3 號墓	1974	墓門兩側壁端和橫枋雲氣紋	遼陽市文物管理所,遼寧發現三座壁畫古墓,考古,1980,1。
		前室右耳室（西、北壁）分繪兩幅相似墓主夫婦坐帷幕飲食圖,（西壁）還見侍者、鞋、案、食器等	
		前室左耳室（東壁）1 人牽馬圖,（北壁）家居圖	
		後室北壁墨線勾畫兩層樓閣圖	
		棺床右壁有類似朱雀圖案	
遼陽南雪村 1 號墓	1957	墓門左右兩壁各繪 1 相似房舍	王增新,遼寧遼陽縣南雪梅村壁畫墓及石墓,考古,1960,1:16〜19。
		左棺室（門楣）三色雲水紋,（門框）疏簡紅線雲紋	
		棺室內出 1 殘石塊（似石棺前檔之部分）殘留墨筆勾畫動物腿部、朱色雲紋	
		右棺室後壁帷幕下 6 男子坐像（殘）	
遼陽鵝房 1 號墓	1957	前室左耳室正壁（右上）日,（中）8 持物男像、器物前室左耳室左壁百戲（1 人表演,5 人觀賞）、漆盤、矮案、案上圓蓋盒等	遼陽市文物管理所,遼寧發現三座壁畫古墓,考古,1980,1:56〜58。
		前室右耳室正壁樓閣 1 人、月	
		後室正壁樓閣（殘）後室右北壁 1 鴨形、2 蛇形物	
		右室左耳室正壁日、1 獸 1 樹	
		後室右耳室北壁拴馬圖	
		右小室南壁梅花鹿	
		橫坊和柱頭交叉卷紋圖案	
遼陽舊城東門裏墓	1983	墓頂日月星辰圖	馮永謙等,遼陽舊城東門裏東漢壁畫墓發掘簡報,文物,1985,6:25〜42。
		東棺室頂日（內金烏）西棺室頂月（內蟾蜍）,星 90 餘	
		墓室西壁上方通幅繪水波紋及其中飛廉,下方繪帷幔,帷幔下長卷式出行圖,（北面）1 牛車	
		墓室東壁上方水波紋及羊首人身怪獸,下方帷幔長卷宴居圖	

		明器室前橫坊南面（即墓室北壁）勾連紋、水波紋	
名稱／位置	出土年份	第1、3塊立柱東側面門卒小吏 第2塊立柱的東側面流雲紋	出　處
遼陽南環街墓	1995	左耳室蓋石日輪（內有烏金） 左耳室右壁正中男坐像、侍者 左耳室右壁男女對坐於帷幕下、几案、案中耳環、侍者	遼寧省文物考古研究所，遼寧遼陽南環路街壁畫墓，北方文物，1998，3。
		門柱雲氣圖案	

四、北方地區墓室圖像配置

北方地區主要以內蒙古爲主，是北方游牧文明與中原農業文明衝突的主要戰場，這一區域不事農、商，民風彪悍。該地區發現的壁畫墓主要爲東漢後期，西漢後期一例，新莽至東漢前期也僅一例。圖像配置豐富，主要爲現世場景和經史故事等。（表2-4）

表2-4：北方地區漢代墓室壁畫配置表

名稱／位置	出土年份	壁畫位置／內容	出　處
內蒙古包頭召灣51號墓	1982	墓室（東壁北段）一段彩繪車馬，現存長0.6米，高0.3米	內蒙古文物考古研究所編，內蒙古中南部漢代墓葬，中國大百科全書出版社，1998：203～214。
內蒙古鄂爾多斯巴音格爾村兩座漢墓	2001	出行圖、宴飲、舞蹈、撫琴圖、放牧圖、庭院圖等	楊澤蒙、王大方，內蒙古中南部發現漢代壁畫墓，中國文物報，2001，12，7；鄂爾多斯博物館，烏審旗巴音格爾漢代壁畫墓，中國考古學年鑒（2002年），文物出版社，2003，10：160。
內蒙古鄂托克鳳凰山1號墓	1990～1992	墓門墨線繪仿木結構門框	王大方、楊澤蒙，鄂托克清理三座東漢墓壁畫，中國文物報》1999，12，19；內蒙古文物考古研究所編，內蒙古中南部漢代墓葬，中國大百科全書出版社，1998：161～175；馬
		墓頂天象圖，有星、雲、月（內有蟾蜍和玉兔）	
		前壁墓門兩側侍者	
		後壁（上）卷雲紋、兩獸做牴觸狀，（下）上繪欄杆，杆上掛垂帳，帳下門洞內有門吏、狗	

		東壁（左）垂帳下兵器圖、獨角獸，（右）庭院左半部分，院內宴飲舞樂百戲，院前大門外（右下）牛車、馬車、院左牆外狗追兔	利清，內蒙古鳳凰山漢墓壁畫二題，考古與文物，2003，2：60～69。
		西壁（左）庭院右半部分，其下車起出行圖，前有狗、豬、家禽等，（中）上方舞樂百戲、射獵、空中白鷺等，下方水池、白鷺，（右）上方垂帳，下方農耕、放牧	
內蒙古托克托墓	1956	後室券門外兩側門奴、從婢，墓室南榜題「閔氏從奴」、「閔氏從婢」	羅福頤，內蒙古自治區托克托縣新發現的漢墓壁畫，文物參考資料，1956，9。
		中室右耳室（後壁下層）人物車馬，有「閔氏一口」、「輂車一乘」「閔氏口口」等榜題，（前壁下層）人、馬，「閔氏口一匹奴一人乘」、「駐馬一匹奴一人牽」榜題	
		中室左耳室（後壁）庖廚圖，有「雉」，「肉」、「魚」、「雞」、「牛肉」、「酒」、「閔氏婢」、「酒甕」等（前壁）黑豬、黃狗、雞、「衣杆」、「主衣」	
內蒙古新店子和林格爾1號墓	1972	墓門甬道南、北兩壁門衛	內蒙古文物工作隊、內蒙古博物館，和林格爾發現一座重要的東漢壁畫墓，文物，1974，1；內蒙古自治區文物工作隊編，和林格爾漢墓壁畫，文物出版社，1978。
		前室南、北壁頂部青龍、白虎、「朱爵」、鳳凰白象、麒麟、雨師駕三蛇前室四壁大型車馬出行圖，「舉孝廉時」、「郎」、「西河長史」、「行上郡屬國都尉時」、「繁陽令」、「使持節護烏桓校尉」等榜題	
		前室北耳室頂部雲紋、斗栱前室北耳室東、西、北壁牧羊、農耕、合倉、碓舂，前室南耳室東、西壁牧馬、牛	
		中室南壁「西河長史所治離石城府舍」、「上郡屬國都尉時所治土軍城府舍」、倉廩、「繁陽令官寺」、「繁陽縣倉」等	

		中室東壁（甬道券門上方）墓主途經「居庸關」的情景，（下半部）寧城縣、護鳥桓校尉幕府圖中室西、北壁宴飲、廚炊、迎迓、橫舍、燕居、舞樂百戲、歷史人物故事、前任護鳥桓校尉向信任移交職銜的情景	
		後室頂部青龍白虎、朱雀玄武后室四壁莊園圖，內有山林、廊舍、塢壁、廊棚、欄圈、禽畜、園圃、車庫、耕地等，後室3個耳室農耕、養牧、碓舂、手工業製作和其他雜役	
內蒙古包頭張龍圪旦墓	1995	前室四壁原有繪畫，但已剝落，只殘存個別紅色線條	內蒙古文物考古研究所編，內蒙古中南部漢代墓葬，中國大百科全書出版社，1998：266～274。
		中室四壁原有繪畫，全部剝落	
		前室與中室間甬道（西側壁）1人殘像，其他漶漫不清，（東側壁）1蓄鬚男像，旁有文字題名	
陝西定邊郝灘1號墓	2003	墓室頂部天象星辰圖，包括二十八宿和另11顆星宿、月亮青龍、白虎、朱雀、玄武仙人、風伯、雷神、雨師等	韓宏，罕見東漢壁畫出土陝西定邊，文匯報》，2004，1，12；國家文物局主編，2003 中國重要考古發現，文物出版社，2004；陝西省考古研究所、榆林市文物管理委員會，陝西定邊縣郝灘發現東漢壁畫墓，文物，2004，5：20～21、彩版；陝西省考古研究所，定邊縣四十里鋪東漢壁畫墓，中國考古學年鑒（2004 年），文物出版社，2005，8：380。
		墓室南壁（後壁）（上）墓主夫婦並坐圖，（下）庭院、農作、狩獵墓室東壁下部車馬出行圖墓室西壁下部墓主人升仙圖、西王母宴飲圖墓室東、西兩壁口部放牧圖	
陝西靖邊楊橋畔1號墓	2005	墓室四壁上方立柱、斗栱、枋、木蘭額等仿木結構	陝西省考古研究所，考古年報，陝西人民美術出版社，2005：25～27；國家文物局主編，2006 年中國重要考古發現，文物出版社，2007：123～126。
		前室西壁仙人乘雲車、祥雲、人物故事、車馬出行等前室東壁「天門」、人物、舞樂百戲、仙人乘雲車、仙人乘龍車、仙人乘鶴、仙人乘鹿等	

	後室門壁面門神、龍神、虎神、御環等後室東、西兩壁上方（仿斗栱木坊間）仙人乘龍車、仙人乘魚車、仙人乘鶴、仙人乘兔車、仙人乘鹿車、陽鳥、祥雲後室北壁（仿斗栱木坊間）墓主人夫婦、侍從、農耕圖	

五、河西地區墓室圖像配置

河西地區主要為甘肅河西走廊一帶，這一地區發現的壁畫墓主要集中在武威酒泉，建墓時間也主要集中在東漢末期，西漢時期未發現，新莽至東漢前期僅發現武威韓佐五壩山東漢壁畫墓一例。壁畫題材主要為升仙、動物和現世生活場景。（表2-5）

表2-5：河西地區漢代墓室壁畫配置表

名稱／位置	出土年份	壁畫位置／內容	出　　處
甘肅威武韓佐五壩山墓	1984	墓室北壁山水間2虎、1牛	何雙全，武威貝威韓佐五壩山漢墓群，中國考古學年鑒，北京文物出版社，1985：245～246。
		墓室東壁昂首翹尾虎紋神獸，其旁殘存1樹幹	
		墓室南壁1人物，作跳舞狀	
甘肅武威磨嘴子墓	1989	前室南壁左側（殘）羽人戲陽	黨壽山，甘肅武威磨嘴子發現一座東漢壁畫墓，考古，1995，11。
		前室北壁右側（殘）現存1人騎有翼似象動物（仙人騎象圖？）	
		前室西壁往雙後室甬道（殘）現見1小鳥、平列5雜技表演人物	
甘肅酒泉下河清1號墓	1956	簷壁浮雕「斗栱」形磚左右及其中間磚面（北端）羽人、行虎、舞者、雲紋，（南端）雲中牛、翼龍	甘肅省文物管理委員會，酒泉下河清第1號和第18號墓發掘簡報，1959，10：71～76；岳邦湖等，岩畫及墓葬壁畫（遙望星宿——甘肅考古文化叢書），敦煌文藝出版社，2004：48～49。
		前室磚面南壁農人、飛鳥、大象、攜燈者、挽弓者、灶前做飯女子等	
		前室磚面四壁（上層）麒麟，（2層）獵人	
甘肅民樂八掛營1號墓	1993	前室覆斗四壁青龍、白虎、朱雀、玄武	施愛民、盧曄，民樂清理漢代壁畫墓，中國文物報，1993，5，30。
		前室東、西下壁狩獵、兵器圖	

		中室覆斗東、西壁面日、月	
		後室覆斗東西壁面日、月	
甘肅民樂八掛營 2 號墓	1993	前室四壁禽獸、水波雲紋、兵器和器皿圖	施愛民、盧曄，民樂清理漢代壁畫墓，中國文物報，1993，5，30。
甘肅民樂八掛營 3 號墓	1993	前室壁面星月、日（內有烏金）	施愛民、盧曄，民樂清理漢代壁畫墓，中國文物報，1993，5，30。

六、東方地區墓室圖像配置

　　東方地區既今天的山東大部分區域，兩漢期間山東北部較爲富庶，商業較爲發達，山東南部則多農業。該地區發現的壁畫墓主要集中在東漢末期，未發現西漢時期的壁畫墓，新莽至東漢前期僅發現後銀山東漢壁畫墓一例。（表 2-6）

表 2-6：東方地區漢代墓室壁畫配置表

名稱／位置	出土年份	壁畫位置／內容	出　　處
山東梁山縣後銀山墓	1954	前室藻井雲紋環繞金烏、玉兔殘跡	楊子範，山東梁山後銀山村發現帶彩繪的墓，文物參考資料，1954，3；章毅然，談梁山漢墓壁畫的漢墓的摹繪，文物參考資料，1954，5：79～80；關天相、冀剛，梁山漢墓，文物參考資料，1955，5：43～50。
		前室西壁（下層）車馬出行及「游徼」、「功曹」、「淳于言鳥卿車馬」、「主簿」等榜題（上層）鳳鳥、「伏戲」、附榜題人物	
		前室東壁「子元」、「子禮」、「子仁」、「子任」、「子口」等 9 人	
		前室後室石楣串連花、龍形紋	
山東濟南青龍山東漢畫像石及壁畫墓	1986	墓門過洞（西）門卒（東）畫像已殘	濟南市文化局文物處，山東濟南龍山漢畫像石壁畫墓，考古，1989，11。
		前室南壁（上）不詳（下）水波紋	
		前室西壁車馬出行殘像	
		中室南壁（下部）人物 中室西壁（上端兩隅）帷幕（下方帷幕下）兩側人物殘像，中部几案上有無頭人物輪廓	

山東東平縣老物資局院壁畫墓	2007	前室南北兩壁、西壁墓門橫樑太陽、星雲、歷史人物、宴享對飲、舞蹈、武士、方相氏驅邪逐疫、鬥雞、鬥狗等	此墓於 2007 年 10 月 12 日發現，13 日清理。
徐州黃山隴墓	1958	前室西壁（上層）車馬出行圖，（下層）舞樂場面 前室南壁（墓門）墓（門楣）車馬出行圖（門兩側）巨大門吏、門卒類人物	葛治功，徐州黃山隴發現漢代壁畫墓，文物，1961，1。
安徽亳縣董元村 1 墓	1974～1977	中室牆壁有彩繪壁畫 中室夯上天象圖（殘） 其中一塊畫像磚上陰刻奔馬圖像	安徽亳縣博物館，亳縣曹操宗族墓葬，文物，1978，8。
安徽亳縣董園村 2 號墓	1974～1977	墨、彩繪壁畫 前室石壁石門額內雙獸 前室北耳室石門額氈上殘人像 前室、中室間（石額）帳篷、旌旗、蘆葦（石夯）天象、3 人騎鳥獸 中室前、後牆夯各一列仕女（殘） 中室牆與夯一周朱紅圖案 中室夯上朱欄亭閣等建築，疑為仙界景象	安徽亳縣博物館，亳縣曹操宗族墓葬，文物，1978，8。
		畫像石刻 甬道兩壁各 2 持兵器對稱人物 甬道口 1 對石門砧上羊頭雕刻 每扇石門兩邊對稱的龍、虎 一雙斷裂石額（上層）雙鳳間燃火，（下層）口嗌芝草母鹿及 9 小鹿、羽人、人形怪獸	

第二節　魏晉南北朝墓室圖像題材配置規制

　　由於魏晉南北朝壁畫墓的現存狀況較差，而考古學報告在介紹壁畫時多以單幅論述，並帶有較強的主觀性文學色彩。往往忽視了題材之間的配置環境和相接性因素，人為的切斷了局部主題與整體主題之間的內在聯繫，[註14]因此，在以下對各時期、各地域墓室壁畫的配置進行介紹時，儘量不做主觀

〔註14〕信立祥，漢代畫像石綜合研究，文物出版社，2000：59。

分析，只對墓室壁畫圖像的現狀客觀的配置配比描述。

　　魏晉南北朝墓室壁畫是歷代墓室壁畫中題材最爲豐富的一個階段，關於魏晉南北朝墓室壁畫題材的研究，也是魏晉南北朝壁畫墓研究中較爲深入的部分，幾乎所有相關研究都是圍繞著題材而展開。然而關於壁畫配置的方式在學術界比較統一，由於墓葬多是南北朝向，因此，一部分將墓葬壁畫以南北中軸爲基準，分爲東壁（南、北壁東部）和西壁（南、北壁西部），〔註15〕這種分割方式在簡單記錄上具有一定的便利性，然而，如將南、北壁認爲的分割爲南、北壁東部或西部，則顯然會破壞南、北壁的整體性和情節性的完整，特別是作爲墓室中心位置的後壁（南壁或北壁），承載著壁畫情結的主體作用，更加不容分割處理。而另一種以墓室爲單位的分割方式，是將各室獨立論述，顯然這種觀察方式也有可能破壞壁畫的先後關係和整體的邏輯性。

　　從壁畫題材來看，魏晉南北朝墓室壁畫大多具有一定的主題性，墓道、前室、後室基本具有連貫性，同時，大多墓葬繪有墓主相像或者有石葬具，因此，本文在研究壁畫題材布局時，以墓主或石葬具爲中心，將墓葬壁畫作爲一個整體系統來觀察，這樣不但可以對墓葬壁畫有一個較爲整體的把握，同時也會對局部圖像在整體情節中的作用作以準確的定位。這也是本文設題所要解決的主要問題，通過考察魏晉南北朝墓葬中壁畫的分佈方式總結其壁畫配置規律。

　　漢代已建立了比較完善的墓葬等級制度，其等級的高低主要以墓葬大小、裝飾繁簡和陪葬品的多少及品等來區分。魏晉伊始，由於曹魏對地面標記設施、祭祀設施、地下墓葬配置和隨葬器物的簡化處理，奠定了此後一百餘年的簡葬規制。曹操先後在《終令》和《遺令》中，〔註16〕對自己的墓葬作出「因高爲基，不封不樹」，和「斂以時服，無藏金玉瑰寶」的規定。晉書記錄曹操下葬即延驗了之前的規定：「魏武以禮送終之制，襲稱之數，繁而無益，俗又過之」。〔註17〕黃初三年（222 年）魏文帝曹丕下詔規制：「無爲封樹，無立寢殿，……無施葦碳，無藏金銀銅鐵，……無施珠襦玉匣。」並以此詔作爲國家儀葬制度最終定型，至此，薄葬新制在西晉確立，並一直影響至南北朝時期。因此，在魏晉南北朝簡葬配制的墓葬中，題材豐富的墓葬壁畫就顯得非常突出了。同時，這一時期的壁畫表現題材不但系統而且也是數量最

〔註15〕大多發掘報告和簡報都是這樣記錄壁畫分佈。
〔註16〕三國志，魏書，武帝紀。
〔註17〕晉書，禮節志。

多的一個階段。而作爲魏晉南北朝時代觀念和現實的反映，墓室壁畫的內容具有典型客觀的性質，也是由於時空和地域的不同，壁畫所反映的視點也有所不同，這種現象意味著在不同空間的相同題材的壁畫，在不同地域和時期所預示的內涵則不盡相同。

一、遼陽地區墓室圖像配置

遼陽地區發現的魏晉壁畫墓主要有27座，均分佈於遼陽太子河兩岸的平原地帶，城西最爲集中。東北地區的古代史和考古史研究相對比較薄弱，關於壁畫墓的專題研究較少，且深度不夠，尚無對這一地區墓室壁畫的內容類型和主題組合進行細緻分析的研究。〔註18〕

遼陽地區的魏晉南北朝墓室壁畫墓均以青石板支築，白石灰勾縫，形制主要分爲單室墓、雙室墓和多室墓。〔註19〕以內容系統進行分類，可劃分爲兩大類型，其一爲墓主圖像系統，二爲車馬圖像系統。

墓主圖像分爲4類：

（1）男墓主側坐。以棒檯子1號墓爲例：右耳室右壁中央繪男墓主面左側坐於長榻上，其後繪屏嶂，前設短榻和方案食器。短榻前跪進食者，屏後侍立二侍從。左耳室左壁繪男墓主拱手坐於長榻上，短榻前跪陳食器者，榻左立執盤進耳杯者，屏後侍立三侍從。（圖2-2-1）

圖2-2-1　棒臺子1號墓壁畫配置圖

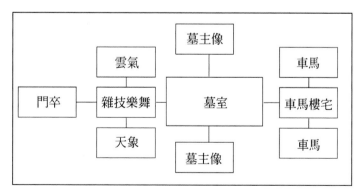

棒臺子1號墓壁畫配置圖，李杰繪。

〔註18〕劉末，遼陽漢魏晉壁畫墓研究，邊疆考古研究，2003，5：233。

〔註19〕除墓室的數量不同外，形制的主要差異是墓葬規模的大小以及是否存在迴廊。

（2）男女墓主並坐。以棒檯子2號墓為例：右耳室右壁正中上畫帷帳，下繪兩方榻，男女墓主並坐於榻上，左男右女。榻左侍立二男子，榻間放置長几，几上有食器，榻右侍立三人進食。（圖 2-2-2）

圖 2-2-2　棒臺子 2 號墓壁畫配置圖

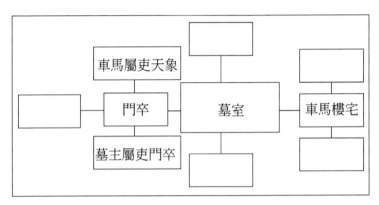

棒臺子 2 號墓壁畫配置圖，李杰繪。

（3）男女墓主對坐。

以車騎墓為例：左小室左壁上繪高懸帷幕，下繪男墓主拱手坐方床上，前設短几，几上倒插毛筆一支。背後有屏嶂，後立侍者二人，右捧包袱，左抱弓鞭。對面床上坐女墓主，前置一圓案，上有食器，後置屏風，屏後立一持團扇女侍。二床間立一女侍，左手執盤向男墓主送杯，揚右手面向女墓主。（圖 2-2-3）

圖 2-2-3　車騎墓壁畫配置圖

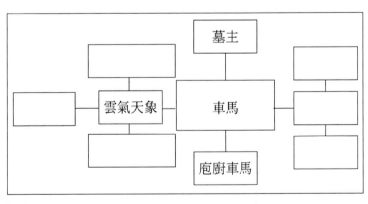

車騎墓壁畫配置圖，李杰繪

（4）男主人正坐。以上王家墓為例：右耳室正壁繪高懸綴蓮花朱幕，男墓主手執麈尾依憑几正坐於方榻上，前置方案，後設屏嶂。榻左侍立一侍從，榜題為「書佐」，屏後侍立三捧侍從，榻右一人進食。

車馬圖像分為 4 類：

（1）騎吏、車列。以棒檯子 1 號墓為例：後廊及左右廊繪車馬圖，車列隊前騎吏與甲士近 50 人，其後黃鉞車、鼓車、金徵車。再後繪騎吏甲士近 30 人，後接黑蓋車及騎吏甲士 30 餘，延後 4 輛白蓋車、黑蓋帷車 1 輛、黑蓋車 1 輛，最後為騎吏甲士隨從。（圖 2-2-1）

（2）騎吏、車列、牛車。以車騎墓為例：右耳室繪四騎吏在前，後為一黑蓋車，其後繪騎吏二名與載物車二乘。右棺室右壁首先繪騎吏四人，後為黑蓋車一乘，再後為二騎吏，最後繪一牛車。（圖 2-2-2）

（3）馬、車、馬夫。

以北園 3 號墓為例：畫面上為一乘白蓋車，車轅支於地，下中間繪一樹，上落黑鳥，樹左右各繪有駿馬一匹。（圖 2-2-4）

圖 2-2-4　北園 3 號墓壁畫配置圖

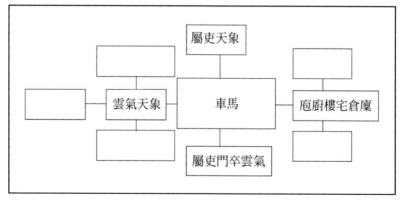

北園 3 號墓壁畫配置圖，李杰繪。

（4）騎吏、牛車。以上王家墓為例：前部繪拱手騎吏八名，分列兩邊，後繪牛車一乘，男墓主持麈尾坐於車中。〔註20〕

壁畫題材除無實際表意的裝飾性圖案外主要為：宴飲（a）、雜技樂舞（b）、庖廚（c）、車馬（d）、屬吏（e）、門卒（f）、門犬（g）、樓宅（h）、倉廩（i）、

〔註20〕劉未，遼陽漢魏晉壁畫墓研究，邊疆考古研究，2003，5：239～240。

祥瑞（l）、雲氣（m）、天象（n）。典型墓室壁畫配置分佈以墓室和墓主圖像為中心向前後展開，以1944年發現於遼陽市西北郊八里的棒檯子1號壁畫墓為例，墓門繪門卒；前廊壁繪雜技樂舞；頂部繪雲氣和天象圖；右耳室右壁中央繪面左側坐男墓主圖；左耳室左壁繪拱手坐男墓主圖；後廊及左右廊繪樓宅、車馬圖。（表2-7）

表2-7：遼陽墓室壁畫內容分佈圖〔註21〕

墓名	玉皇廟3號墓	東門裏墓	玉皇廟2號墓	滿洲棉花社墓	棒檯子1號墓	北園1號墓	迎水寺墓	南雪梅1號墓	棒檯子2號墓	北園2號墓	北園3號墓	北園4號墓	東門外墓	鵝房1號墓	玉皇廟1號墓	南林子墓	車騎墓	南環街墓	令之令墓	三道壕3號墓	三道壕1號墓	三道壕2號墓	冶建化工廠墓	峨眉墓	上王家墓
墓門		f			f		m		f					m				m			m	m			
前廊					B m n		m	f						m			m n	m			m	m			
左耳室					a		i	d e n	h i n	e n	f			a B n	a	a	a	c	a d	c d					d
右耳室								a e f	n	e f m	a			d h i		d	c d	a	a	a d n	a	a	a	a	a e
棺室	a m	a d e i m n	a d				d	a			d					a	d		i						
後廊					d h	b e h i	a		d h		c h i			h i					h						
左右廊					d	d	a d																		

〔註21〕劉未，遼陽漢魏晉壁畫墓研究，邊疆考古研究，2003，5：238～239。

二、嘉峪關地區墓室圖像配置〔註22〕

　　西北地區所發現的魏晉南北朝壁畫墓大多集中分佈在河西走廊一帶，主要發現於酒泉和敦煌二郡。這些墓葬均有長斜坡墓道，墓門外拱券以上建有磚砌的門樓式照牆，照牆上裝飾仿木結構的磚雕和彩繪畫像磚。墓室絕大多數為磚室墓，流行多個墓室和耳室，墓室平面的邊線略向外弧，前室與墓道之間、各墓室之間以及墓室與耳室之間，以券頂的甬道或通道相連接。墓室建好以後繪製壁畫，除了丁家閘 5 號墓繪有通壁的大幅壁畫外，其餘為畫像磚墓。畫像磚的繪製步驟是先在磚面刷含膠性物質的白堊土作底，少數在塗白堊之前先塗一層帶膠性的細黃土或直接畫在磚面上，以土紅起稿，以墨勾線，著以朱、赭石、淺赭、石黃、粉黃、灰、白，偶見石綠等色，還有極少量單繪墨線而不著色的畫像磚。少數墓葬為土洞墓，只在墓室中放置單塊畫像磚或只在照牆上有壁畫。

　　嘉峪關魏晉壁畫墓主要分為磚築雙室墓和磚築三室墓，〔註23〕其中新城M1、M4、M5、M12 和 M13 為典型雙室墓，畫像磚主要集中在前室四壁，後室較為簡單。嘉峪關新城 M1 墓前室畫像磚，以面對墓道方向的墓主像為中心，其內容可分為墓主人像右側的物質享受部分如宴樂、庖廚、進食等，左側的內容則大多表現精神享受部分，如宴飲、賞樂、遊玩等。下方繪園林圖、麥場圖、耕種圖、塢堡圖、井飲圖等。（圖 2-2-5）

　　嘉峪關新城 M5 墓前室畫像磚的分佈與 M1 墓屬同一系統，畫像以墓主人宴飲為中心，面朝墓門方向的左側內容為庖廚、進食、屠宰，而右側以塢堡、農牧業活動、出行等內容。與嘉峪關新城 M1 墓相比，M5 墓的圖像排列順序、方式和內容基本相反，即墓主人宴飲圖的左側畫像主要表現物質享受部分，右側畫像主要表現精神層面。（圖 2-2-6）

〔註22〕孫彥，試論魏晉十六國壁畫題材的配置——以河西走廊墓葬壁畫為例，南京藝術學院學報——美術與設計版，2011，1：65。
〔註23〕四室磚墓只發現一座，只在第二號墓室中繪有十三幅畫像，甘肅省文物考古研究所、高臺縣博物館，甘肅高臺縣駱駝城墓葬的發掘，考古，2003，6：47。

圖 2-2-5　嘉峪關新城 M1 墓前室畫像磚配置圖

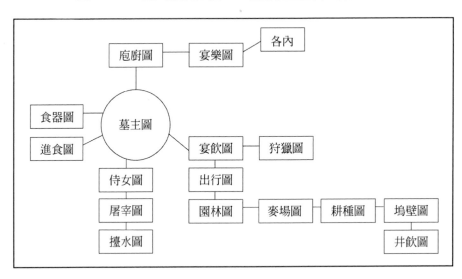

源自：孫彥，試論魏晉十六國壁畫題材的配置──以河西走廊墓葬壁畫為例，
南京藝術學院學報──美術與設計版，2011，1：65

圖 2-2-6　嘉峪關新城 M5 墓前室畫像磚配置圖

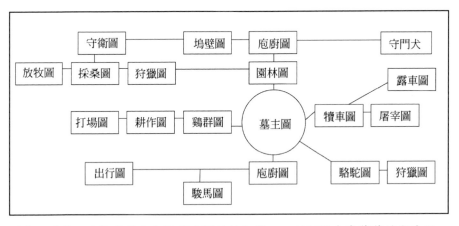

源自：孫彥，試論魏晉十六國壁畫題材的配置──以河西走廊墓葬壁畫為例，
南京藝術學院學報──美術與設計版，2011，1：65。

　　嘉峪關新城 M3、M6、M7 為典型磚築三室墓，墓室的畫像磚主要集中
在前室和中室的四壁，後室後壁上繪有少量的絹帛、絲束、生活用具、侍女
像等。以新城 M3 墓為例，前室畫像以墓主人屯營圖為中心，其左側（面朝

墓門方向）的主要內容為：屯墾圖、塢堡圖、庖廚圖、畜禽圖、屠宰圖、演奏圖等。其右側的主要內容有：出行圖、狩獵圖、耕作圖、園林圖、犢車圖等。與前述嘉峪關新城 M5 前室左側的展開圖庖廚圖、進食圖、屠宰圖相比，其主要圖像布局基本一致。與嘉峪關新城 M5 前室右側的展開圖塢堡圖、農牧圖、出行圖相比，其主要的圖像布局也基本一致。（圖 2-2-7）

圖 2-2-7　嘉峪關新城 M3 墓前室畫像磚配置圖

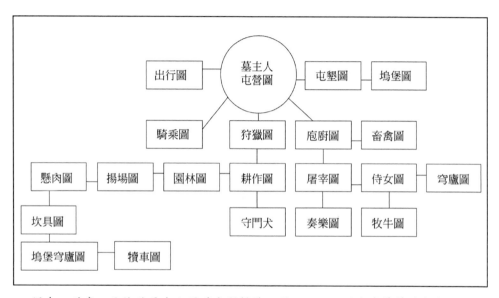

源自：孫彥，試論魏晉十六國壁畫題材的配置——以河西走廊墓葬壁畫為例，南京藝術學院學報——美術與設計版，2011，1：65。

　　將以上三墓的壁畫題材配置與嘉峪關其他魏晉壁畫墓的圖像配置向比較，河西走廊魏晉壁畫墓畫像磚內容的排列組合與配置，基本相同或相反，顯然這些排列不是盲目而為，而是具有一定規律可循，基本上是以墓主為中心，展開生活享受和精神享受兩大部分。

三、高句麗地區墓室圖像配置

　　壁畫墓是高句麗古代最具代表性的遺存之一，中國境內的高句麗遺存較少，其發現的多數在朝鮮境內，國內對這些境外高句麗遺存的研究相對薄弱，只有一些片段信息而無法進行整體研究。

　　十九世紀日本殖民地時期，高句麗壁畫墓的調查就已開始，至今共發現

高句麗壁畫墓 83 座。〔註24〕正式發表的 63 座壁畫墓，20 座壁畫墓有零星資料，或只見於著錄，其總數遠超過我國集安與桓仁地區的總和。

從已發表的 63 座壁畫墓的情況來看，高句麗壁畫墓可分爲單室墓、雙室墓、多室墓三類。

從墓室壁畫的題材來看大致可分爲墓主家內生活、車馬行列、狩獵、戰爭、天象、四神、仙人、神怪異獸等。若按主題劃分基本可分爲四類，一爲生活風俗類主題；二爲四神類主題；三爲裝飾類主題；四爲混合型主題。生活風俗類壁畫大多繪製於棺室後壁（正壁），主題爲墓主家庭生活場景。四神類主題主要繪製於棺室四壁，以青龍、白虎、朱雀、玄武圖像爲標誌。裝飾類主題則以蓮花、雲紋、環形紋和龜甲紋等爲標誌。混合型主題以墓主生活和四神結合較爲常見，亦有在裝飾類主題紋飾中間繪人物的現象。

以墓葬結構來區別，生活風俗類主題壁畫僅在多室墓中出現；雙室墓中只有生活風俗和混合類壁畫主題；（圖 2-2-8）單室壁畫墓則四類主題兼有，其中四神類和裝飾類主題兩類僅見於單室墓。這種現象也提示出高句麗壁畫墓的墓葬類型的相對早晚秩序，「即多室墓整體時代最早，雙室墓次之，單室墓相對最晚，」〔註25〕這種分期也恰與魏晉伊始的簡葬風尚相切應。

圖 2-2-8　藥水里墓壁畫配置圖

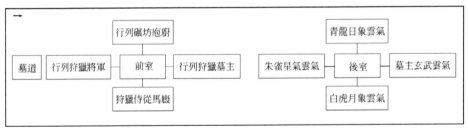

藥水里墓壁畫配置圖，李杰繪，參見：（朝）朱荣憲，藥水裏壁畫墓發掘報告，考古學資料集第 3 集一各地遺跡整理報告，平壤，科學院出版社，1963136-152。

〔註24〕趙俊傑、梁建軍，朝鮮境內高句麗壁畫墓的分佈、形制與壁畫主題，邊疆考古研究，2013，1：228～230。

〔註25〕趙俊傑、梁建軍，朝鮮境內高句麗壁畫墓的分佈、形制與壁畫主題，邊疆考古研究，2013，1：237。

四、平城地區墓室圖像配置

　　鮮卑拓跋氏大約於東漢末期南遷至今內蒙古河套地區以北的漢并州五原郡。天興元年（298 年）拓跋珪遷都平城（東漢所設雲中郡和代郡管轄區域，今山西大同及周邊地區），太和十八年（494 年）繼遷於洛陽。拓跋氏以平城爲都長達 97 年，是北魏前期的政治中心。從現已發現的北魏前期墓葬對比來看，雲代地區是北魏前期最爲集中和等級最高的區域。

　　這一地區發現的典型壁畫墓主要是：大同宋紹祖墓；〔註 26〕大同智家堡北魏石槨墓；〔註 27〕內蒙古、林格爾壁畫墓；〔註 28〕懷仁縣丹揚王墓；〔註 29〕司馬金龍夫婦墓〔註 30〕等。雲代地區墓室壁畫的題材主要延續漢代的典型畫像題材，如四神題材，孝子故事題材，飲宴及墓主生活題材以及牛車出行題材等。（表 2-8）最具代表性的是石槨壁畫，以大同智家堡北魏石槨爲例，彩色壁畫分別繪於石槨內四壁、頂部、三角形梁和脊槫上，壁畫皆直接繪於石材表面。四壁都在上端及兩側邊緣處畫以紅線邊框，壁畫繪在此邊框內。北壁共繪墓主人並坐像及人物 7 侍從；東壁正中繪男性四人，均半側身面向墓主人，雙手袖於胸前，四人頭頂上方繪兩個羽人；西壁繪女性四人；南壁西側繪牛車一輛，牛頭向墓門，東側繪一戴垂裙黑帽的人牽著一匹馬，身後是一棵樹；頂部前後坡繪兩幅植物圖案。（圖 2-2-9）

表 2-8：雲代地區墓室壁畫內容與分佈 〔註 31〕

墓　　葬	內　　　容	出　　　處
丹陽王墓	墓道口兩側彩繪門神（墓磚刻「丹陽王墓磚」），墓室墓磚浮雕四神、蓮瓣、忍冬、連珠紋。	求實，懷仁縣發現北魏丹揚王墓，北朝研究，1993，4。
宋紹祖墓	甬道繪朱紅忍冬草圖樣，三開間石槨內四壁繪有壁畫，採用墨線分界，殘存舞蹈、撫琴人物。	劉俊喜，張志忠，左雁，大同市宋紹祖墓發掘簡報，文物，2001，7：19～39。

〔註 26〕劉俊喜、張志忠、左雁，大同市宋紹祖墓發掘簡報，文物，2001，7：19～39。

〔註 27〕王銀田，大同智家堡北魏墓石槨壁畫，文物，2001，7：40～51。

〔註 28〕蘇俊等，內蒙古和林格爾北魏壁畫墓發掘的意義，中國文物報，1993，11，28。

〔註 29〕懷仁縣文物管理所，山西懷仁北魏丹揚王墓及花紋磚，文物，2010，51：9～26。

〔註 30〕山西大同市博物館，山西大同石寨北魏司馬金龍墓，文物，1972，3：20～64。

〔註 31〕李梅田，北朝墓室畫像的區域性研究，故宮博物院院刊，2005，5：80。

智家堡墓	三開間石槨內四壁及頂部繪有壁畫，北壁共繪墓主人並坐像，東壁正中繪男性四人，頭頂上方繪兩個羽人；西壁繪女性四人；南壁西側繪牛車一輛，東側繪牽馬圖，頂部前後坡繪兩幅植物圖案。	王銀田，大同智家堡北魏墓石槨壁畫，文物，2001 年，7：40～51。
司馬金龍墓	墓內存屏風漆畫，主題爲列女圖，並繪有四神、瑞禽、忍冬等。	山西大同市博物館，山西大同石寨北魏司馬金龍墓，文物，1972，3：20～64。
和林格爾墓	前室四壁和甬道繪有狩獵、山川、河流、燕居、雜技、四神等。	蘇俊等，內蒙古和林格爾北魏壁畫墓發掘的意義，中國文物報，1993，11，28。

圖 2-2-9　北魏智家堡石槨壁畫配置圖

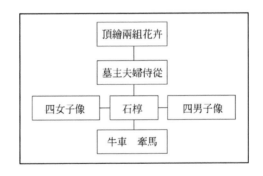

北魏智家堡石槨壁畫配置圖，李杰繪。

五、洛陽地區墓室圖像配置

　　洛陽地區作爲中原腹地的中心地帶，一直是中國各個歷史時期政權的主要爭奪之地。北魏在太和八年（494 年）遷都洛陽伊始，至永熙三年（534年）魏分東西，洛陽是這一時期的政治經濟中心。期間北魏孝文帝曾下詔曰：「遷都洛陽之後，就應該將墳塋建在當地。」〔註 32〕因此，在洛陽地區發現的魏晉南北朝時期的壁畫墓葬，絕大多數集中在太和十八年至永熙三年之間。洛陽西北邙山地區即爲北魏集中的陵墓區，此區域墓葬之多幾乎「無臥牛之地」，據不完全統計，該地區被盜墓葬多達 500 餘座，墓誌被盜 200 多方。〔註 33〕由於被盜嚴重，壁畫墓的圖像配置及分佈不能進行整體研究，可

〔註32〕魏書，廣川傳載：「遷洛之人，自厥茲後，悉可歸骸邙嶺，不得就塋恒代。」
〔註33〕黃明蘭，北魏孝子棺線刻畫，人民美術出版社，1985：4。

考壁畫墓僅爲孝昌元年（525 年）的清河王元懌墓、〔註34〕孝昌二年（526
年）的江陽王元乂墓、〔註35〕太昌元年（532 年）的安東將軍王溫墓。〔註36〕
好在散落各地的石葬具較爲完整，可作爲題材和配置分析的依據。其中主要的
石葬具包括：現藏於美國波士頓美術館的孝昌三年（527 年）寧懋石槨、〔註37〕
現藏於美國 Minneapolis 美術館的正光五年（524 年）元謐石棺、〔註38〕藏於美
國納爾遜阿肯特斯美術館的孝子石棺、〔註39〕洛陽北魏升仙石棺、〔註40〕沁
陽石棺床〔註41〕等。

　　壁畫與石棺槨畫像的題材主要分爲兩類，一爲孝子主題，同時包括墓主、
出行、家居場景，如孝子石棺、元謐石棺、寧懋石槨等。以單簷懸山頂寧懋
石槨爲例，其圖像配置爲：外壁正面石門左右刻持劍武士，左右兩側壁板刻
丁蘭事木母、帝舜故事、董永故事、董晏故事，後壁板刻山川、水井、房屋、
帷帳、庖廚。石槨內壁左側壁板刻牛車出行、帷帳、庖廚，右側壁板刻鎧甲
武士出行、帷帳、庖廚，內後壁板刻寧懋夫婦各三像。（圖 2-2-10）另一種以
升仙爲主題，以升仙石棺爲例，圖像分爲出行、乘龍以及方士、神仙、神獸
等，輔以忍冬、寶珠等佛教飾紋。（表 2-9）

圖 2-2-10　寧懋石槨壁板線刻配置圖.

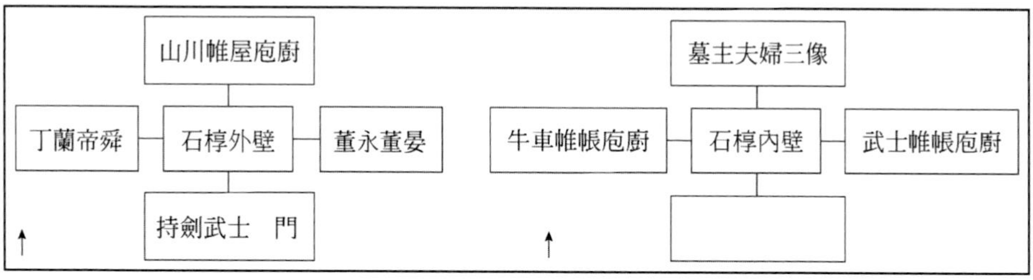

[footnotes]

〔註34〕徐嬋菲，洛陽北魏元懌墓壁畫，文物，2002，2。
〔註35〕洛陽博物館，河南洛陽北魏元乂墓調查，文物，1974，12：53～54。
〔註36〕河南市文物工作隊，洛陽孟津北村北魏壁畫墓，文物，1995，8：26～35。
〔註37〕郭建邦，北魏寧懋石室和墓誌，河南文博通訊，1980，2：33～40。
〔註38〕黃明蘭在《北魏孝子棺線刻畫》中認爲該墓爲孝昌 5 年（529 年），但根據現
　　　藏於美國 Minneapolis 美術館的元謐墓墓誌記載應爲正光五年（524 年）。
〔註39〕黃明蘭，從洛陽出土北魏石棺和石棺床看世俗藝術中的石刻線畫，中原文物，
　　　1984，1：87～90。
〔註40〕洛陽博物館，洛陽北魏畫像石棺，考古，1980，3：229～241。
〔註41〕鄧宏里、蔡全法，沁陽西向發現北朝墓及畫像石棺床，中原文物，1983，1：
　　　4～12。

　　這兩個主題是漢代孝悌和升仙觀念的延續，武帝獨尊儒術，因此，漢代以來的喪葬中顯示忠孝題材的圖像佔據主體。另外，東漢以來逐漸成形的神仙意識成為世人理想，《莊子》逍遙遊載：羽化成仙後「乘雲氣，御飛龍，以遊乎四海之外。」由是，在生死交接點的載體上，升仙觀念自然會嫁接在墓葬當中。

　　其次，洛陽北魏晚期石葬具上的畫像明顯帶有來自南方的影響，如升仙畫像中的仙人駕御龍虎題材，顯然與建康南朝墓中的仙人引導龍虎的題材有一定聯繫，而以大量的樹木裝飾畫面的圖像構成也可能與南朝的竹林七賢與榮啟期等畫像構成有所關聯。而墓室壁畫則顯然多是體現墓主現實地位的人物畫像。

　　與同時期的壁畫題材相比較，石葬具上多見的孝子故事在墓室壁畫中數量較少，另一方面則相同的方面較為突出，如天象、墓主像、仙人駕御龍虎、鞍馬和身著愷甲的門吏題材等也同樣見於北魏是其的墓室壁畫中。

　　三座壁畫墓的保存狀態較差，墓室壁畫僅存墓門武士畫像，從繪畫形態來看，石葬具畫像與墓室壁畫除了題材主題不同之外，人物形象的繪畫方式顯然屬於不同風格體系，墓室壁畫中的人物體型壯碩，而石葬具上的人物形象則顯然與傳統的秀骨清像式的清秀形態為同一類型。墓室壁畫武士像的畫法則有可能受到南朝畫風的影響，這種來自南方的新畫風大約在六世紀而、三十年代傳入北魏都城洛陽，並迅速流行開來。〔註42〕洛陽作為北魏都城在南朝畫風北傳的過程中起著連接轉化的地位，在接受方面會早於其他北方地區，並且由於壁畫與石線刻在製作過程和規制特性上的差異，導致墓室壁畫在接受新畫風的影響上要早於石刻。石葬具是皇帝特賜的「密器」，代表了墓主的高貴身份和墓葬的高規格，有特定的規制，並由於其製作程式較為複雜，多是由政府專屬部門事先預製，因此，墓葬中的石刻在應用新畫風和新題材上要較為緩慢。而壁畫的製作程式較為簡單，且能夠隨社會的喜好而在短期內完成。

〔註42〕宿白，北朝造型藝術中人物形象的變化，中國石窟寺研究，文物出版社，1995。

表2-9　洛陽地區主要墓葬壁畫配置表

	墓　葬	內　　　容	出　　　處
墓室壁畫	元懌墓	甬道東西兩壁各繪兩名武士，甬道頂部隱見動物和雲氣。	徐嬋菲，洛陽北魏元懌墓壁畫，文物，2002，2。
	元乂墓	甬道和墓室四壁隱見繪有壁畫，墓室頂部殘存天象星辰。	洛陽博物館，河南洛陽北魏元乂墓調查，文物，1974，12：53～54。
	王溫墓	墓室東壁繪帷帳，帷帳座屏前坐墓主夫婦像及侍女。	河南市文物工作隊，洛陽孟津北村北魏壁畫墓，文物，1995，8：26～35。
石葬具線刻	寧懋石槨	單簷懸山頂石槨，圖像配置爲：外壁正面石門左右刻持劍武士，左右兩側壁板刻丁蘭事木母、帝舜故事、董永故事、董晏故事，後壁板刻山川、水井、房屋、帷帳、庖廚。石槨內壁左側壁板刻牛車出行、帷帳、庖廚，右側壁板刻鎧甲武士出行、帷帳、庖廚，內後壁板刻寧懋夫婦各三像。	郭建邦，北魏寧懋石室和墓誌，河南文博通訊，1980，2：33～40。
	元謐石棺	前檔刻尖拱龕形門，龕門兩側各刻一個門吏，龕上刻寶珠和兩怪獸。左右兩幫中央刻有鋪首銜環，兩側爲小窗，窗內人物向外觀看。左幫窗口與鋪首間刻有朱雀，右幫上與左幫朱雀對應處刻白虎。兩幫前部和底部刻有多幅孝子故事，後部刻仙人騎神鳥圖，間刻山巒、樹木、流水。	鄭岩，魏晉南北朝壁畫墓研究，文物出版社，2002：139。
	孝子石棺	左幫刻有帶題榜董永、蔡順，右幫刻帶題榜的舜帝、郭巨、孝孫原谷。人物背後以山石、樹木、飛禽、走獸爲陪襯。	黃明蘭，從洛陽出土北魏石棺和石棺床看世俗藝術中的石刻線畫，中原文物，1984，1：87～90。
	升仙石棺	前檔刻有柱劍武士，上方刻朱雀、寶珠、團花。左幫刻一引導方士，後刻墓主持蓮花乘龍隨行飛昇，伴以妓樂，以雲紋、鳥獸紋樣爲陪襯。右幫刻有持薰斗團扇的引導方士，後隨持團花乘龍飛行的女主人像，再後爲持華蓋侍女隨行。棺底前部刻青龍白虎，後部刻青龍白虎和花草，邊框刻神禽怪獸。	洛陽博物館，洛陽北魏畫像石棺，考古，1983，1。

六、鄴城、晉陽地區墓室圖像配置

北魏分裂之後，天平元年（534 年）孝靜帝定都鄴城（今河北磁縣及河南安陽一帶），由此鄴城成為北朝後期的政治文化中心。同時，孝靜帝又立晉陽（今太原地區）為別都，〔註 43〕因此，晉陽在東魏北齊之時也成為除鄴城之外的另一個政治中心。這兩地所發現的壁畫墓多屬東魏北齊時期，僅發現一座北魏時期壁畫墓，墓中僅見一具畫像石棺。

鄴城附近發現的北朝壁畫墓除 1976 年發現的神龜年間（518～520 年）的方興畫像石棺〔註 44〕和閭叱地連墓、〔註 45〕堯峻墓、〔註 46〕高潤墓、〔註 47〕灣漳墓〔註 48〕等保存較好的大墓外，還有壁畫保存狀況較差的磁縣東陳村武定五年（547 年）趙胡仁墓、〔註 49〕景縣野林莊（屬冀州）武定五年（547 年）高長命墓、〔註 50〕磁縣講武城太寧二年（562 年）比丘尼垣墓、〔註 51〕磁縣申莊武平元年（570 年）濟南愍悼王妃比丘尼等行（李難勝）墓、〔註 52〕安陽洪河屯村武平六年（575 年）范粹墓、〔註 53〕安陽武平七年（576 年）顏玉光墓、〔註 54〕磁縣講武城 56 號北齊墓〔註 55〕等。

晉陽附近發現的典型北朝壁畫墓包括，太原市武平元年（570 年）右丞相東安王婁睿墓、〔註 56〕武平二年（571 年）武安王徐顯秀墓、〔註 57〕太原南郊熱電廠北齊壁畫墓、〔註 58〕壽陽河清元年（562 年）順陽王庫狄迴洛墓〔註 59〕

〔註 43〕北齊書，齊本紀中，顯祖文宣帝紀：「并州之太原，青州之齊郡，霸朝所在，王命是基。」

〔註 44〕王太明、賈文亮，山西榆社縣發現北魏畫像石棺，考古，1993，8：767。

〔註 45〕磁縣文化館，河北磁縣東魏茹茹公主墓發掘簡報，文物，1984，4：1～9。

〔註 46〕磁縣文化館，河北磁縣東陳村北齊堯峻墓，文物，1984，4：16～22。

〔註 47〕磁縣文化館，河北磁縣北齊高潤墓，考古，1979，3：235～243、234。

〔註 48〕中國社會科學院考古研究所等，河北磁縣灣漳北朝墓，考古，1990，7：601～607、600。

〔註 49〕磁縣文化館，河北磁縣東陳村東魏墓，考古，1977，6：391～400。

〔註 50〕河北省文管會，河北景縣北魏高氏墓發掘簡報，文物，1979，3：18～21。

〔註 51〕河北省文物管理委員會，河北磁縣講武城古墓清理簡報，考古，1959，1：25。

〔註 52〕張利亞，磁縣出土北齊愍悼王妃李尼墓誌，文物春秋，1997，3：73～74。

〔註 53〕河南省博物館，河南安陽北齊范粹墓發掘簡報，文物，1972，1：47～57。

〔註 54〕安陽縣文教局，河南安陽縣清理一座北齊墓，考古，1973，2：90～91。

〔註 55〕河北省文物管理委員會，河北磁縣講武城古墓清理簡報，考古，1959，1：25。

〔註 56〕山西考古研究所，太原市北齊婁睿墓發掘簡報，文物，1983，10：1～23。

〔註 57〕常一民，北齊徐顯秀墓發掘記，文物世界，2006，4：11～20。

〔註 58〕山西省考古研究所、太原市文物管理委員會，太原南郊北齊壁畫墓，文物，1990，12：1～10。

等。其中壁畫保存較爲完好且配置具有典型性的是徐顯秀墓，墓道繪爲由神獸引導的儀衛行進圖（共 96 人）；甬道左右兩壁各繪 4 個佩劍或持鞭武士，券洞兩側各繪一個門吏，券洞上方繪蓮花和雲氣，兩側爲方相氏；墓室北壁繪墓主夫婦坐榻及飲宴圖，西壁爲墓主出行圖，以俊馬爲中心。東壁爲墓主夫人出行圖，以胡僕牽引的牛車爲中心。南壁門洞兩側與墓道相接，爲墓道圖像的延續，上方繪巨大蓮花及鎮墓方相，墓室頂部繪天象圖。（圖 2-2-11）

圖 2-2-11　北齊徐顯秀墓壁畫配置圖

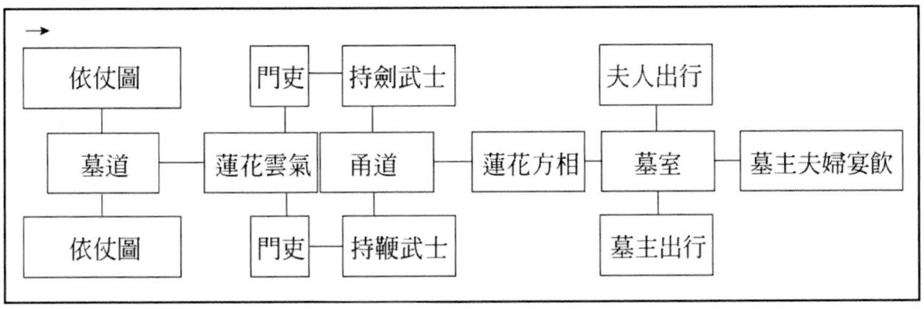

李杰繪

　　這一時期，兩漢所盛行的多室墓制度在此時已完全被長斜坡墓道磚築單室墓所取代，兩漢以墓室多少來定級的標準已不復存在。「晉制」的平面方形單室墓在中原開始形成制度。〔註 60〕與墓葬形制變化相對應，這一時期的壁畫內容與布局也發生了變化。墓葬形制的逐步同一，促使墓葬壁畫的配置規制也相應得固定同一起來，並形成制度。鄴城地區壁畫墓所反映的規制是漢唐之間墓葬轉變的轉折點，隨著墓葬規格的提高，墓室壁畫的題材和配置也逐漸同一，楊泓在對這一地區進行考查後總結出鄴城地區壁畫的特徵爲：1. 墓道前端繪巨大的龍、虎圖像，青龍和白虎面向墓外，輔以流雲、忍冬、鳳鳥或神獸；2. 墓道中段兩側繪出行儀仗，閭叱地連墓繪廊屋和列戟，灣漳墓隱見廊屋。墓道地面繪有蓮花、忍冬、花卉等紋案。3. 墓門正上方繪有朱雀，兩側繪神獸等圖案，閭叱地連墓、堯峻墓和灣漳墓保存較好，高長命墓殘存神獸及火焰，高潤墓和顏玉光墓殘毀不詳，門側多有披甲門吏。4. 甬道側壁繪侍衛。5. 墓室壁畫仍延續傳統，正壁（後壁）繪端坐帳中的墓主像，旁列

〔註 59〕 王克林，北齊庫狄迴洛墓，考古學報，1979，3：377～402。
〔註 60〕 俞偉超，漢代諸侯王與列侯墓葬的形制分析，先秦兩漢考古學論集，文物出版社，1985：1240。

侍從衛士，側壁有牛車葆蓋或男吏女侍。墓室頂部繪天象圖，墓室四壁上部分繪四神。〔註61〕這種既有繼承又有發展的墓葬壁畫配置程式，結合宿白的「制度說」〔註62〕鄭岩將此規程定爲「鄴城規制」。（表2-10）

表2-10：鄴城、晉陽地區主要墓室壁畫配置表〔註63〕

墓葬	墓　道	甬　道	四　壁	墓頂	資料出處
茹茹公主墓	南半截單欄布局，北半截兩欄布局。兩壁爲青龍白虎引導的兩列14人儀衛；上層爲方相氏、羽人、鳳鳥、蓮花等；地面爲地毯式花草紋帶。	分上下兩欄布局，上層殘留火焰、蓮花、摩尼寶珠；下層兩側爲屬吏與馭手；門牆繪朱雀、摩尼寶珠、方相氏。	分上下兩欄布局，以紅色框欄相隔。上層爲四神與山川樹木、下層爲墓主內室生活，北壁女主人及侍女供奉；西壁女子伎樂；東碧男子屬吏。	天象	磁縣文化館，河北磁縣東魏茹茹公主墓發掘簡報，文物，1984，04。
灣漳大墓	分山下兩欄布局，上層繪7種神獸及流雲蓮花；下層繪青龍白虎引導的四列53人儀衛；地面爲地毯式三列，中爲八瓣仰蓮，兩側爲蓮花忍冬紋帶。	分上下兩欄布局，上層殘留蓮花、流雲；下層殘留侍衛；門牆繪朱雀、神獸、羽兔、蓮花、流雲。	分上中下三欄，上層四壁各有一欄分9個方格，每格一動物；中層神獸、朱雀等形象；下層殘留人物形象。	天象	中國社會科學院考古研究所，河北省文物研究所，鄴城考古工作隊，河北磁縣灣漳北朝墓，考古，1990，07。
徐顯秀墓	下層爲4神獸引導的共96人儀仗出行隊列。	甬道內容是神話和警衛場面，兩壁各有4個佩劍或執鞭武士，夯洞兩側各有一門吏；夯洞上方是寶相蓮花和雲氣紋，兩側爲方相氏。	四壁是墓主生前的生活圖景。北壁爲墓主夫婦坐榻、伎樂宴宴飲圖；西壁是墓主出行隊列，以駿馬爲中心；東壁是墓主夫人出行場面，以卷棚牛車爲中心，旁有一胡	天象	山西省考古研究所，太原市文物考古研究所，太原北齊徐顯秀墓發展掘報，文物，2003，10。

〔註61〕 楊泓，南北朝墓的壁畫和拼鑲磚畫，中國社會科學院考古研究所編著，中國考古學論叢——中國社會科學院考古研究所建所40年紀念，文物出版社，1993：4340。
〔註62〕 宿白，關於河北四處古墓的箚記，文物，1996，9：55。
〔註63〕 李梅田，北朝墓室畫像的區域性研究，故宮博物院院刊，2005，3：89～90。

			僕；南壁門洞兩側是墓道出現場面的延伸；門洞上方爲碩大的蓮花及鎮墓方相。	
婁叡墓	上中層繪出行與回歸，下層繪軍樂儀仗；天井上層繪佛教飛昇淨土，中下層繪軍樂儀仗。	甬道繪門卒、軍樂儀仗；墓門繪青龍白虎、卷草摩尼。	上層繪十二時及神獸；中層繪羽人、青龍、連鼓雷公；下層繪墓主坐帳、傘蓋鞍馬、牛車出行。	天象	山西省考古研究所，太原市文物管理委員會，太原市北齊婁叡墓發掘簡報，文物，1983，10。
太原熱電廠壁畫墓	無	無	中層：乘龍騎虎之神仙羽人、千秋萬歲、神禽異獸；下層：三貴婦坐於帷帳屏風之榻上，旁有樹下侍者、屬吏、牛車出現場景。	天象	山西省考古研究所，太原市文物管理委員會，太原南郊北齊壁畫墓，文物，1990，12。
庫狄迴洛墓	不清	甬道上方殘存飛鳥，兩壁各繪4人，爲雜技人物和侍者；墓門繪青龍白虎。	西壁殘存十字圖案。		王克林，山西省文物工作委員會，北齊庫狄迴洛墓，考古學報，1979，03：379～381。
高潤墓	曾有壁畫	曾有壁畫	北壁墓主端坐帷帳、侍從供奉；東壁殘留車蓋。侍者；西壁殘留侍從。	天象	磁縣文化館，河北磁縣北齊高潤墓，考古，1979，03：235～236。
講武城M56			每幅畫周邊有紅框欄，繪車輛人物、橋樑樹木、蓮花等；四隅影作斗栱。		河北省文物管理委員會，河北磁縣講武城古墓清理簡報，考古，1959，01：24～25。
堯峻墓		門牆繪朱雀、羽人、朵雲、蓮花。			磁縣文化館，河北磁縣東陳村北齊堯峻墓，文物，1984，04：16～17。

顏玉光墓			南壁男女侍從；北壁盔甲武士、鷹鳥；西壁婦女抱嬰、騎馬武士。	安陽縣文教局，河南安陽縣清理一座北齊墓，考古，1973，2。

七、關隴地區墓室圖像配置

　　永熙三年（534 年），魏孝武帝因與高歡不和而至長安另立政權，致魏分東西，長安實際為宇文泰所轄制，至大定元年（581 年）西魏北周在關隴地區的統治歷 47 年（535～581 年），後期其勢力範圍雖擴至整個江北，但其政治核心仍以長安和固原為中心。因此，迄今所發現的西魏北周時期的主要壁畫墓幾乎都集中在西安和固原地區。

　　宇文氏為了與關東的高齊和江南的蕭梁並立抗衡，初見了一套結合鮮卑六鎮和漢地結合的關中本位制度。[註 64] 因此其墓葬制度也不同於關東和南方。關隴地區發現的東魏北齊壁畫墓主要延續了北魏的傳統規制，形制大多有斜坡長墓道帶天井墓葬，壁畫多繪以欄框隔斷的單幅人物，墓門、甬道和過洞處多繪持劍武士，墓門上繪有閣樓等建築，墓室多以色帶紋樣作為裝飾。（表 2-11）1983 年在寧夏回族自治區固原縣西郊鄉深溝村南發現的北周李賢墓壁畫，是這一時期關中墓室壁畫的典型配置，第一過洞及甬道口上方繪雙層門樓，第三、四過洞上方繪單層門樓。墓道及天井兩壁上部繪紅色條帶，兩壁下各繪一名武士，其中第一過洞外墓道東西兩壁繪有兩柱劍門吏，天井東西兩壁各繪兩名手執儀刀的武士，每個過洞兩壁各繪一名手執儀刀的武士，共計 18 名。墓室四壁繪侍從伎樂，其中北壁原有 6 人，東西兩壁各有 5人，南壁墓門兩側各有 1 人，西壁南端第一人手執拂塵，第二人手執團扇，南壁東端繪擊鼓的伎樂女工，東壁南端繪一女工擊腰鼓。（圖 2-2-12）

表 2-11：關隴地區墓室壁畫配置表

墓葬	墓道	甬道、天井、過洞	墓　室	出　　　處
侯義墓		甬道繪紅、黑兩色分割線，殘存花樹。	四壁殘存紅色帶飾，頂繪星象圖。	咸陽市文管會等，咸陽市胡家溝西魏侯義墓清理簡報，文物，1987，12：57～68。

〔註64〕陳寅恪，隋唐制度淵源略論稿，卷二，河北教育出版社，2002。

宇文猛墓	殘跡	武士	殘跡	寧夏文物考古所固原工作站，固原北周宇文猛墓發掘簡報，許成主編，寧夏考古文集，寧夏人民出版社，1996：134～147、216。
李賢墓	兩壁繪武士儀衛。	兩壁繪武士儀衛，墓門上部繪閣樓。	墓室四壁繪有伎樂和侍從圖，其中北壁6幅、南壁2幅、東壁4幅、西壁4幅。	寧夏回族自治區博物館等，寧夏固原北周李賢夫婦墓發掘簡報，文物，1985，11：1～20。
步六孤氏	殘跡		北壁殘侍女。	文物參考資料，1954，10；寧夏文物，1985，3。
叱羅協墓	紅色寬帶紋飾，殘跡。	過洞上部繪有閣樓，過洞外繪有寬帶紋飾。	殘跡。	負安志，中國北周珍貴文物，陝西人民美術出版社，1993：10～36。
田弘墓		甬道隱約殘存人物圖像。	北壁繪有門史，東壁繪兩名文吏，西壁繪持劍武士，後室繪寬帶紋飾。	原州聯合考古隊，北周田弘墓，文物出版社，2009。
孤獨藏墓		紅色寬帶紋飾。	紅、黑寬帶紋飾。	負安志，中國北周珍貴文物，陝西人民美術出版社，1993：76～93。
尉遲運墓		紅色寬帶紋飾。	殘跡。	負安志，中國北周珍貴文物，陝西人民美術出版社，1993：93～109。
安伽墓		紅色邊框相隔柱劍武士。	壁畫殘跡，石槨刻石。	陝西省考古研究所，西安北郊北周安伽墓發掘簡報，考古與文物，2000，6期：28～35；陝西省考古研究所，西安發現的北周安伽墓，文物，2001，1：4～26。
王士良墓	紅、黑寬帶紋飾。	殘跡。	殘跡。	負安志，中國北周珍貴文物，陝西人民美術出版社，1993：109～131。
咸陽機場M14	紅色寬帶紋飾。	紅色寬帶紋飾。		負安志，中國北周珍貴文物，陝西人民美術出版社，1993。
匹婁歡墓			石棺線刻。	武伯綸，西安碑林述略——為碑林拓片在日本展出而作，文物，1965，9：12～21、圖版。

史君墓		石棺線刻。	西安市文物保護考古所，西安北周涼州薩保史君墓發掘簡報，文物，2005，3：4～33、圖版。
康業墓		石棺線刻。	西安市文物保護考古所，西安北周康業墓發掘簡報，文物，2005，3：14～35。

圖 2-2-12　北周李賢墓壁畫配置圖

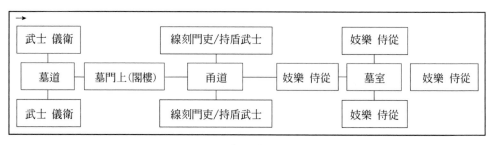

李杰繪

八、青齊地區墓室圖像配置

　　青齊地區是南北朝時期的青州、兗州、徐州等臨近地區的統稱。北魏統治期間山東地區相對安定。北魏分裂後，青齊地區為東魏、北齊所控制。十六國期，間由於遠離政治中心，致使地方豪強逐漸勢大，因此其文化相對獨立，具有較強的地域性特徵。青齊地區發現的魏晉南北朝壁畫墓相對較少，共為 5 座，其中北魏神龜二年（519 年）高道悅墓僅存殘跡，〔註65〕其他四座北齊墓分別為臨朐縣發現的天保二年（551 年）崔芬墓、〔註66〕濟南馬家莊發現的武平二年（571 年）祝阿令□道貴墓、〔註67〕臨淄發現的武平四年（573年）崔博墓、〔註68〕濟南八里窪發現的壁畫墓。〔註69〕崔博墓為圓形石室墓，

〔註65〕秦公，釋北魏高道悅墓誌，文物，1979，9；賴非，北魏高道悅墓地調查及其墓誌補釋，德州考古文集，百花文藝出版社，2000。

〔註66〕程士貴等，冶源北齊崔芬壁畫墓，山東省政協文史資料委員會，山東重大考古發掘紀實，齊魯書社，1998：272～274，Wu wWenqi, "Painted Murals of the Northern Qi Period." Orientations, vol. 29. no.6. June1998, pp.60～9。

〔註67〕濟南市博物館，濟南市馬家莊北齊墓，文物，1985，10：42～48、66。

〔註68〕淄博市博物館、臨淄區文管所，臨淄北朝崔氏墓地第二次清理簡報，考古，1985，3：217～221。

〔註69〕山東省文物考古研究所，濟南市東八里窪北朝壁畫墓，文物，1989，4：67～78。

其他均爲方形（或長方形）石室墓，壁畫主要繪於甬道和墓室。（表2-12）其中崔芬墓甬道兩壁線刻門吏，又以彩繪的仗劍持盾武士覆蓋，以樹木、山石、雲氣襯托。墓室北壁下龕兩側各繪兩扇屏風，西側兩屏風上繪高士圖，東側西端屏風亦繪高士，東端屏風繪有兩個舞蹈女子。小龕上部橫額繪一玄武，背後有一仗劍武士露出半身，兩側各繪一怪獸和樹木山石。墓頂北披繪怪獸、樹木、山石、流雲、星座等。西壁小龕兩側各繪兩扇屏風，南側南端屏風繪樹木怪石，北側南端屏風繪樹下鞍馬，北端屏風繪高士。小龕上部橫額繪墓主夫婦出行圖。西披繪一女子騎白虎，周圍繪怪獸、樹木、月亮、流雲、星座等。東壁繪 7 扇屏風，其中北端一扇上繪一人牽馬，南端兩扇上繪樹木怪石，其餘四扇均繪高士。東披繪一男子騎青龍，周圍繪人面、怪獸、樹木、月亮、流雲、星辰等。以上高士畫像共 7 幅，每幅繪一位長者，人物背後均有一至兩名侍女，另繪有樹木和怪石等。（圖 2-2-13）

表2-12：青齊地區墓室圖像配置表

墓葬	甬道墓門	墓　　　室	出　　　處
崔芬墓	甬道兩壁線刻門吏，又以彩繪的仗劍持盾武士覆蓋，以樹木、山石、雲氣襯托。	墓室北壁下龕兩側各繪兩扇屏風，西側兩屏風繪高士圖，東側西端屏風亦繪高士，東端屏風繪有兩個舞蹈女子。小龕上部橫額繪一玄武，背後有一仗劍武士露出半身，兩側各繪一怪獸和樹木山石。墓頂北披繪怪獸、樹木、山石、流雲、星座等。西壁小龕兩側各繪兩扇屏風，南側南端屏風繪樹木怪石，北側南端屏風繪樹下鞍馬，北端屏風繪高士。小龕上部橫額繪墓主夫婦出行圖。西披繪一女子騎白虎，周圍繪怪獸、樹木、月亮、流雲、星座等。東壁繪7扇屏風，繪牽馬、樹木怪石、、高士。東披繪一男子騎青龍，周圍繪人面、怪獸、樹木、月亮、流雲、星辰等。	程士貴等，冶源北齊崔芬壁畫墓，山東省政協文史資料委員會，山東重大考古發掘紀實，齊魯書社，1998：272～274。
□道貴墓	甬道門牆繪白虎。	北壁繪有9扇屏風，墓主，屬吏。南壁墓門兩側繪胡服門吏。東壁繪有人物鞍馬和胡人馬夫。西壁繪婦人車輿，墓頂部繪星象圖。	濟南市博物館，濟南市馬家莊北齊墓，文物，1985，10：42～48、66。

崔博墓	墓門兩側繪有佩劍武士。	殘跡。		淄博市博物館、臨淄區文管所,臨淄北朝崔氏墓地第二次清理簡報,考古,1985,3:217～221。
東八里窪墓	殘跡。	東、西、北壁均殘存二侍女,東北壁銜接處繪8扇屏風,繪有帷帳,中間四屏風繪赤足飲樂圖及侍童。		山東省文物考古研究所,濟南市東八里窪北朝壁畫墓,文物,1989,4:67～78。

圖 2-2-13　北齊崔芬墓壁畫配置圖

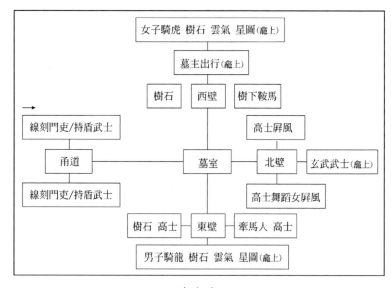

李杰繪

九、南方地區墓室圖像配置

　　南方地區的壁畫墓主要分佈於長江中下游、閩廣、川黔滇等地,在魏晉南北朝期間歷孫吳、蜀漢、西晉、東晉、宋、齊、梁、陳各朝。壁畫墓主要為磚室墓,少量石室墓、崖墓,壁畫以模印磚為主,彩繪壁畫較少。六朝故都南京是建安政治文化中心,絕大部分大型南方壁畫墓發現於此。其中比較重要的有 1957 年清理的南京萬壽村東晉永和四年(348 年)墓,〔註70〕1972年清理的鎮江畜牧場東晉隆安二年(398 年)墓,〔註71〕1960 年發掘的南京

〔註70〕南京市文物保管委員會,南京六朝墓清理簡報,考古,1959,5:231～236。
〔註71〕鎮江市博物館,鎮江東晉畫像磚墓,文物,1973,4:51～57。

西善橋宮山墓，〔註72〕1965 年發掘的江蘇丹陽鶴仙坳墓，〔註73〕1968 年發掘
的丹陽建山金家村墓，〔註74〕1968 年發掘的丹陽胡橋吳家村墓、〔註75〕1961
～1962 年發掘的南京西善橋油坊村墓，〔註76〕1976 年清理的江蘇常州戚家村
墓，〔註77〕1978 年清理的南京鐵心橋王家窪墓，〔註78〕1978 年清理的江蘇邢
江 1、2 號墓，〔註79〕1984 年清理的常州田舍村墓，〔註80〕1987 年清理的南京
油坊橋賈家凹墓〔註81〕及 1994 年清理的江蘇六合樊集墓〔註82〕等。南京地區
發現的壁畫墓等級較高專家多認為具有帝陵建制，墓室壁畫基本形成一套完
整的摹印磚配置：甬道兩壁繪獅子和守門武士，頂繪日月圖像。墓室東、西
壁分為上下兩部分，西壁上部為羽人戲虎、嵇康、王戎，下部繪騎馬武士、
持戟侍衛、持傘蓋侍從、馬隊出行。東壁上部繪榮啓期、向秀、羽人戲虎，
下部西壁相同。（圖 2-2-14）

圖 2-2-14　南京壁畫墓基本配置圖

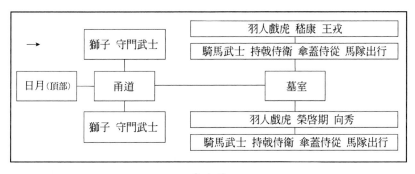

李杰繪

〔註72〕南京博物院等，南京西善橋南朝大墓及其磚刻壁畫，文物，1960，8、9 合刊：
　　　　37～42。
〔註73〕南京博物院，江蘇丹陽胡橋南朝大墓及磚刻壁畫，文物，1974，2：44～56。
〔註74〕南京博物院，江蘇丹陽胡橋、建山兩座南朝墓葬，文物，1980，3：21～17。
〔註75〕南京博物院，江蘇丹陽胡橋、建山兩座南朝墓葬，文物，1980，3：21～17。
〔註76〕羅宗真，南京西善橋油坊村南朝大墓的發掘，考古，1963，6：291、300、290。
〔註77〕常州市博物館，常州南郊戚家村畫像磚墓，文物，1979，3：2～41。
〔註78〕姚遷等，六朝藝術，文物出版社，1981：224～233、圖版。
〔註79〕揚州博物館，江蘇邢江發現兩座南朝畫像磚墓，考古，1984，3：243～248、263。
〔註80〕常州市博物館、武進縣博物館，江蘇常州南郊畫像、花紋磚墓，考古，1994，
　　　　12：1097～1103。
〔註81〕南京市博物館，南京油坊橋發現一座南朝畫像磚墓，考古，1990，10：898～902。
〔註82〕王志高等，六合縣樊集畫像磚墓，中國考古學會編，中國考古學年鑒 1995，
　　　　文物出版社，1997：142～143。

除南京外南方其他地區的壁畫墓較爲分散，分佈於浙江、福建、河南、湖北、雲南和四川等地。其中較爲典型的有：1958 年清理的河南鄧縣學莊墓，〔註83〕該墓爲彩繪壁畫和畫像磚並用的磚室墓。1984 年在湖北襄陽賈家沖發現一座畫像磚墓，〔註84〕1986 年在湖北武昌東湖三官殿清理一座梁代紀年墓，〔註85〕1975 年在福建閩侯南嶼發掘一座南齊晚期畫像磚墓，〔註86〕1988年清理的大邑縣董家村蜀漢墓，〔註87〕1963 年發掘的雲南昭通後海子東晉霍承嗣墓。〔註88〕

北魏之後，南方地區被認爲是「正朔所在」，其他地區的文化藝術多以建安文化爲潮流，從墓室壁畫來看，這種現象多有表現。洛陽北魏晚期葬具的畫像明顯帶有南方的印記，例如升仙畫像中的仙人御龍、御虎的表現題材，顯然與南京一域南朝墓葬中發現的仙人引導龍虎的題材有一定關係，自如中原、關中地區出現的類屏風式的構圖方法，也可能與南方的文化因素有關，而以大量的樹木裝飾畫面的構成方式似乎也與南朝的竹林七賢與榮啓期畫像有所聯繫。〔註89〕

第三節　唐代墓室圖像題材配置規制

一、墓室圖像配置

在當代美術史研究領域，關於唐代墓室壁畫的分期主要分爲兩部種，一種是以歷史分期和文獻爲主線的分期，大部分的中國美術史基本採用這種敘述方式。另一種，主要是以考古資料爲依據分期方法，其中又分爲考古界的分期和美術界分期兩種形式。考古界的分期主要是以墓葬形制和墓葬文化來進行分期，其中以 20 世紀 60 年代中期，中國科學院考古研究所就對西安地

〔註83〕河南省文化局文物工作隊，鄧縣彩色畫像磚墓，文物出版社，1958。

〔註84〕襄樊市文物管理處，襄陽賈家沖畫像磚墓，江漢考古，1986，1：16～33。

〔註85〕武漢市博物館，武昌東湖三官殿梁墓清理簡報，江漢考古，1991，2：23～28。

〔註86〕福建省博物館，福建閩侯南嶼南朝墓，考古，1980，1：59～65。

〔註87〕大邑縣文化局，大邑縣董場鄉三國畫像磚墓，四川省文物考古研究所，四川考古報告集，文物出版社，1998：382～397。

〔註88〕雲南省文物工作隊，雲南省昭通後海子東晉壁畫墓清理簡報，文物，1963，12：1～6，

〔註89〕鄭岩，魏晉南北朝壁畫墓研究，文物出版社，2002：106。

區的 175 座隋唐墓綜合研究後的分期最爲典型，其後宿白、齊東方等先生的
分期也只是採用同樣方法將其細分而得〔註 90〕。另外，楊泓先生在《美術考
古半世紀──中國美術考古發現史》中，將唐墓壁畫分爲五期，他認爲第一
期是繼承北朝隋代風格的時期；第二期始顯唐代特徵；第三期是唐代特徵的
形成期；第四期，仕女體態半胝，衣裙變得寬大；第五期壁畫墓中則流行屏
風式壁畫世俗情趣濃厚〔註 91〕。美術界的分期，大多以唐墓壁畫的風格演
變爲來進行分割，以小林市太郎在 1954 年的五期論爲代表，他根據風格的演
變將隋唐繪畫分爲五期：其一，隋代（581～618 年）；其二，初唐（618～711
年）；其三，盛唐（712～755 年）；其四，中唐（756～845 年）；其五，晚唐
（846～907 年）〔註 92〕。李國選先生以唐墓壁畫的整體藝術風格分期爲三期：
武德、貞觀至高宗時期，以承襲南北朝、隋代畫風爲主流；武周時代中晚期，
初唐壁畫樣式、畫風已經形成；唐中宗至玄宗開元、天寶年間．墓室壁畫藝
術風格呈現出「滿壁風動」絢麗多姿的「盛唐氣象」；安史之亂以後，壁畫整
體風貌中的盛唐餘韻未盡，但社會時尚和審美情趣已有所改變，市井氣和市
俗化藝術風格較爲明顯。〔註 93〕李星明先生以人物畫風格分期爲：高祖至高
宗時期（618～683 年）的南北朝風格的傳承與轉化；則天至睿宗時期（684
～712 年）的長安風格形成；玄宗時期（712～756 年）長安風格的鼎盛；肅
宗至唐末的風格延續。〔註 94〕認同此觀點的還有百橋明穗〔註 95〕等。另一種
觀點以巫鴻〔註 96〕和 Mary H・Fong〔註 97〕爲代表，將玄宗之前（618～712
年）均劃爲初唐時期〔註 98〕。石守謙先生則是以風格演變形式的連續性來對

〔註90〕 中國科學院考古研究所，西安郊區隋唐墓，科學出版社，1966。
〔註91〕 參見：楊泓，美術考古半世紀──中國美術考古發現史，文物出版社，1997。
〔註92〕 小林市太郎，隋唐の繪畫，世界美術全集（8），中國古代──隋唐卷，平凡
社，1954：45～58。
〔註93〕 李國選，論唐墓壁畫的藝術風格，陝西歷史博物館館刊，第六輯，陝西人民
教育出版社，1999：266～270。
〔註94〕 李星明，唐代墓室壁畫研究，陝西人民美術出版社，2005：230～312。
〔註95〕 參見：百橋明穗，隋唐陵墓壁畫，佛教美術史論，中央公論美術出版社，2000：
353～359。
〔註96〕 巫鴻，舊石器時代至唐代，中國繪畫三千年，中國外文出版社、耶魯大學出
版社，1997：59。
〔註97〕 Mary H. Fong, Tang Tomb Murals Reviewed in the Light of Tang Texts of
Painting, Artibus Asiae, VoL. XLV. P.35。
〔註98〕 楊效俊，從西安地區唐墓壁畫中的女性看初唐的繪畫風格，陝西歷史博物館
館刊，第十五輯，三秦出版社，2008：262。

唐代繪畫作以連貫式的分析〔註99〕。羅樾〔註100〕與方聞〔註101〕先生則是以繪畫風格中的轉變節點的特徵表現來進行時代分期描述。其他學者基本無出以上分期。

　　唐代較具規模的墓葬幾乎都集中在長安附近，因此不具有分區意義，按時序歸納大概可分為五個階段。〔註102〕按宿白先生的分期，第一階段為 631 年至 675 年；第二階段為 675 年至 706 年；第三階段為 706 年〔註103〕至 745 年；第四階段為 745 年至 787 年；第五階段為 787 年至 864 年。

　　第一階段貞觀四年（630 年）李壽墓的壁畫配置分為 6 個部分，墓道上部繪飛天引導圖和出行遊獵；過洞繪步兵衛隊；天井繪農牧、庖廚、步兵衛隊、屬吏和列戟七；墓門外甬道繪屬吏、內侍、女侍；墓門內甬道東側繪寺院，西側繪道觀；墓室西壁繪馬廄、倉廩，北壁繪屋宇和女樂；石槨師門外側線刻朱雀，石門內側線刻武士，石槨外壁線刻四神、仙人御龍鳳、步兵衛士和屬吏，內側線刻女樂舞、女侍及內侍。（圖 2-3-1）

圖 2-3-1　李壽墓壁畫配置圖

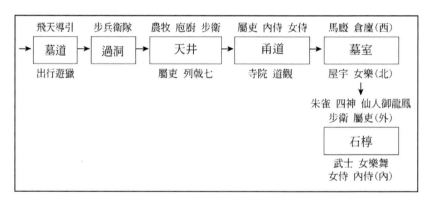

李杰繪

〔註99〕石守謙，風格與世變──中國繪畫十論，北京大學出版社，2008：18～50。

〔註100〕參見：羅樾，中國畫的階段與內容，中國繪畫國際學術討論會文集，臺北故宮博物院，1970，

〔註101〕〔美〕方聞，李維琨譯，心印──中國書畫風格與結構分析研究，陝西人民美術出版社：9～16。

〔註102〕本分期主要借鑒宿白先生的分期方式，宿白，西安地區唐墓壁畫的布局和內容，考古學報，1982，2：137～154。

〔註103〕宿白先生在設定分期是在 1982 年，例證僅為 24 座壁畫墓，他所定的第二期是由 729 年始，第四期由 781 年始。隨著考古發現的增加，已彌補了兩階段之間的時間斷層。

麟德元年（664年）鄭仁泰墓的壁畫分為4部分，墓道繪鞍馬、胡人、駝隊、牛車、女侍、步兵衛隊、屬吏、柱刀武士；過洞繪女侍；墓室內石槨線刻衛隊和內侍。

第二階段上元二年（675年）李鳳墓壁畫配置分為4部分，墓道繪步衛；過洞繪木結構屋宇、駝隊和胡人、步兵衛隊和屬吏；甬道繪木結構屋宇、捧物女侍、男侍；墓室繪木結構屋宇、人物，頂部繪天象圖。（圖2-3-2）

神龍二年（706年）李重潤墓壁畫配置分為6部分，墓道繪青龍、白虎、城闕、步兵儀衛、騎兵儀衛、官吏、鞍馬；過洞繪胡人訓豹、男侍牽犬、男侍駕鷹、女侍；天井繪影作木構、列戟十二、步衛、女侍和牛車；甬道繪女侍、影作木構；墓室繪影作木構、捧物女侍、捧樂器女侍、頂繪天象圖；石槨中間線刻對立盛裝貴族女性，其餘壁板繪女侍。

圖 2-3-2　李鳳墓壁畫配置圖

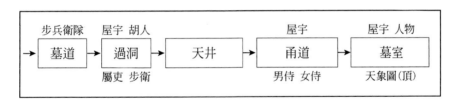

李杰繪

第三階段景龍二年（708年）韋洞墓的壁畫配置分為5個部分，墓道繪影作木構、朱雀、青龍、白虎；天井繪人物；甬道前部繪人物、花木，甬道後部繪雲鶴；墓室繪影作木構、雲鶴、人物（殘）、男侍、女侍；石槨外側東門繪對立持笏屬吏、每壁板繪單人物，石槨內壁每壁板線刻單人男女侍從。（圖2-3-3）

天寶四年（745年）蘇思勗墓的壁畫配置分為3個部分，甬道前部繪屬吏、女侍，甬道後部繪屬吏、二內侍抬箱行走；墓室南壁繪朱雀、東繪胡人樂舞、西繪人物屏風、北繪男女侍從和玄武、頂部繪天象圖；石門外側線刻持笏屬吏和柱刀胡衛。

圖 2-3-3　韋洞墓壁畫配置圖

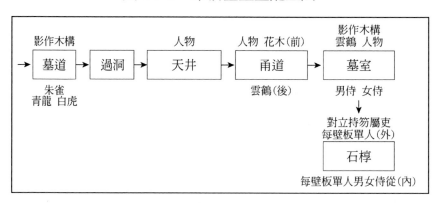

李杰繪。

第四階段天寶十五年（756 年）高元珪墓的壁畫配置分為 4 個部分，墓道繪青龍和白虎；天井繪騎兵衛士；甬道繪女侍；墓室東壁繪舞女、西壁繪花卉、北繪墓主像和侍女。（圖 2-3-4）

貞元三年（787 年）大長公主墓的壁畫配置分為 4 個部分，墓道繪青龍和白虎；過洞繪男侍；天井繪鞍馬、女侍；墓室南壁繪朱雀、東壁繪伎樂。

圖 2-3-4　高元珪墓壁畫配置圖

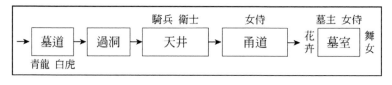

李杰繪。

第五階段墓室壁畫的配置較為簡單，大中元年（874 年）高克從墓的壁畫配置分為 2 部分，甬道繪女侍，墓室西壁殘繪兩隻鴿子。（圖 2-3-5）咸通五年（864 年）楊玄略墓盡在墓室西壁發現六扇雲鶴屏風。

圖 2-3-5　高克從墓壁畫配置圖

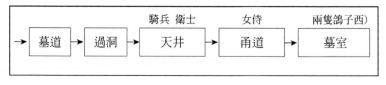

李杰繪

通過對長安地區唐代壁畫墓的考察，基本可以顯示出個階段的圖像配置特徵。第一階段大體延續魏晉南北朝的壁畫配置元素，如庖廚、農牧、倉廩等典型魏晉圖像類型。第二、三階段是形成唐代墓葬壁畫的配置關係的主要階段，各區域配置圖像較爲豐富，主要有男女侍從爲主體。第四和第五階段墓葬圖像趨於弱化，圖像主要集中在墓室，同時出現的屏風圖像是這一階段的代表性圖像。

在唐代墓室圖像中與其他時期不同的是，高級別墓葬中的石槨較爲完整並成序列。我們知道唐代寺觀壁畫、主流畫家及墓室壁畫，幾乎都集中在長安附近，因而，長安地區就成爲瞭解唐代繪畫風貌的突破口。再者，集中於關中地區的唐代墓室繪畫，也是至今發現的斷代明確、數量最大的實物。而在這些唐墓中級別最高的一部分墓葬，幾乎都有顯示高等級貴族身份的石槨，所以，石槨墓也就是顯示唐代貴族文化的典型代表。從地理分佈和消費主體來看，上述的所有組成要素，都直指於長安地區的貴族群體，而唐代石槨墓墓則是貴族墓中等級最高的一部分，由此也可確信，石槨線刻的創作者是當時具有較高水準的藝術家。在時序相對完整的初唐至盛唐 29 座石槨當中，以 19 座石槨作爲載體的人物線刻，代表了這一時期統治階層的審美取向，也可以說，唐代石槨人物線刻是這一百多年間唐代人物畫主流形式與風格變遷的代表性作品。因此，唐代石槨上的人物線刻圖像便具有了我們瞭解唐代人物畫風貌及其風格演變的標本作用，（表 2-13）這一是在本文風格研究部分中以唐代石槨圖像作爲主要參照的原因。

表 2-13：現已發現唐代石槨線刻配置表

墓主	發現地	發現時間	石槨形制	壁畫位置及內容	資料來源
李壽	陝西省三原縣陵前鄉焦村	1973，3～8	歇山頂石槨	1. 外壁圖像 外壁東面中間石門左右門扉各刻一朱雀和龍頭，門上刻龜獸。左右壁板下方各刻兩位持笏和持劍侍衛。左右兩間壁板上方各刻騎鳳飛昇和騎龍仙人。東面四立柱各刻一位持戟武士，石槨外西向與東向相同。石槨外南、北嚮壁板各刻三個持劍侍衛。 2. 內壁東向西間、北向、西向北間的伎樂圖像：（1）東向南間，線刻立樂伎 12 人。（2）北向內壁板線刻坐樂伎 12 人。（3）內壁西向北間，線刻舞伎六人。	陝西省博物館、文管會，唐李壽墓發掘簡報，文物，1974，9。

				3. 內壁西向中間、西向南間、南向的侍女圖像:(1)西向南間,線刻18位侍女,分三排、每排六人,服飾與坐、立姿樂伎相同。(2)南嚮壁板,線刻20位侍女,分三排,服飾與坐、立姿樂伎相同。(3)西向中間壁板,線刻18位盛裝侍女,分三排。(4)東向北間壁板,線刻21位男裝侍女,分三排排列。 4. 內壁東向中間壁板兩側立柱線刻天王兩尊。	
鄭仁泰	禮泉縣煙霞公社馬寨村西南約0.5公里處	1972	拱頂石槨	現可取樣的人物線刻爲兩幅。均爲持笏宦官,頭戴軟腳襆頭,身著圓領棉袍。	陝西省博物館、禮泉縣文教局唐墓發掘組,唐鄭仁泰墓發掘簡報,文物,1972,7。
韋珪	陝西禮泉縣煙霞鄉昭陵陪葬墓	1990,1～12	廡殿頂石槨	未有人物線刻	實地考察。
李福	陝西禮泉縣煙霞鄉昭陵陪葬墓		廡殿頂石槨		實地考察。
燕妃	陝西禮泉縣煙霞鄉昭陵陪葬墓	未發掘	石槨一具,形制不詳		筆者進入墓室探查。
大長公主	陝西省富平縣呂村鄉雙寶村獻陵陪葬墓	1975	石槨一具	沒有線刻	安崢地,唐房陵大長公主墓清理簡報,文博,1990,1。
李晦	陝西省高陵縣馬家灣鄉馬家灣村	1995,8～12	歇山頂石槨	外壁線刻22個人物(內壁不詳): 1. 壁板線刻 (1)東向南間壁板,線刻兩個宦官。(2)東向中間壁板,線刻兩個同向站立侍女。(3)東向北間壁板,線刻兩個同向站立侍女。(4)北向東間壁板,線刻一個侍女。(5)北向中間壁板,線刻一個侍女。(6)北向西間壁板,線刻一個侍女。(7)西向北間壁板,線刻侍女兩人。(8)西向中間壁板,線刻侍女兩人。(9)西向南間壁板,線刻侍女兩人。(10)南向西間壁板,線刻侍女一人。(11)南向東間壁板,線刻宦官一人。	陝西省考古研究所,陝西新出土唐墓壁畫,重慶出版社,1998:63～67。

				2. 立柱線刻 （1）北向東 2 立柱，線刻一個侍女，著裝與東向北間壁板相同。（2）北向西 2 立柱，線刻一個著袍服侍女，與西向中間壁板著袍服侍女相同。（3）西向北 2 立柱，線刻著裙裝侍女一人。（4）西向南 2 立柱，線刻著裙裝侍女一人。（5）南向東 2 立柱，線刻著裙裝侍女一人。	
契苾明	咸陽市渭城區藥王洞村	1992	廡殿頂石槨	線刻刻繪於立柱和壁板之上，完整立柱線刻上各刻有一侍女形象。 1. 東向北角柱刻線刻侍女一人。 2. 東壁北起第二立柱上線刻侍女一人。 3. 東壁北起第三立柱上線刻侍女一人。 4. 南壁東起第二立柱上線刻侍女一人。 5. 壁板上線刻侍女一人。	解登、馬先科，唐契苾明墓發掘記，文博，1998，5：11～15。
李重潤	陝西省乾縣乾陵鄉韓家堡村	1971，7～1972，1	廡殿頂石槨	1. 外壁圖像 （1）東向中間，爲石槨正面中間，線刻作相對站立狀的兩位侍女。（2）北向東間，線刻侍女兩人。（3）北向西間，線刻侍女兩人。（4）南向西間，線刻侍女兩人。（5）南向東間，線刻侍女兩人。 2. 內壁圖像 （1）東向南間，線刻侍女一人。（2）東向中間，線刻相視背向侍女二人。（3）東向北間，線刻侍女一人。（4）北向東間，線刻同向侍女二人。（5）北向西間，線刻侍女二人。（6）西向北間，線刻侍女一人。（7）西向南間，線刻侍女一人。（8）南向西間，線刻侍女二人。（9）南向東間，線刻侍女二人。	陝西省博物館、乾縣文教局唐墓發掘組，唐懿德太子墓發掘簡報，文物，1972，7。
李仙蕙與其夫武延基	陝西省乾縣乾陵鄉乾陵陪葬墓	1960，8～1962，4	廡殿頂石槨	1. 外壁圖像 （1）東向中間，線刻相對侍女二人。（2）北向東間，線刻侍女兩人。（3）北向西間，線刻侍女兩人。（4）南向西間，線刻侍女兩人。（5）南向東間，線刻侍女兩人。 2. 內壁圖像 （1）東向南間，線刻侍女一人。（2）東向中間，線刻相對而立侍女兩人。（3）東向北間，線刻侍女一人。（4）北向東間，線刻侍女一人。（5）北向西間，線刻侍女一人。（6）西向北間，線刻侍女一人。（7）西向中間，線刻正面侍女一人。（8）西向南間，線刻正面侍女一人。（9）南向西間，線刻正面侍女一人。（10）南向東間，線刻正面侍女一人。	陝西省文物管理委員會，唐永泰公主墓發掘簡報，文物，1964，1。

李賢與妃房氏	陝西省乾縣乾陵鄉楊家窪村	1971，7～1972，1	廡殿頂石槨	外壁東向中間，線刻宦官一人，侍女一人。 外壁南向西間，線刻侍女一人。 外壁南向東間，線刻侍女兩人。	陝西省博物館、乾縣文教局唐墓發掘組，唐章懷太子墓發掘簡報，文物，1972，7。
韋泂	長安縣韋曲鎮南里王村	1958	廡殿頂石槨	1. 外壁圖像 （1）線刻老年男侍一人。 （2）線刻一位中年男侍。 2. 內壁圖像 線刻侍女一位。 （1）線刻一位身著男裝的侍女形象。（3）線刻一位頭梳反綰髻侍女。（4）線刻一位頭梳反綰髻侍女。（5）線刻著圓領袍服侍女一人。	陝西省文物管理委員會，長安縣南里王村唐韋泂墓發掘記，文物，1959，8。
韋泂	長安縣韋曲鎮南里王村	1987	廡殿頂石槨	1. 外壁南向東間，線刻侍女兩人。 2. 外壁東向南間，線刻侍女一人。 3. 外壁東向北間，線刻侍女一人。 4. 外壁北向東間，線刻侍女一人。 5. 外壁北向中間，線刻侍女二人。 6. 外壁北向西間，線刻侍女一人。 7. 外壁西向北間，線刻侍女一人。 8. 外壁西向南間，線刻侍女一人。	負安志，陝西長安縣南里王村與咸陽飛機場出土大量隋唐珍貴文物，考古與文物，1993，6。
韋浩	長安縣韋曲鎮南里王村	1987	廡殿頂石槨		陝西省考古研究所，陝西新出土唐墓壁畫，重慶出版社，1998。
衛南縣主	長安縣韋曲鎮南里王村	1987	廡殿頂石槨		負安志，陝西長安縣南里王村與咸陽飛機場出土大量隋唐珍貴文物，考古與文物，1993，6。
韋泚	長安縣韋曲鎮南里王村	1987	廡殿頂石槨		負安志，陝西長安縣南里王村與咸陽飛機場出土大量隋唐珍貴文物，考古與文物，1993年，第6。

韋城縣主	長安縣韋曲鎮南里王村	1987	廡殿頂石槨		貟安志，陝西長安縣南里王村與咸陽飛機場出土大量隋唐珍貴文物，考古與文物，1993，6。
韋頊	長安縣韋曲鎮南里王村	1910	廡殿頂石槨	由於無法對應石槨分佈，現以王蒨女士在《西安碑林全集》和王子雲先生在1975年編輯的《中國古代石刻畫選集》為參考。 1. 線刻一位持鏡整妝侍女。 2. 線刻一胡裝侍女。 3. 線刻兩男侍。 4. 線刻主僕二人。 5. 線刻著胡服侍女一人。 6. 圖中侍女殘失上身。 7. 線刻著胡服侍女一人。 8. 線刻侍女兩人。 9. 線刻侍女一位。	貟安志，陝西長安縣南里王村與咸陽飛機場出土大量隋唐珍貴文物，考古與文物，1993，6。
韋氏無名墓	長安縣韋曲鎮南里王村			外壁：1. 南向西間壁板，滿飾線刻忍冬卷草；2. 南向中間壁板，線刻假門及線刻兩個相對而立天王像；3. 南向東間壁板，滿飾線刻忍冬卷草；4. 東向南間壁板，線刻侍女一人；5. 東向北間壁板，線刻侍女一人；6. 北向東間壁板，線刻侍女一人；7. 北向中間壁板，線刻侍女二人；8. 北向西間壁板，線刻侍女一人；9. 西向北間壁板，線刻侍女一人；10. 西向南間壁板，線刻侍女一人；11. 南向中間壁板，線刻兩個相對而立天王像。	現藏於長安博物館。
薛儆	山西運城市萬容縣黃甫村	1995	廡殿頂石槨	1. 外壁圖像 （1）東向中間，線刻對站侍女兩人。（2）北向東間，線刻正面立侍女一人。（3）西向北間，線刻正面立侍女一人。（4）西向中間，線刻正面立侍女一人。（5）南向西間，線刻正面立侍女一人。（6）南向東間，線刻正面立侍女一人。（7）北向西間，線刻正面立侍女一人。（8）西向南間，線刻正面站立侍女一人。 2. 內壁圖像 （1）西向中間，線刻持花側身侍女一名。（2）西向南間，線刻持花側身侍女	山西省考古研究所，唐代薛儆墓發掘報告，科學出版社，2000。

				一名。（3）南向東間，線刻持花側身侍女一名。（4）東向南間，線刻正面站立侍女一名。（5）北向西間，線刻正面站立侍女一名。（6）東向北間，線刻正面站立侍女一名。（7）東向中間，線刻正面站立侍女一名。（8）北向東間，線刻正面站立侍女一名。（9）西向北間，線刻正面站立侍女一名。（10）南向西間，線刻正面站立侍女一名。	
金鄉縣主	西安市東郊灞橋區灞橋鎮呂家堡村	1991	廡殿頂石槨	立柱及壁板已佚	西安市文物保護考古所、王自力、孫福喜，唐金鄉縣主墓，文物出版社，2002。
秦守一	西安市長安區國家民用航天產業基地	2009，9	廡殿頂石槨	石槨上有精美線刻，東壁中部開間線刻假門，門上刻有泡釘，周圍線刻花卉和蔓草，兩側開間中部線刻直櫺窗，周圍線刻花草，兩邊緣立柱上線刻頭戴樸頭、拱手而立的男侍，南側幫板外側及石槨內側均線刻體態豐腴的侍女。	實地考察，華商報，2009，9，28，A20版。
阿史那懷道十娃夫婦	咸陽市北部二道原，鐵二十局機關院內	1993	歇山頂石槨	石槨立柱線刻花鳥、蔓草忍冬、翼鳥、麒麟，鳳凰等圖案。石槨南嚮壁板為可開闔式石門，北向為線刻石門。其餘壁板線刻仕女、宦官。	實地考察，中國考古學年鑒，1994，文物出版社，1997：275。
楊會	陝西省靖邊縣紅墩界鄉楊家村東陳梁山	1991，6	歇山頂石槨	沒有線刻	郭延齡，靖邊出土唐楊會石棺和墓誌，考古與文物，1995年，4。
武惠妃	西安市長安區龐留村敬陵	2007	歇山頂石槨	1. 壁板外壁：共10塊。正背面各3塊，兩側各2塊。大門有門環兩個，門鼻上鎖，門扉緊閉。雙扉各刻六排團花式泡釘，每排10個，共60個。額枋裝飾三排橫向花帶，最上排隔成三部分，分別刻如意雲紋帶、盛開的牡丹、中間帶禽鳥的卷葉忍冬海石榴花；其下兩個門楣刻如意圖案，一隻展翅斜飛的鴻雁居間，再下刻一組卷葉忍冬海石榴花帶。 2. 壁板內壁：共刻屏風式線刻人物畫10幅，以寫實手法表現21位典型的盛唐仕女。	西安晚報，2010，6，18，六版。

楊思勗	西安市東郊等駕坡村	1958	廡殿頂石槨	外壁無人物線刻，內壁兩幅，分別刻於內壁東向兩次間，各刻一男侍者像，形象相同。	中國社會科學院考古研究所，唐長安城郊隋唐墓，文物出版社，1980 年。
李憲	蒲城縣三合鄉	2000	廡殿頂石槨	石槨人物線刻分佈於石槨內外壁板之上，壁板共十塊，線刻 15 個人物，其中內壁 11 人，外壁 4 人。 畫面長 1.5 米，寬 0.52 米，居中刻一男裝侍女。 畫面長 1.49 米，寬 0.51 米，鑿一男裝侍女。 畫面長 1.47 米，寬 0.81 米，刻女著男裝侍女一人。 畫面長 1.47 米，寬 0.87 米，居中鑿侍女一人。 畫面長 1.45 米，寬 0.8 米，居中刻侍女一人。 畫面長 1.45 米，寬 0.5 米，正中刻侍女一人，男裝打扮。 畫面長 1.45 米，寬 0.445 米，居中侍女一人。 畫面長 1.47 米，寬 0.73 米，刻男裝侍女一人。 畫面長 1.46 米，寬 0.96 米，刻兩侍女形象。 畫面長 1.47 米，寬 0.69 米，居中刻男裝侍女一人。 畫面長 1.48 米，寬 0.98 米，鑿刻對開大門一座。 畫面長 1.49 米，寬 0.54 米，刻面東侍立的男裝侍女一名。 畫面長 1.48 米，寬 0.51 米，鑿面東側立的男裝仕女一位。	陝西省考古研究所，唐李憲墓發掘簡報，科學出版社，2005。
賢妃王芳媚	蒲城縣西北儀龍村	1975，8	不詳	石槨現僅存 9 塊壁板，均爲侍女，其中著裙裝 11 人，著袍服 2 人。 1. 線刻一高一矮侍女兩人。2. 線刻侍女兩人。3. 線刻侍女兩人。4. 線刻侍女兩人。5. 線刻侍女一人。6. 圖中線刻侍女一人。7. 圖中線刻侍女一人。8. 線刻侍女一人。9. 線刻侍女一人。	實地考察。

| 武令璋 | 陝西省靖邊縣紅墩界鄉圪洞河村北山梁 | 2002 | 廡殿頂石槨 | 1. 壁板寬 57 釐米，內面陰線刻一拍板樂伎。
2. 壁板寬 57 釐米，內面陰線刻敲鈸樂伎一名。
3. 槨板寬 57 釐米，內面陰線刻一名吹笛樂伎。
4. 槨板寬 50 釐米，內面陰線刻胡人形象舞者一名。
5. 槨板寬 50 釐米，內面陰線刻舞者一名。
6. 槨板寬 57 釐米，內面刻一側身男裝侍女。
7. 槨板寬 57 釐米，內面刻琵琶樂伎一名。
8. 槨板寬 57 釐米，內面爲擊節歌伎一名。
9. 角柱寬 30、厚 27 釐米，榫頭高 12、寬 7～13 釐米。一面減地陰線刻侍女一名。
10. 角柱寬 30、厚 20 釐米，榫頭殘高 4 釐米。一面右下角殘缺，有減地陰線刻正面爲侍女圖案。
11. 壁板外壁，線刻侍者兩名。
12. 倚柱寬 29、厚 21.5 釐米，榫頭殘高 4、寬 11～14 釐米。減地陰線刻侍女一名。
13. 倚柱寬 29、厚 21.5 釐米，榫頭高 12、寬 6～13 釐米。正面爲減地陰線刻捧盒侍女一名。
14. 壁板外壁，刻相對侍者兩人。 | 王勇剛、白保榮、宿平，新發現的唐武令璋石槨和墓誌，考古與文物，2010，2：20～29。 |

二、唐代石槨配置情況

石槨是中國古代「視死如生」喪葬觀念的重要載體，處在墓葬核心位置，是仿照堂室而造。〔註104〕關於石槨的記載，較早見於《史記》：「蜚廉爲紂石北方，還，無所報，爲壇霍太山而報，得石棺。」〔註105〕《漢書》記劉向諫薄葬書云：「宋桓司馬爲石槨……石槨爲遊館，人膏爲燈燭。」〔註106〕另《通

〔註104〕孫機，中國聖火──中國古文物與東西文化交流中的若干問題，遼寧教育出版社，1996：198。
〔註105〕（西漢）司馬遷，史記，卷五，秦本記第五，北京出版社，2006。
〔註106〕施丁主編，漢書新注，卷三十六，楚元王傳第六，三秦出版社，1994。

典》記：「夫子居於宋。見桓司馬自爲石槨，三年而不成。夫子曰：『若是其
靡也，死不如速朽之愈也。』」〔註107〕《漢書》中載文帝建陵時，爲了堅固，
所以欲在陵中「以北山石爲槨」。〔註108〕漢之前的石槨極少發現，而在隋唐高
等級墓葬中則不斷發現。

石槨屬「東園密器」，〔註109〕西漢時僅限皇族使用，東漢時期，開始普
遍賜顯貴以「秘器」，〔註110〕魏晉時期，被賜「東園秘器」的功臣密戚，多達
60餘人。〔註111〕唐代自公元618年建國至907年滅亡，立國近三百年，形成
了一個龐大的皇戚、貴族群體，其中的極少數才可得到陪葬帝陵的殊榮，石
槨墓亦多爲帝陵陪葬墓。

1、唐代石槨的墓葬類型與基本形制

有關唐代墓葬類型的研究，在中國歷代墓葬類型學研究中相對比較完
善，特別是西安及周邊地區的唐墓由於數量多、等級高、分佈集中而基本形
成了較爲系統的墓葬類型序列。

唐代墓葬形制的分類，主要以墓葬的平面形狀、尺寸，墓內設施、施用
材料爲主要劃分依據。早在1966年中國科學院考古研究所就對西安地區的
175座隋唐墓做了綜合性研究，〔註112〕並將其劃分爲三期：一、隋文帝至
唐高宗（581～683年）；武則天至唐玄宗（684～755年）；唐肅宗至唐亡（756
～907年）。由於考古發掘的推進和研究方式的不同，上世紀80年代初，又
出現了四期及七期等不同分期。〔註113〕80年代中期之後，唐代墓葬形制研
究進入深入研究時期，孫秉根先生將西安地區有紀年的110座隋唐墓分型爲
土洞單室墓、土洞雙室墓、磚砌單室墓和磚砌雙室墓四類，並細分爲 2 型

〔註107〕〔唐〕杜佑，通典，卷八十五，凶禮七，喪葬之三。
〔註108〕漢書，張釋之傳，史記，卷一百一十七，張釋之傳。
〔註109〕後漢書，禮儀志載：東園匠、考工令奏東園秘器，表裏洞赤，文畫日、月、
　　　　鳥、龜、龍、虎、連璧、偃月，牙檜梓宮如故事。
〔註110〕漢書中記載賜東園密器者是：霍光、董賢、翟方進、孔霸；後漢書，中記載
　　　　的賜東園密器者有：和熹鄧皇后、孝崇賈皇后、蔡茂、馮勤、梁竦、梁商、
　　　　劉愷、胡廣、楊賜、蓋勳、王允、單超、戴憑、袁逢等。
〔註111〕韓國河，溫明、秘器與便房考，見：2002年中國秦漢史第九次年會暨國際學
　　　　術研討會論文，西安。
〔註112〕中國科學院考古研究所，西安郊區隋唐墓，科學出版社，1966。
〔註113〕中國科學院考古研究所，新中國考古發現和研究，北京：科學出版社，1984；
　　　　齊東方，隋唐考古，文物出版社，2009：77。

18式。〔註114〕90年代初，齊東方先生對西安及周邊地區的116座唐墓進行研究後將其形制劃分爲單室磚墓、雙室磚墓、單室方形土洞墓、單室長方形土洞墓4型，並將其發展演進分爲3個時期5個階段，著重對唐墓的等級制度及相關歷史問題進行了深入研究。〔註115〕90年代中期，宿白先生對西安地區唐墓進行綜合分析後，將墓型劃分爲單室弧方形磚墓、雙室弧方形磚墓（方形磚墓），單室方形土洞墓及單室長方形土洞墓4類，並在以上4型中還分出豎穴半洞墓、豎穴偏洞墓、後附棺室土洞墓等形制。〔註116〕本世紀初，李星明先生在《唐代墓室壁畫研究》中對83座壁畫墓進行研究後，將墓葬形制劃分爲天井洞室墓、洞室墓、豎穴墓3類，並細分爲17型19式。〔註117〕由於考古發現日多，形制變化複雜，冉萬里先生按照規模將唐墓形制籠統分爲豎穴土坑墓、磚室墓、土洞墓3類。〔註118〕

　　鑒於研究方向的差異，雖然以上研究者的分型分式有所區別，但並無根本的不同，至少能在年代的確定及發生、演變的規律性上達成共識。宏觀而言，高祖至玄宗之間唐代的墓葬等級較爲規範，安史之亂後，不再重視繁複的喪葬禮儀，之前建立的嚴格制度大都廢棄。而本文所研究的石槨墓則全部成於安史之亂之前的規範墓葬時期。

　　唐代實行的功臣密戚陪葬皇陵制度，始於高祖李淵獻陵，主要借鑒漢魏舊制。太宗昭陵伊始，陪葬墓分佈由建於帝陵東北向的舊制變爲分佈於主陵東南向，〔註119〕這種改變可能與九嵕山地形及唐長安城仿建有關。〔註120〕（圖2-3-6）

〔註114〕孫秉根，西安隋唐墓的形制，見：中國考古學研究——夏鼐先生考古50年紀年論文集（二），科學出版社，1986：151～1。0，

〔註115〕齊東方，試論西安地區唐代墓葬的等級制度，見：紀年北京大學考古專業三十週年論文集，文物出版社，1990：286～310。

〔註116〕宿白，西安地區的唐墓形制，文物，1995，12：41～50。

〔註117〕李星明，唐代墓室壁畫研究，陝西人民美術出版社，2005：94～108。

〔註118〕冉萬里，漢唐考古學講稿，三秦出版社，2008：247。

〔註119〕昭陵陪葬墓的地上形制大體分爲五種：（1）封土堆作圓錐形者爲大多數，燕妃等；（2）封土作覆斗形，前後各四個土闕者3例，即長樂公主墓、城陽公土墓、新城公主墓。前後各設有四個士闕；（3）象山形，李靖、李勣、李思摩、阿史那社爾和安元壽墓；（4）因山爲墓者，有魏徵墓、韋貴妃墓；（5）不封不樹者，有高士廉墓及山上的宮人墓，目前能確認的大約7至8例。

〔註120〕姜寶蓮，試論唐代帝陵的陪葬墓，考古與文物，1994，6。

圖 2-3-6　昭陵陪葬墓分佈圖

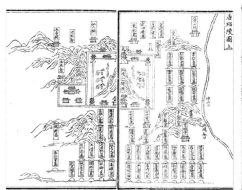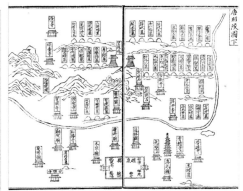

　　長孫皇后首葬昭陵三個月後，即貞觀十一年二月，太宗親製《九嵕山卜陵詔》曰：「自今以後，功臣密戚及德業佐時者，如有薨亡，宜賜塋地一所，給以秘器，使窀穸（墓穴）之時喪事無闕，所司依此營備」。此後太宗又許功臣密戚自請陪葬，並允許其子孫從祖、父陪葬。〔註121〕

　　唐帝陵的陪葬墓主要有三個高峰，一爲高祖（566 年～635 年在世，618 年～626 在位）獻陵陪葬墓群；二爲太宗（598 年～649 年）昭陵陪葬墓群；三爲武則天（624 年 2 月 17 日～705 年 12 月 16 日）乾陵陪葬墓群。

　　乾陵之後，唐帝陵陪葬制度由太宗的「君臣同體」，逐步改爲以宗親爲主的陪陵制度，數量急劇消減。（圖 2-3-7）據考察，高祖至玄宗之間唐代的墓葬等級較爲規範，安史之亂後，不再重視繁複的喪葬禮儀，之前所建立的嚴格制度大都廢棄。現已發現的唐代石槨墓全部成於安史之亂以前的規範時期，其中級別較高的大都出自唐帝陵陪葬墓，其他出自私家墓地的石槨墓也大多以帝陵陪葬墓形制爲標準。在此期間，大多流行整齊劃一的方形或長方形單室墓葬，而級別較高的雙室石槨墓，則多與墓主的特殊地位或政治鬥爭有關，〔註122〕如永泰公主墓、懿德太子墓、章懷太子墓及韋氏家族墓等。

　　石槨的結構源於早期木質棺槨和地面上的祠堂建築，已發現最早的房形石槨出現在東漢時期的四川地區。〔註123〕這種房形石槨形制，之所以能夠在中原地區廣泛使用，與早期道教（「五斗米道」或稱「天師道」）由四川向各

〔註121〕劉向陽，唐代帝王陵墓，三秦出版社，2006：59。
〔註122〕齊東方，略論西安地區唐代的雙室磚墓，考古，1990，9。
〔註123〕羅二虎，漢代畫像石棺研究，考古學報，2000，1：33。

地的傳播有關。〔註124〕從三世紀開始，活躍在巴蜀地區的天師道教徒，逐漸由四川遷徙至陝西、河南、山西等中原地區，〔註125〕並得到了北魏皇族的青睞。房形石室，也隨之進入，長安地區的殿堂式石棺槨，便是在此基礎上演化而成。

圖 2-3-7　唐代帝陵陪葬墓數量示意圖

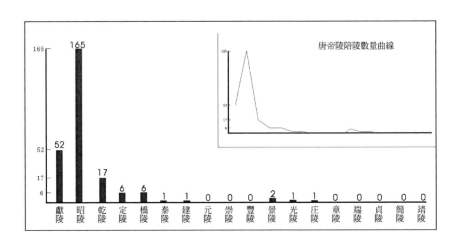

初唐皇室崇尚道教，高祖勅定，在重大禮慶時，以道教禮儀爲先，儒、釋次之，一改隋代「先佛後道」的傳統，確定了道教的主導地位。因而，由道教發端的石槨葬具爲貴族階層所推崇。

唐之前的石槨樣式不一，已發現魏晉至隋代的六具典型石槨，形制各不相同。宋紹祖墓石槨體量較大，爲前廊後室屋宇形式的三開間懸山頂式。〔註126〕（圖 2-3-12-2）智家堡石槨（四座）形制較爲簡單，無立柱、斗栱，均以石板拼成。〔註127〕（圖 2-3-12-1）寧懋石槨（石室）爲仿木結構，單簷懸山頂、進深二架椽、面闊三間的房屋，壁板每間刻人字拱二朵及簷柱。〔註128〕（圖 2-3-12-3）史君墓石槨爲歇山頂式殿堂建築，面闊五間，進深三間，上有斗栱，外四面均刻浮雕。虞弘墓石槨的材質爲漢白玉，仿木構三開間、單簷歇山頂

〔註124〕〔美〕巫鴻，禮儀中的美術（下冊），生活‧讀書‧新知三聯書店，2005：669。
〔註125〕〔美〕巫鴻，禮儀中的美術（下冊），生活‧讀書‧新知三聯書店，2005：699。
〔註126〕山西省考古研究所，大同市考古研究所，大同市北魏宋紹祖墓發掘簡報，文物，2001，7：19～39。
〔註127〕王銀田，劉俊喜，大同智家堡北魏墓室石槨壁畫，文物，2001，7：50。
〔註128〕郭建邦，北魏寧懋石室和墓誌，中原文物，1980，2。

式。由上部槨頂、中部槨壁、下部槨座和廊柱組成。〔註129〕（圖 2-3-12-4）
隋李靜訓墓石槨爲青石製成，槨由 17 塊石板拼成，爲懸山頂式，棺由 8 塊石
板雕成，爲歇山頂式，棺頂正脊加鴟尾及火珠。〔註130〕（圖 2-3-12-5）

　　現已發現的唐代 29 具石槨，集中在初唐至盛唐的 117 年間，時間序列較
爲完整，除 2 例外全部集中於關中地區。李壽墓、鄭仁泰墓、韋珪墓、燕妃
墓、大長公主墓、李晦墓、懿德太子墓，永泰公主墓、章懷太子墓、賢妃王
芳媚墓、李福墓均是唐帝陵陪葬墓，李憲墓係按帝陵形制建設。金鄉縣主墓
位於西安東郊；契苾明墓位於咸陽市渭城區藥王洞村；韋頊、韋詢、韋浩、
韋城縣主、衛南縣主墓均出自西安南郊南里王村韋氏墓地；武惠妃墓位於西
安市長安區龐留村；楊思勖墓位於西安市東郊等駕坡村；薛儆墓位於山西運
城市萬容縣黃甫村；楊會墓位於陝西省靖邊縣紅墩界鄉楊家村東陳梁山；秦
守一墓位於西安市長安區國家民用航天產業基地；阿史那懷道十娃夫婦墓位
於咸陽市北部二道原，鐵二十局機關院內；武令璋墓位於陝西省靖邊縣紅墩
界鄉圪洞河村北山梁上。（圖 2-3-8）

圖 2-3-8　唐代石槨墓分佈圖

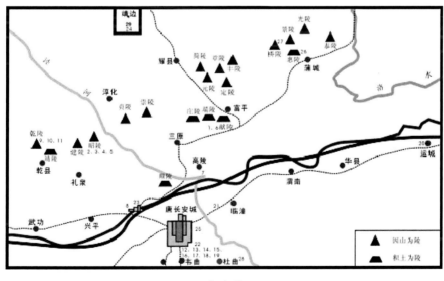

李杰繪

〔註129〕山西省考古研究所，太原市文物考古研究所，太原市晉源區文物旅遊局，太
　　　　原虞弘墓，文物出版社，2005：15～46。
〔註130〕中國社會科學院考古研究所，唐長安城郊隋唐墓，文物出版社，1980。

　　李壽墓石槨（631 年）爲歇山頂式，面寬三間，進深一間，當心間裝可開闔石門兩扇。〔註 131〕成於龍朔三年（664 年）的鄭仁泰墓石槨由 33 塊青、白石組成，槨壁由 8 根立柱和 8 塊石板嵌鑲而成，形制類似石棺。（圖 2-3-9）咸亨二年（671）燕妃墓，現未發掘，據考古調查者經盜洞考察，確認石槨一具，但由於墓室塌陷尚無法確認其形制。大長公主墓石槨爲小型歇山頂式，未有線刻。〔註 132〕李晦墓（689 年）石槨頂部有脊，仿木斗栱及叉手，結構完整，歇山頂式，現存於漢陽陵後院。萬歲通天元年（696 年）的契苾明墓石槨呈廡殿式，體量較大，但做工有急就、粗糙的表現。〔註 133〕同爲神龍二年（706 年）的懿德太子墓、永泰公主墓、章懷太子墓石槨形制相同、大小相同，爲廡殿式。（圖 2-3-10）時間跨度爲 708 年至 718 年的 8 具韋氏石槨，因出自同一家族，形制相同，爲廡殿式石槨，只是韋頊墓石槨已散矣。現存於碑林博物院的韋頊墓石槨其中一塊槨蓋，（圖 2-3-11）係利用隋開皇二十年（600 年）孟顯達碑，〔註 134〕石槨由 34 塊青石雕刻、組合而成，爲廡殿頂式。〔註 135〕成於開元十二年（724）的金鄉縣主墓石槨，爲青石質、廡殿頂式。〔註 136〕2009 年 9 月發現的秦守一墓（724 年）石槨爲廡殿式，長近 3 米，寬近 2 米，石槨頂呈四面坡形，面闊三間，進深兩間，共由四塊蓋板、十塊幫板、四塊底板、十塊立柱構成。〔註 137〕阿史那懷道十娃夫婦墓（727 年）石槨因被盜，僅存四塊壁板及立柱，形制爲單簷歇山頂式。〔註 138〕楊會墓石槨（736 年）外形似歇山頂式房屋，由 28 塊青石板組成，其中頂蓋 4 塊，立柱 10 根，壁板 10 塊，底座 4 塊。〔註 139〕武惠妃墓石槨是現已發現唐石槨中體量最大的一座，殘存賦彩。楊思勗墓石槨（740 年）形狀大體上與隋李靜訓墓的石棺相似，製作上卻比較簡單，由 18 塊石板和 8 根石柱構成，外觀是面闊三間的殿堂形式，槨蓋由 5 塊石板雕刻成廡殿頂。〔註 140〕李憲墓（742

〔註 131〕陝西省博物館，文管會，李壽墓發掘簡報，文物，1974，9：71～88。

〔註 132〕安峥地，房陵大長公主墓清理簡報，文博，1990，1：2～6。

〔註 133〕解登、馬先科，唐契苾明墓發掘記，文博，1998，5：11～15。

〔註 134〕孟顯達碑碑文記錄了孟顯達參與賀拔勝大破東魏侯景軍等事，並記，孟顯達死於北周武成元年（559 年）。

〔註 135〕山西省考古研究所，唐代薛儆墓發掘報告，科學出版社，2000。

〔註 136〕西安市文物保護考古所，王自力，孫福喜，唐金鄉縣主墓，文物出版社，2002。

〔註 137〕華商報，2009 年 9 月 28 日，A20 版。

〔註 138〕中國考古學年鑒，文物出版社，1997：275。

〔註 139〕郭延齡，靖邊出土唐楊會石棺和墓誌，考古與文物，1995，4。

〔註 140〕中國社會科學院考古研究所，唐長安城郊隋唐墓，文物出版社，1980：66～75。

年）是現已發掘的最高等級唐墓，石槨形制爲廡殿式建築，由頂蓋、周壁和槨座三部分組成，通高 2.25 米，長 3.96 米，寬 2.35 米（圖 7-6）。〔註 141〕王賢妃墓及石槨形制已不可考，只存石槨壁板 9 塊，現存於蒲城縣博物館碑林。武令璋墓石槨爲面闊三間、進深兩間的廡殿頂殿堂式結構，長約 270、寬 185、殘高 163 釐米。槨壁由 10 根槨柱和 10 塊槨板組成。〔註 142〕

圖 2-3-9　鄭仁泰墓石槨三視圖　　圖 2-3-10　懿德太子墓石槨平、
　　　　　　　　　　　　　　　　　　　　　　　　正面示意圖

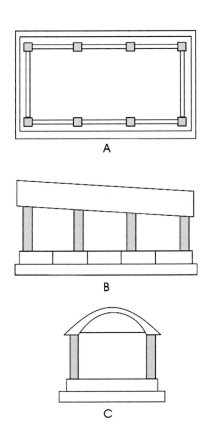

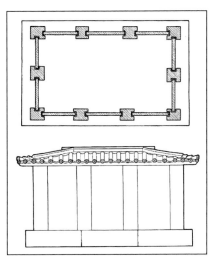

李杰繪。

昭陵博物館，李浪濤提供。

〔註 141〕陝西省考古研究所，唐李憲墓發掘報告，科學出版社，2005。

〔註 142〕王勇剛、白保榮、宿平，新發現的唐武令璋石槨和墓誌，考古與文物，2010，
　　　　2：20。

圖 2-3-11 　韋頊墓石槨槨頂（隋孟顯達碑）

現存於西安碑林博物院，李杰攝。

　　魏晉南北朝至隋代的石槨，由早期多樣式的懸山頂式逐步變化爲歇山頂
殿堂式形制。唐代石槨則基本定型爲廡殿頂式，少數爲歇山頂式。比之前朝，
唐代的石槨更加簡練、大方，之前石槨中的斗栱、叉手、前廊及鴟尾已去掉，
〔註 143〕形成了更加大氣的單沿頂式，石槨倚柱、壁板直接和頂板、單層底板
鉚合。石槨的整體性及完整性逐步確立，由簡單模擬地面建築逐步形成具有
獨立審美特性及實用價值的規範形制。（圖 2-3-12）

───────────

〔註 143〕在已知唐代石槨中，只有李晦墓石槨還保留著斗栱與叉手，但與前朝相比，
　　　　其斗栱、叉手結構簡練、大氣，斗栱的橫栱與縱栱幾乎貼爲平面，另外，
　　　　隋代石槨上多設的鴟尾（如隋李靜訓墓和隋虞弘墓石槨的頂部橫脊兩端所
　　　　設的鴟尾），但在唐代地上建築中廣泛使用鴟尾的前提下，卻無一例應用鴟
　　　　尾。

圖 2-3-12　早期多樣式懸山頂式逐步變化為歇山頂式，至唐代基本定型為廡殿頂式形制

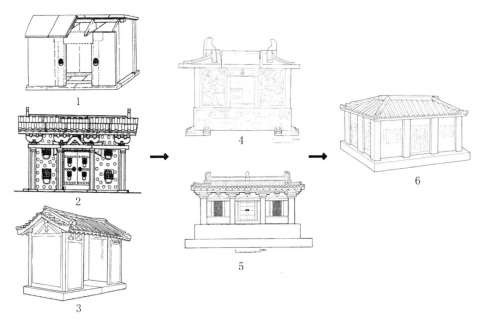

1、智家堡石槨復原圖；2、大同市北魏宋紹祖墓石槨線摹圖；3、寧懋石槨線摹圖；4、史君墓石槨線摹圖；5、李靜訓墓石棺透視圖；6、薛儆墓石槨復原圖。

2、李晦墓石槨的特例形制

　　石槨的結構是模仿木結構建築而成，現已發現的唐代石槨，形制比較統一，結構簡練大方，只有李晦墓石槨依然保留前朝的斗栱與叉手。但與之前相比，其叉手結構簡單平實，斗栱的橫栱與縱栱幾乎貼為平面。（圖2-3-13）

圖 2-3-13　李晦墓石槨斗栱及叉手

李杰攝。

　　唐代是木結構建築斗栱發展的重要階段，初唐時期，斗栱已向成熟狀態

過渡。在敦煌奠高窟第 321 窟（初唐）壁畫上，（圖 2-3-14）可以看到五鋪作的柱頭斗栱，〔註144〕這種做法與大雁塔門楣石刻的斗栱基本相同。進入盛唐，斗栱形制愈見豐富，結構機能發揮充分。敦煌莫高窟盛唐第 172 窟（盛唐）壁畫上的斗栱，（圖 2-3-15）其轉角鋪作已是出四跳的七鋪作斗栱，〔註145〕同時也有斜出的雙叉雙下昂，表明盛唐時期的斗栱形態已臻成熟。〔註146〕

圖 2-3-14　敦煌奠高窟第 321 窟　圖 2-3-15　敦煌奠高窟第 172 窟壁
　　　　　　壁畫局部　　　　　　　　　　　　　　畫局部

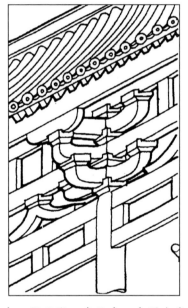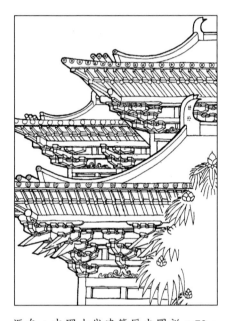

源自：侯幼彬，李婉貞，中國古代建　　源自：中國古代建築歷史圖說：73。
築歷史圖說，北京：中國建築工業出
版社，2002：73。

　　唐代斗栱多是兩重以上的疊栱形制，而李晦墓石槨的斗栱卻是單層式，顯然，李晦墓石槨是沿用了魏晉南北朝時期的形制構成。（圖 2-3-16）

〔註144〕其做法是：出兩跳，雙叉，第一跳偷心，第二跳跳頭施不帶散斗的令栱；正
　　　　心部位在櫨斗上用一栱一枋爲一組，共重疊兩組。
〔註145〕其做法是：正側兩面爲雙叉雙下昂，第一、二跳跳頭施重栱，第三跳跳頭爲
　　　　單栱，第四跳以令栱替木承槫。
〔註146〕侯幼彬，李婉貞，中國古代建築歷史圖說，中國建築工業出版社，2002：
　　　　73。

圖 2-3-16

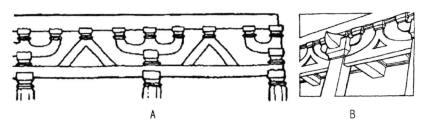

A、雲岡 21 窟塔柱斗栱；B、麥積山 5 窟斗栱，源自：中國古代建築歷史圖說：45。

以該石槨製作規程結合李晦墓石槨位置而斷，石槨正面應爲東向。〔註 147〕另外，由於該石槨的西面及北面頂部邊簷均未細刻，西、北兩面的倚柱及壁板上部未刻斗栱及叉手，由此可知，石槨的西、北兩面應是緊貼墓室的西北內壁。

唐代石槨的製作較爲規範，形制與線刻等級與墓主的身份相對應，但在李晦墓石槨的製作中卻發現了與墓主地位不相符的現象。根據出土墓誌和《新唐書》、《舊唐書》載：李晦，字慧炬，生於唐太宗貞觀元年（627 年），卒於武則天太昌元年（689 年），享年六十二歲。其父李孝恭爲唐太宗李世民之堂兄弟，係初唐開同元勳，凌煙閣二十四功臣之一。李晦身爲李唐皇室貴冑，歷任左千牛備身、朝散大大、行通事舍人、太子左衛率、東都留守、戶部尙書、右武威大將軍、燕然道大總管、赤水軍經略大使、安北道安撫大使、秋官尙書等要職。輔佐帝儲，參贊戎機，戍衛京畿，治軍撫民，以致高宗李治「一日不見，則滿座無歡。」

就李晦墓的墓葬形制而言，該墓爲初唐較大規模帝陵陪葬墓，其墓室也不同於其他陪葬墓的雙室形制，呈「品」字形三室分佈，可見其墓葬等級較高。然作爲墓葬中心的石槨理應在選材、刻製上具有嚴格的制度及程式。但通過現場考察卻發現，該石槨的刻繪排列與其他唐代石槨的順序不同，亦無規律可循。其與唐代其他石槨的不同主要有以下幾點：

（1）石槨的東 1 倚柱與南 a 壁板上的卷草花紋在刻製技法上明顯與其他倚柱和壁板不同。並且，南 a 壁板中部斷裂，用鐵卯嵌合。（圖 2-3-17）由這兩點來看，該倚柱和壁板與其他倚柱、壁板應不是同一石槨上的構件。

〔註 147〕陝西省考古研究院編著，壁上丹青——陝西省出土壁畫集（下），科學出版社，2009：224。

圖 2-3-17　李晦墓石槨南 a 壁板

李杰攝

（2）唐代石槨四面壁板的刻繪圖像有著嚴格的仿殿堂特性，正面正中壁板多為雙人對立的門吏，左右兩邊為櫺窗，其他各壁板多為侍女形象。李晦墓石槨正面正中壁板（東 b）則刻兩位侍女，正面左側壁板卻是刻門吏形象，無櫺窗。顯然違反了墓門兩側構成相同的規制。

（3）在唐代其他石槨中，壁板線刻均為規律性排布，但李晦墓石槨的西南嚮壁板（南 c）卻是素面。其也是已發現唐代石槨中唯一一個類似半成品的線刻組合。

（4）唐代其他石槨倚柱多刻花卉間飛鳥及靈獸圖案或素面。李晦墓石槨的倚柱卻是一部分刻花卉，一部分刻侍女，並且是無規律分佈。東向四柱均刻卷草花卉（東 1、東 2、東 3、東 4）；北向四柱的西 4、東 4 為粗素面；中間兩柱線刻侍女；西向四柱的中間兩柱線刻侍女，兩側西 4 為素面、南 4 為粗素面；南向的南 4、南 3 倚柱為素面，南 2 為侍女，東 1 為卷草花卉。

（5）門吏形象在其他唐代石槨中基本為同一壁板對立兩人，而在李晦墓石槨中卻出現在兩塊壁板之上（東 a、南 a），並且不是刻在石槨正面中心壁板之上。

（6）將李晦墓石槨與其他唐代石槨線刻相對比，李晦墓石槨是使用侍女樣稿最少、複刻最多的一例。（圖 2-3-18）

圖 2-3-18　李晦墓石槨倚柱、壁板平面圖

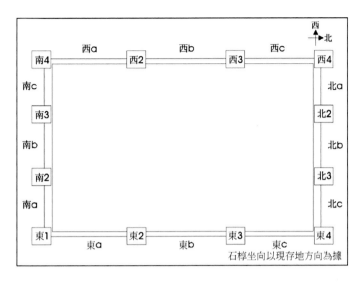

由以上幾點，明顯與文獻記載中李晦的身份不相匹配。基本可以斷定李晦墓石槨應是急就、拼合而成，並不是同一組刻工集中刻製。極有可能是由於時間或刻製價格較低，刻工將其他廢棄石槨的組件進行了拼合。有專家認為這種石構件拼湊是延續了漢代例制，東漢時期人們會利用之前的畫像石構件從新構築新的畫像石墓，已發現的漢代再葬畫像石墓多達 20 餘座。然而，據周保平研究，東漢再葬畫像石墓主要集中於魯南、南陽、徐州地區。〔註 148〕再則，自魏晉伊始，再葬墓並無一例，並且，李晦墓石槨的其中一塊卻是斷裂拼接而成，即便是韋頊墓石槨的複刻槨蓋也較完整。根據李晦的身份，顯然不是延續往例所能解釋的。

由於李晦的皇族身份和高宗的寵信，其墓的葬式及石槨的形制與體量，在唐代帝陵陪葬墓中可算是等級較高的一例。〔註 149〕但該石槨刻製的急就、倉促，與其身份和特殊葬式則形成了極大的反差。就現有資料而言，只有一種較為合理的解釋，即李晦墓的葬式是在其生前得勢之時就已基本成形，而李晦去世時武曌當權，由於武后的打壓李氏宗親政策，李晦後人已無往日的勢力與財力，在下葬時匆匆而就其石槨。因此才形成了石槨刻藝與其形制和

〔註 148〕周保平，徐州的幾座再葬漢畫像石墓研究──兼談漢畫像石墓中的再葬現象，文物，1996，7：70～74；錢國光、劉照建，再葬畫像石墓的發現與再研究，東南文化，2005，1：20～24。

〔註 149〕陝西省考古研究所，陝西新出土唐墓壁畫，重慶出版社，1998：63。

葬式不符的現象。而關於其石槨採用唐以前斗栱、叉手的形制，或可解釋爲李晦及其後人對當世不滿的一種發洩。

中部　圖像學研究

第三章　墓主與作者

第一節　壁畫墓的墓主類型

　　墓主是墓葬成立的主體，在傳統墓葬中，墓葬的規制、定例、規模等都是以墓主的身份和地位而確定。但是，由於魏晉南北朝時期中央集權的瓦解，地方氏族割據，民族勢力分立，致使社會體制急劇動盪，喪葬制度的等級、規制無法形成制度，墓主身份交錯不一，難以形成對等官級，例如，特別是所發現的魏晉南北朝墓的保存狀況較差，墓主的身份難以歸類研究。例如，1955 年在河南靈寶坡頭村發現一座磚砌大型多室墓，墓內題記爲：「部朗」、「世奇綏將軍」、「方玉珍筆陳留公」、「南部常〔尙〕書」、「北地」、「龍鳳建義將軍司口妻龐」等，〔註1〕查史籍中無「世奇綏」、「方玉珍」記載，特別是，題記的「龍鳳建義將軍」官職亦未見於文獻。因此魏晉南北朝墓室壁畫墓墓主只能以旁證推斷而定，即如，南京地區所發現的多座大型壁畫墓，通過綜合對比和文獻對應，學術界普遍認爲這些壁畫墓爲帝王陵墓。〔註2〕即便如此，大多壁畫墓的墓主依然無法得以確認。因此，想要在將墓主身份與墓葬形制的對比分析中，得出魏晉南北朝墓室壁畫的墓葬規制，顯然難以完成。是以，將政權統一的漢代壁畫墓和唐代壁畫墓墓主作以分類，或可基本定性魏晉南北朝壁畫墓的墓主類型。

〔註1〕俞建華，中國壁畫，中國古典藝術出版社，1958：77。
〔註2〕羅宗眞，六朝陵墓埋葬制度綜述，中國考古學會第一次年會論文集（1979），
　　　　文物出版社，1980：358～366。

一、漢代壁畫墓墓主分類

雖然現已發現關於漢代壁畫墓墓主的資料較少，但由於政權相對統一，制度相對規範，因此大致可以進行歸納定位。已發現的漢代壁畫墓大約 70 餘座，其中具有畫像石的壁畫墓中有關墓主的記載相對豐富一些，其他壁畫墓的只有少數題記注明墓主身份。以目前研究資料分析，漢代壁畫墓的墓主身份大概可分為 4 個類型：一為諸侯王；二為皇室成員或列侯；三為高級官員；四為低級官員或平民。

1、諸侯王

現已發現級別最高的壁畫墓共四座，其中明確斷定的只有東漢頃王劉崇墓。1988 年該墓發掘於河南淮陽北關。該墓斷代為東漢晚期，〔註3〕據《後漢書》載，這一時期的陳王或始封列侯只有頃王劉崇，劉崇為劉敬之子，永寧元年（120 年）繼封陳王，立無年薨。1933 年中央研究院歷史語言研究所考古組於山東滕縣發掘的一座漢代畫像石墓，〔註4〕被暫定為曹王之墓，但通過近年的研究，證據不足，該墓主是否為曹王並無定論。現發現年代最早、等級最高的河南永城芒碭山西漢梁國墓地沛園壁畫墓，自從發現伊始即被定為帝陵或諸侯王墓。〔註5〕將此墓與河南淮陽劉崇墓相比較發現，兩墓均是大型墓葬，劉崇墓為磚石混合畫像石墓，由墓道、墓門、甬道、左右耳室、前室、後室、迴廊等組成。東西長 28.3 米，南北寬 18.2 米。芒碭山西漢梁國墓地沛園壁畫墓為大型崖墓，由墓道、甬道、耳室（8 個）、墓室、巷道組成，東西長 95.7 米，南北寬 13.5 米。同時，兩墓均出土了與較高等級相匹配的隨葬品，其中芒碭山西漢梁國墓地沛園壁畫墓出土車馬器 15000 餘件和多件兵器、玉器等。而劉崇墓則出土有銀縷玉衣和大型石倉樓等。

從現有資料看，徐州獅子山漢墓有規模較大的陵園，獅子山漢墓陪葬墓的設置雖較分散，但具有較強的層次感，總的看來，徐州獅子山漢墓的墓外設施種類較多，內涵豐富，規劃有序，位置安排較為嚴格，使用時間較長，充分體現出楚王的權力和地位，而與帝陵相比較，很多方面又反映出「制同中央」的特徵。因此，大多學者認為獅子山漢墓的墓主為第二代劉姓楚王劉

〔註3〕 周口地區文物工作隊、淮陽縣博物館，河南淮陽北關一號漢墓發掘簡報，文物，1991，4：34～46。
〔註4〕 董作賓，山東滕縣曹王墓漢畫像石殘墓，（臺北）大陸雜誌（21 卷），12（1960）。
〔註5〕 凱聲，研究西漢王陵制度的寶貴資料——讀《芒碭山西漢梁王墓地》，中原文物，2002，2：88。

郢（客）或第三代楚王劉戊的可能性最大。〔註 6〕

2、皇族或列侯

現已基本確認的與皇族成員或列侯身份相當的壁畫墓約 10 餘座。1991
年 1 月上旬，在山東濟寧市區越河北路北側的普育小學院內發現的東漢畫像
石墓，發掘者認爲該墓墓主身份可能爲任城王配偶，極有可能是劉博或劉佗
之配偶，劉崇之遺霜也有死在桓靈時期的可能。〔註 7〕另有學者認爲，漢代
諸侯王夫婦墓應距離不遠，但該墓附近並無發現與之相當的墓葬，該墓並出
土銅縷玉衣，因此，墓主的身份應爲列侯。〔註 8〕

河北望都所藥村 1 號墓爲石結構壁畫墓，墓中出土朱書中有「當軒漢堂，
天下柱梁」等句，基本可證明墓主爲「浮陽侯」。望都 2 號墓亦爲石結構壁
畫墓，墓中殘存玉衣殘片，並出土買地券一張上注：「太原太守中山蒲陽縣
博成里劉公」。（圖 3-1-1）近年來多位學者對該墓墓主的身份進行了較爲深
入的研究，但尚無統一定論，代表性的意見有：何直剛認爲墓主爲浮陽侯劉
歆、〔註 9〕金維諾認爲是劉祐，〔註 10〕而安志敏和林樹中則認爲墓主爲東漢
宦官孫程。〔註 11〕

從山東梁山縣後銀山東漢壁畫墓中畫像題榜中可知，該墓墓主爲「曲城
侯」劉建。〔註 12〕出自曹操家族墓地的安徽亳縣董園村 1、2 號壁畫墓，不但
出土銀、銅縷玉衣且 1 號墓出土的墓磚上刻有「爲曹侯作壁」字樣，證明墓
主爲曹侯身份。〔註 13〕

江蘇徐州睢寧縣九女墩漢代畫像石墓出土銅縷玉衣殘片 200 枚，證明該
墓主爲東漢下邳列侯或皇室貴族。〔註 14〕

徐州市屯里拉犁山 1、2 號東漢畫像石墓爲一座複雜的大型墓葬，1 號

〔註 6〕劉尊志，試論徐州獅子山漢墓墓外設施與墓主問題，南方文物，2010，4：73
　　　～79。
〔註 7〕濟寧市博物館，山東濟寧發現一座東漢墓，考古，1994，2：127～134。
〔註 8〕楊愛國，幽明兩界——紀年漢畫像石研究，陝西人民美術出版社，2006：175。
〔註 9〕何直剛，望都漢墓年代及墓主人考訂，考古，1959，4：197～200。
〔註 10〕金維諾，關於望都漢墓的墓主，中國美術史論集，人民美術出版社，1981。
〔註 11〕安志敏，評望都漢墓壁畫，考古通訊，1957，2：104～107；林樹中，望都漢
　　　墓壁畫的年代，考古，1958，4：66～71。
〔註 12〕黃佩賢，漢代墓室壁畫研究，文物出版社，2008：142。
〔註 13〕黃佩賢，漢代墓室壁畫研究，文物出版社，2008：142。
〔註 14〕江蘇睢寧縣九女墩漢墓清理簡報，考古通訊，1955，2：31～33。

墓出土銅縷玉衣片 1 千餘枚，發掘報告認爲 1 號墓主爲列侯，2 號墓爲其配偶。〔註 15〕

圖 3-1-1 望都二號墓出土「買地券」

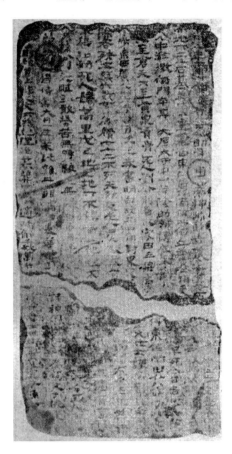

源自：何直剛，望都漢墓年代及墓主人考訂，考古，1959，4：199。

1986 年 5 月，江蘇徐州市銅山縣漢王鄉東沿村農民在村北山丘南側發現一座漢畫像石墓，這座畫像石墓已遭破壞，出土畫像石 10 塊。其中第 10 石刻有銘：「侯」字，應該是墓主人的封爵，根據刻銘紀年，可以大致推斷墓主人的身世爲楚王劉英後裔中的封侯者。〔註 16〕但有學者對該墓進行比對研究

〔註 15〕李銀德，徐州市屯里拉犁山東漢石室墓，中國考古學年報（1986），文物出版社，1988：123～124；李銀德，徐州漢畫像石墓墓主身份考，中原文物，1993，2：36～39。

〔註 16〕徐州博物館，徐州發現東漢元和三年畫像石，文物，1990，5：73。

時發現，構成墓葬的畫像石構件原是祠堂構件，建墓時用作墓室構件，因此認爲墓葬主人並非如發掘者所論。〔註17〕

3、高級官員

漢代高級官員的定性是由領奉兩千石以上的官員組成，漢隨秦制，漢代從一品的三公到五品的太守都是秩兩千石。《漢書百官公卿表》顏師古注曰：「漢制，三公號稱萬石，其俸月各三百五十斛：其稱中二千石者月各百八十斛；二千石者百二十斛；比二千石者百斛；千石者九十斛；比千石者八十斛；六百石者七十斛；比六百石者六十斛；四百石者五十斛；比四百石者四十五斛；三百石者四十斛；比三百石者三十七斛；二百石者三十斛；比二百石者二十七斛；一百石者十六斛。」（按：一斛即是一石）「石」數的多少不單是代表俸祿的數字，而是一種級別象徵。在漢代這個級別主要作爲官階等級單位而存在。

現已發現墓主爲高級官員的畫像石墓較多，壁畫墓相對較少。並且畫像石墓中多有題記，唐河漢鬱平大尹墓室一座磚、石混合墓，墓室用室154塊，其中35塊爲畫像石。〔註18〕「鬱平」爲現廣西桂林地區，「大尹」即太守。

山東諸城前涼臺漢畫像石墓爲一座磚、石合建墓，從題銘「密都鄉安持里孫琮字威石之郭藏」來看，該墓墓主爲漢陽太守孫琮。〔註19〕

河南南陽楊官寺漢畫像石墓是一座大型石砌墓，從墓葬形制和陪葬器物來看，該墓墓主爲東漢早期或東漢中期的高級官員，〔註20〕唐河縣電廠漢畫像石墓的發掘者則認爲楊官寺漢畫像石墓可能早於西漢晚期，〔註21〕而唐河針織廠漢畫像石墓的發掘者又認爲唐河針織廠漢畫像石墓爲東漢早期，但從畫像石的雕刻技法和內容看，它比楊官寺漢墓可能略晚一些。〔註22〕唐河縣電廠漢畫像石墓和唐河針織廠漢畫像石墓於楊官寺墓的形制體量基本相同，發掘者認爲墓主應爲高級官員。

〔註17〕楊愛國，幽明兩界——紀年漢畫像石研究，陝西人民美術出版社，2006：172。
〔註18〕南陽地區文物隊、南陽博物館，唐河漢鬱平大尹馮君孺人畫像石墓，考古學報，1980，2：239～262。
〔註19〕任日新，山東諸城漢墓畫像石，文物，1981，10：14～21。
〔註20〕河南省文化局文物工作隊，河南南陽楊官寺漢畫像石墓發掘報告，考古學報，1963，1：111～139。
〔註21〕「南陽漢畫像石」編委會，唐河縣電廠漢畫像石墓，中原文物，1982，1：11。
〔註22〕周到、李京華，唐河針織廠漢畫像石墓的發掘簡報，文物，1973，6：32。

　　成於永和八年的陝北綏德蘇家圪坨漢墓，其墓主爲「西河太守行長史事離石守長楊君孟元」。〔註23〕成於永和二年的陝北綏德黃家塔東漢畫像石墓的墓主身份爲「遼東太守」。〔註24〕

　　南樂宋耿洛一號漢墓出土的銅帶鉤上鑲嵌「正月丙午日君立公侯」，可知墓主人官位居公侯，墓葬的年代最早超不過東漢延熹三年。〔註25〕

　　沂南古畫像石墓所佔地表面積爲 88.20 平方公尺，全墓所用石材爲 280 塊。按現在的工作進度針算，也需要 4700 個工，〔註26〕因此推斷該墓主身份應爲高級官員。此外，安丘縣董家莊漢畫像石墓和山東嘉祥武氏 1、2 號畫像石墓的墓主的身份亦爲高級官員。〔註27〕

　　密縣打虎亭發現的兩座漢代壁畫墓均是磚石混合結構的大型夯墓，規模宏大，夯法複雜。發掘者認爲該墓墓主爲東漢晚期張伯雅及其親屬墓，〔註28〕另有學者認爲該墓規制遠遠超過列侯規格，〔註29〕還有學者認爲「大常侍」侯淵是打虎亭漢墓的主人。〔註30〕

　　從山西夏縣王村東漢壁畫墓的題榜可知，墓主的身份爲「安定太守裴將軍」。（圖 3-1-2）〔註31〕河南滎陽萇村漢代壁畫墓的發掘者認爲，該墓頂部的菱形和蓮花藻井等與河南密縣打虎亭二號漢墓的頂部圖案几乎完全相同，由此判定該墓時代大概在東漢晚期。同時，依據墓中的題榜「齊相」等，可知墓主爲較高級別的官員。〔註32〕

〔註23〕綏德縣博物館，陝北綏德漢畫像石墓，文物，1983，5：28～32。

〔註24〕戴應新、魏遂志，陝北綏德黃家塔東漢畫像石墓發掘簡報，考古與文物，1988，5、6合刊。

〔註25〕安陽地區文管會、南樂縣文化館，南樂宋耿洛一號漢墓發掘簡報，中原文物，1981，2：10。

〔註26〕孫作雲，漢代社會史料的寶庫——「沂南古畫像石墓發掘報告」介紹，史學月刊，1957，7：31。

〔註27〕安丘縣文化局、安丘縣博物館，安丘縣董家莊漢畫像石墓，濟南出版社，1992。

〔註28〕安金槐、王與剛，密縣打虎亭漢代畫像石墓和壁畫墓，文物，1972，10：49～55。

〔註29〕馬新宇，打虎亭漢墓墓主爲張伯雅夫婦說質疑，河南大學學報（社會科學版），2000，1：59～61。

〔註30〕李宗寅，打虎亭漢墓墓主人考，尋根，1998，1：32～36。

〔註31〕山西省考古研究所、運城地區文化局、復縣文化局博物館，山西夏縣王村東漢壁畫墓，文物，1994，8：34～46。

〔註32〕鄭州市文物考古研究所、滎陽市物保護管理所，河南滎陽萇村漢代壁畫墓調查，文物，1996，3：25。

圖 3-1-2 山西夏縣王村墓題榜摹本

源自：山西省考古研究所、運城地區文化局、復縣文化局博物館，山西
夏縣王村東漢壁畫墓，文物，1994，8：40。

　　根據陝西咸陽龔家灣一號墓的墓葬配置和規模，發掘者認為該墓墓主的
身份為侯或略低於侯的三公九卿。〔註33〕

4、低級官員或氏族平民

　　洛陽西漢卜千秋壁畫墓出土有銅製「卜千秋印」，因此墓主可能為縣級官
吏，同時由於此墓與燒溝61號漢墓和淺井頭壁畫墓的形制相同，因此判斷三
墓的墓主均為西漢中晚期的低級官吏。〔註34〕

　　根據西安交通大學西漢壁畫墓和西安理工大學 1 號壁畫墓的墓葬配置，
發掘者及研究者學者共識，認為兩墓墓主的身份為低等級官吏。〔註35〕

　　漢代人十分重視功名官級，這也是顯示身份的最主要特徵。通過大量已

〔註33〕孫德潤、賀雅宜，龔家灣一號墓葬清理簡報，考古與文物，1987，1：1～9。
〔註34〕洛陽博物館，洛陽西漢卜千秋壁畫墓發掘簡報，文物，1977，6：9～12。
〔註35〕黃佩賢，漢代墓室壁畫研究，文物出版社，2008：147。

發現的漢代壁畫墓對比可知，生前曾經爲官的墓主，死後大多會在墓中通過題記、墓誌、圖像中顯示功名。如對官階並無提及或在圖像中無顯示官吏巡遊的車馬出行圖（圖像中常出現的車馬圖形只是表白墓主的生活富足），即基本可斷定爲平民墓葬。據楊愛國在《幽明兩界──紀年漢畫像石研究》中的研究，漢代壁畫墓的墓主身份最多的即是無官職的富豪和平民。〔註36〕

四川樂山麻浩一號崖墓該墓無造墓人的文字題刻，畫像石刻中無車騎行列圖，難以判明墓主人的身份等級。結合「住宅」圖和大量的仿木結構建築畫像判斷，該墓墓主人身份可能是當地的地方豪右。〔註37〕

1957 年 2 月下旬，在天回山發現的三座大型崖墓，發掘者根據 3 號墓的 14 個棺槨配置認爲，該墓與史書上關於漢人「合葬」、「附葬」的記載不符，推測該墓爲「族葬」。〔註38〕

根據內蒙古自治區托克托縣漢墓左室後壁庖廚壁畫中的「閔氏婢」「閔氏灶」以及主室券門外兩側題記「閔氏從婢」、左室題記「閔氏一□」「閔氏□」「閔氏□一匹奴一人乘」〔註39〕等題記可知，該墓墓主應爲姓氏爲「閔」的富豪或地主。

山西平陸棗園村漢代壁畫墓的壁畫中無車馬出行圖，亦無題記，同時，出土陪葬物的級別也較低，〔註40〕墓主身份應爲平民。

安徽宿縣褚蘭發現的胡元壬漢畫像石墓是一個特例，在祠堂和墓室中刻畫了相當四百石縣令的車騎出行圖，但在墓碑中只記載了墓主姓名、籍貫，沒未提及做官享爵之事。〔註41〕這種相互矛盾的配置在漢代早、中期完全不可能出現，但放在東漢末期桓、靈之際的社會背景下就相對合理了。其時社會崇尚奢華，商人、地主等富豪幾乎可與貴族、官僚相提並論，〔註42〕東漢末年期間，這些有錢有勢的富豪已經不受禮制的約束，喪葬逾制，奢華過禮已無制度嘞絆。顯然，胡元壬的身份即是東漢末期的地方富豪。

〔註36〕楊愛國，幽明兩界──紀年漢畫像石研究，陝西人民美術出版社，2006：171～177。

〔註37〕樂山市文化局，四川樂山麻浩一號崖墓，考古，1990，2：111～115、122。

〔註38〕劉志遠，成都天迴山崖墓清理記，考古學報，1958，1：87～103。

〔註39〕羅福頤，內蒙古自治區托克托縣新發現的漢墓壁畫，文物參考資料，1956，9：45～48。

〔註40〕山西省文物管理委具會，山西平陸棗園村壁畫漢墓，考古，1959，9：462～463、468。

〔註41〕王步毅，安徽宿縣褚蘭漢畫像石墓，考古學報，1993，4：515～549。

〔註42〕潛夫論傳，浮侈篇；後漢書，仲長傳，損益篇。

二、唐代石槨墓的墓主

石槨的使用是古代帝王對皇族貴戚的特殊禮遇，也是爲鞏固政權而採取的政治手段，未得詔准所有人不得在墓葬中使用。現已發現唐代 29 具石槨的墓主身份大多是正二品以上高官或皇族，墓葬中基本都發現墓誌，因此唐代石槨墓墓主的身份均無疑議。

淮安王李壽係唐高祖李淵從弟，海州刺史李亮（李虎第八子）子。以「詔與贈司空」〔註43〕的身份下葬；鄭仁泰是李淵太原起兵和玄武門兵變的開國元勳，帝賜開國郡公「並立第一功臣」〔註44〕，「詔葬昭陵」；楊思勗雖爲宦官但官至從一品並深得玄宗恩信；契苾明爲唐代著名蕃將契苾何力之子，正二品，延載二年（六九五）正月一日，則天太后加尊號「慈氏越古金輪聖神皇帝」，赦天下，改元證聖，大獎功臣，契苾明應是在這種情況下得賜「東園密器」；李晦爲李氏宗親，並官至正二品，垂拱初，拜右金吾衛大將軍，並秋官尚書。永昌元年卒，則天皇帝贈幽州都督；韋洵、韋洞、衛南縣主、韋城縣主、具是韋后之兄妹，遷葬京邑時正值韋后當政，得以王禮詔葬並賜「東園秘器」；〔註45〕李福，貞觀十三年（639 年）受封，咸亨元年（670 年）去世，贈司空、并州都督，陪葬昭陵；房陵大長公主爲高祖第六女；韋珪、燕妃、武惠妃及賢妃王芳媚均爲皇妃；永泰公主、懿德太子、章懷太子都是與武則天不睦而致死的李唐宗室，中宗復位後改葬三墓乾陵，並賜懿德太子「號墓爲陵」；李憲，「讓皇帝」、睿宗長子，以帝陵建制。

以上諸人，或因其皇族身份或因其官至極品，在墓葬中使用石槨應在情理之中。然而，在金鄉縣主墓、薛儆墓、楊會墓、武令璋墓及秦守一墓中使用石槨是否「逾制」卻頗多爭議。

金鄉縣主係滕王第三女。滕王李元嬰爲高祖李淵最小的兒子，「貞觀十三年己亥丙申，封皇弟元嬰爲滕王」。〔註46〕但其在高宗時與將王愃、江王祥、虢王鳳以暴斂出名，其時傳言「寧向儋、崖、振、白，不事江、滕、蔣、虢」。〔註47〕滕王一生了無政績，屢遭貶斥，死後陪葬獻陵。金鄉縣主爲滕

〔註43〕舊唐書，卷五十八，列傳第八。
〔註44〕唐會要，卷四十五。
〔註45〕西安市文物保護考古所，王自力，孫福喜，唐金鄉縣主墓，北京：文物出版社，2002：102。
〔註46〕舊唐書，本紀第三，太宗下。
〔註47〕唐會要，卷五，諸王。

王之女，自然在其時並無特權可言，其夫於隱，官僅七品，更是微不足道。「從政治背景看，金鄉縣主無法和萬泉縣主相比，在身份地位上也無法和李鳳〔註48〕、李仁〔註49〕等親王相比，這幾位親王尚且不能用石槨，只用了石棺床，而金鄉縣主墓卻使用了石槨。」〔註50〕類似於金鄉縣主的薛徽，雖爲睿宗駙馬但地位並不高，政績平平，也使用了石槨葬具，而地位高於二者的萬泉縣主墓〔註51〕不但沒有使用石槨，甚至連石棺床或石棺都未使用。所以，發掘者認爲該墓當屬逾制。〔註52〕

如按上述分析，楊會墓、武令璋墓和秦守一墓則更有「逾制」嫌疑。楊會只是陝北靖邊的一個地方長官，官級不高，武令璋的官職也僅爲四品太守。唐開元、天寶年間經濟社會安定，封建統治穩固，官員喪葬中僭越的可能性很小。〔註53〕或是由於所葬之地偏遠，並屬多戰地區，所以有可能逾制。2009年9月在西安南郊發現的秦守一墓，亦是高級別的穹頂磚室墓，墓主秦守一的官職僅爲從三品司農卿，其葬地在長安近郊，墓中使用石槨葬具，頗令人費解。

唐代墓葬等級制度基本分爲三個階段：第一階段：高祖、太宗時期是新朝等級制度創建期；第二階段：高宗至玄宗時期是墓葬等級制度嚴格管理時期；第三階段：肅宗至唐末是等級逐漸削弱時期。〔註54〕第一階段喪葬制度尚不完善，例如，1978年，山東省嘉祥縣馬集公社出土的唐代貞觀十年（636年）石室墓。〔註55〕墓主爲漢王司馬徐師謩，身份不高，但卻使用了唐代「諸葬不得以石」的石室，至少說明唐代初期的喪葬制度並不嚴明。〔註56〕而唐

〔註48〕虢王李鳳（623～674年）唐高祖第十五子，出生時即封幽王，貞觀七年（633年）授鄧州刺史，貞觀十年（636年）封虢王，麟德初，授青州刺史，上元元年（674年）薨，時年五十二歲，贈司徒、揚州大都督，許陪葬獻陵，諡號莊。

〔註49〕「神堯皇帝之曾孫，高宗天皇之幼子」（李仁墓誌）。

〔註50〕西安市文物保護考古所，王自力，孫福喜，唐金鄉縣主墓，北京：文物出版社，2002：103。

〔註51〕萬泉縣主墓採用目前所知唐代最高級別的雙室磚墓，顯然是因爲太平公主「三子封王」，「關決大政」的地位以及韋后專權後勢傾朝野而受到的特殊待遇。

〔註52〕山西省考古研究所，唐代薛徽墓發掘報告，北京：科學出版社，2000。

〔註53〕王勇剛，白保榮，宿平，新發現的唐武令璋石槨和墓誌，考古與文物，2010，（2）：20～29。

〔註54〕參見：齊東方，試論西安地區唐墓的等級制度，中國考古學論文集，第一集，北京：文物出版社，1990。

〔註55〕李衛星，山東嘉祥發現唐徐師謩墓，考古，1989，第二期：91～92。

〔註56〕冉萬里，漢唐考古學講稿，陝西：三秦出版社，2008：249。

代的石槨墓大多出自第二階段的高宗至玄宗時期，金鄉縣主墓、薛儆墓、秦守一墓都屬這一時期，要想在這一階段的喪葬中逾制，幾乎不可能。特別是秦守一墓，所葬地點在長安城郊，與韋氏墓地同在一地，如秦守一墓爲逾制而建是不可能避人耳目的。秦守一其人在史料中介紹甚少，關於此人的身世及與皇族的關係還不能明確，但基本可斷定其墓中使用石槨並非逾制。

在開元年間的唐墓中，墓主身份高於金鄉縣主和薛儆的有多人，如越王李貞等，但墓中只使用了石棺床，而金鄉縣主和薛儆墓卻使用了石槨。從這兩人的身份來分析，可能由於他們與玄宗有著某些特殊的關係從而得到特賜。金鄉縣主是玄宗的祖父母輩，其輩分較高。在經過武氏改周和韋后亂政之後，李唐皇族受到極大損傷，玄宗掌權之後，爲了鞏固政權，就必須需得到更多皇室家族的支持，另外，墓葬等級往往也與安葬墓主的後人身份地位有關。從金鄉縣主的墓誌來看，撰誌者是其侄子兼女婿的武陽郡王李繼宗，李繼宗又名「堪」，則天時期亦是被除籍之列，玄宗時復繼武陽郡王（從一品），〔註57〕以其澧國公〔註58〕的身份在厚葬金鄉縣主時得到玄宗賜葬也是可能的，另外，玄宗希望得到更多的支持，對皇族顧老予以厚葬也在情理之中。事實上是否「逾制」是由統治階層來決定的，在得到朝廷特許而使用石槨既是「合法」的。

第二節　墓室壁畫的創作者

中古時期壁畫墓的形制及使用較爲規範，其中的墓壁壁畫、石刻「是依據典章制度，按照尊卑、品第等進行創作，從中也可反映出宮室貴戚的審美趣味和價值取向，以及創作者們對社會流行畫風及流派的承襲和摹擬。」〔註59〕並由於壁畫墓的級別較高，墓主的高貴身份，墓室壁畫的創作者理應爲其時的代表性藝術家。由此也可確信，時序相對完整的中古時期墓室壁畫，代表了各時期的審美取向。也可以說，中古時期墓室壁畫代表了這一時期繪畫的主流形式與風格變遷。

〔註57〕 689 年，武則天批准索元禮、來俊臣等人奏章，對李姓皇族大肆除籍，黜奪封爵。李祖叢被黜奪武陽郡王封爵，流放嶺南。李祖叢流放途中在福建南安病逝，玄宗時，其子李繼宗繼其爵位。
〔註58〕 舊唐書，卷八十六，列傳第三十六載：「武陽郡王繼宗堪爲澧國公。
〔註59〕 李國選，論唐墓壁畫的藝術風格，陝西歷史博物館館刊，第六輯，陝西人民教育出版社，1999：266。

中古時期墓室壁畫，無論是藝術性，還是在刻、繪技法上，均具有典型的時代特徵。以製作程式而言，其作者可分為三部分：一為樣稿創作者，二為壁畫畫匠和依據樣稿施工的勒石工匠。這兩類作者的藝術素養及技法水平，直接決定著作品的藝術品質。由於壁畫墓的高等級原因，決定了不論是樣稿作者還是勒石作者，他們的藝術水平必然是當時的最高水準。基於這個原因我們自然就需要瞭解這些藝術作品的作者是誰？他們屬於什麼級別的藝術家？以此為我們瞭解中古時期墓室壁畫的藝術面貌提供一個參考依據。

漢代皇室較為重視繪畫的宣教作用，畫匠的地位有所提高。魏晉南北朝時期繪畫有了明顯的分工，高等級與低等級畫匠已明確區分，史籍所載的「衣冠貴青」雅愛繪事的士大夫數十人之多。比較代表的是東晉散騎常侍顧愷之，顧愷之是以畫為長的官僚士大夫，而衛協、曹不興等人的出身官階尚無可考，他們有的服務於宮廷，有的是以特長而名世的畫工名手，顧愷之等的名士畫家與畫匠不但在師承上有著密切關聯，而且官署畫家也大多由民間畫師進階而來。

一、樣稿創作者

在墓室壁畫、畫像磚、石線刻的製作過程中，首先要以畫家專門繪製的樣稿作為坯本，因此，作為第一作者的樣稿畫家的水平是決定墓室壁畫藝術水準的主要因素。依據壁畫墓的高級別性質，能夠為壁畫墓繪製樣本的作者必然是高身份和高等級的畫家。而一般畫匠顯然不具備為高等級墓葬進行樣稿創作的身份與能力，即如蘇軾在《東坡題跋》中所說「觀士人畫如閱天下馬，取其意氣所到。乃若畫工，往往只取鞭策皮毛槽櫪芻秣，無一點俊發，看數尺便倦。」〔註60〕因此，當我們在探討魏晉南北朝墓室壁畫藝術風格的時候，便不能只局限於直接參與墓葬建設的畫工、刻匠的研究。

漢代從事繪畫的人員主要分為四種，其一為主要服務於皇家的皇家畫師；其二為貴族畫家；其三為領取俸祿的官署畫師；其四為民間畫匠。其中貴族畫家是時代風尚的引領，皇家畫師、官署畫師以及民間畫匠則是相互交織，他們的工作性質也是相互配合，高級畫師多有民間畫匠升遷而成。

古代高等級墓葬墓中的壁畫，是展體現墓主生前生活以及死後想象生活

〔註60〕蘇軾，孔凡禮點校，蘇軾文集，東坡題跋，又跋漢傑畫山，中華書局，1986：
2216。

的表現載體，是陵墓建設者最爲重視的一部分。那麼，什麼人才能爲皇家和高級貴族墓的墓室壁畫創作樣本呢？

樣本是古代畫工繪製壁畫的必備模板，《圖畫見聞志》記載：「治平乙巳歲雨患，大相國寺以卞河勢高，溝渠失治，寺庭四廊悉遭淊侵，圮塌殆盡。其牆壁皆高文進等畫。……今並存之，皆奇蹟也。其餘四面廊壁皆重修復，後集今時名手李元濟等，用內府所藏副本小樣重臨仿者，其間作用各有新意焉」。〔註61〕歷代推崇的張家樣（張僧繇）、吳家樣（吳道子）即是典型樣本。《歷代名畫記》所記：「楊（楊契丹）以簞蔽畫處，鄭（鄭法士）竊觀之，謂楊曰：『卿畫終不可學，何勞障蔽。』楊特拖以婚姻，有對門之好。又求畫本，楊引鄭至朝堂，指宮闕、衣冠、車馬曰：『此是吾畫本也。』」〔註62〕此見，不但民間畫匠、官署畫工要依靠樣本繪製壁畫，即便是技法高超的著名畫家在繪製壁畫是也要依賴樣本來作爲基本依據。沙武田、姜伯勤、〔註63〕胡素馨、〔註64〕楊泓、〔註65〕Sarah E. Fraser、〔註66〕Roderick Whitfield〔註67〕等人都對樣稿與壁畫之間的關係進行了對應研究，共同證明了樣稿是完成一幅壁畫的重要條件，並說明了畫稿樣本均是由具有較高藝術素養的高官畫家或皇家畫師所製。

由於中國古代「視死如生」的喪葬觀念，墓葬常被定義爲逝者生前所居的室舍，是死者日常生活的體現。魏晉南北朝墓室壁畫中的人物大多是以現實人物爲原型，例如，侍女、家奴等形象。將已發現的唐代墓室壁畫中的人物圖像進行平行比較時，雖然普遍存在程式化傾向，但仍然可以從人物的神情、動態、飾物上辨識出他們的官職、身份、年齡等現實屬性，也就是說，這些人物基本具備了中國早期寫眞繪畫的特徵。

皇家畫師是整個古代社會藝術創作的主體和領導者。皇家畫師是以其特

〔註61〕〔宋〕郭若虛，米田水譯注，圖畫見聞志，畫繼，湖南美術出版社，2000：242
〔註62〕歷代名畫記，卷八。
〔註63〕姜伯勤，論敦煌的「畫師」、「繪畫手」與「丹青上士」，敦煌藝術宗教與禮樂文明，中國社會科學出版社，1996：32～61。
〔註64〕胡素馨，敦煌的粉本和壁畫之間的關係，一九九四年敦煌學國際學術研討會論文，1994。
〔註65〕楊泓，柿莊金墓壁畫「搗練圖」，中國文物報，2001，11，22。
〔註66〕Sarah E, Fraser ",Regimes of Production: The Use of Pounces in Temple Construction" Orientations, November 1996.
〔註67〕Roderick whitfield, Dunhuang: Buddhist Art from the Silk Road, Tex-tile and Art Publications, Londen，1995, pp551.

殊才能隨侍皇家，官制待詔，秦漢即設。漢代徵士特別優異的待詔於金馬門北齊後主置文林館，引文學之士充之，稱爲待詔。〔註68〕唐代顏師古注引《漢書》應詔曰：「諸以材技徵召，未有正官，故曰待詔。」〔註69〕西漢時期武帝採用董仲舒建議，獨尊儒術，表章六藝，設太學，置博士。並招收畫匠隸屬於「黃門署」，以備奉詔作畫，即所謂「黃門畫者」。《漢書》霍光傳曰：「上使黃門畫者畫周公負成王朝諸侯圖以賜光」。顏師古注云：「黃門署職任親近，以供天子，百工在焉，故亦有畫工。」

漢代宮廷中編設有「黃門畫工」和「尚方畫工」的設置，是皇家專職畫工的工作地點，並有專門人員管理。他們的主要工作是依據帝王的指令繪畫，大量史籍中多有記錄「黃門畫工」或「尚方畫工」在廟堂宮室等地，奉召圖繪聖賢、孝子、烈士等先賢宗烈。

顯然，存形狀物，法其形貌，是皇家畫師的最基本技藝要求。張彥遠在《歷代名畫記》中即記錄了漢代宮廷畫家毛延壽等人的工作性質：「毛延壽、陳敞、劉白、龔寬、陽望、樊育並永光、建昭中畫手。『毛延壽畫人，老少美惡，皆得其眞。陳敞、劉白、龔寬並工牛馬，但人物不及延壽。陽望、樊育亦善畫，尤善布色。』諸人各有所長，但以『老少美惡皆得其眞』的毛延壽爲首。諸宮人皆賂畫工，獨王嬙不肯，遂不得見。後匈奴入朝求美人爲閼氏，上案圖以昭君行。既去，召見，貌爲後宮第一，帝悔之，而名籍已定，乃窮案其事，畫工毛延壽等，皆同日棄市。」可見，寫眞是專業畫家的必備技藝。

唐代沿承漢制，唐代人物繪畫亦大多以寫眞爲基礎，一般不會憑空臆造。畫家在作畫之前，爲了防止畫得不像而先畫寫生樣稿，樣稿完美後才會施於絹素〔註70〕。大中初（約847年），唐宣宗續圖功臣形象於凌煙閣，爲陸象先、張九齡、裴寂、李現、王矽、戴胄、馬周、崔玄煒、桓彥範、劉幽求、褚遂良、韓緩、郝處俊、婁師德、王及善、朱敬則、魏知古、劉文靜、張柬之、袁恕己、郭元振、張巡、許遠、盧弈、張溢、蕭復、房琯、袁履謙、李嗣業、南霽雲、蕭華、張鎬、李勉、柳渾、賈耽三十七人畫像。〔註71〕在此三十七

〔註68〕薛豔麗，中國古代畫工的「待詔」稱謂論略，藝術探索，2013，1：14。

〔註69〕韓剛，北宋翰林圖畫院制度淵源考論，湖北教育出版社，2007：33。

〔註70〕朝天詞十首寄上魏博田侍中：咸容難畫改頻頻，眉目分毫恐不眞；有詔別圖書閣上，先教粉本定風神，見：全唐詩，中華書局，1960，（4）：3424；張彥遠記錄繪製，麗正殿學士寫眞圖：初詔殷參支、季友、無泰等分貌之，粉本既成，遲回，未上絹，見：張彥遠，歷代名畫記，卷九。

〔註71〕〔宋〕歐陽修，宋祁撰，新唐書，卷191列傳第116忠義上，中華書局，1975：

人中並無十八學士之一的薛收，因爲，貞觀初（約627）召繪秦府十八學士：
「尋遺圖其狀貌」〔註72〕時薛收已卒，是以歎曰：「薛收遂成故人，恨不早圖
其像。」〔註73〕

　　《尚書右丞徐公寫眞圖贊》載唐寶應元年（761年）侍御史韓公爲前尚書
右丞徐公寫眞的過程：

　　　　侍御史韓公至清，以學藝書畫之美，聞於天下。辛丑歲三月，
　　以王事靡監，館於豫章，與前尚書右丞徐公同舍於慧命寺之淨室。
　　嘗以暇日，裂素灑翰，畫徐公之容，陳於公之座隅，而美目方口，
　　和氣秀骨，毫釐無差，若分形於鏡。入自外者，或欲擎踞曲拳，俯
　　僂拜謁，不知其畫也。〔註74〕

　　傳爲五代周文矩的《宮中圖》（圖3-2-1）中，所繪一位宮廷畫師右手執筆，
左手拿紙，全神貫注爲宮女畫像的場面，即是其時畫家對面寫生的眞實寫照。
此圖雖爲五代作品，但去唐不遠，當爲唐代餘緒之作。

圖 3-2-1　　（傳）周文矩，《宮樂圖》局部

絹本，佛羅倫斯貝倫森（Berenson）收藏，源自：〔美〕巫鴻，文丹譯，
黃小峰校，重屛──中國繪畫中的媒材與再現，世紀出版集團，上海人
民出版社，2009：66。

5512。
〔註72〕（後晉）劉昫等撰，舊唐書，卷72列傳第22褚亮，中華書局，1975：2582。
〔註73〕（後晉）劉昫等撰，舊唐書，卷73列傳第23薛收，中華書局，1975：2589。
〔註74〕〔清〕董浩等編，全唐文，卷三百八十九，獨孤及，中華書局，1983：3956。

　　如歷代宮廷生活一樣，唐代皇室雖屬於現實生活的一部分，但其範圍非常狹窄，與其他社會相對隔離，一般的畫師根本無法接觸，即便是高官貴族的私密生活，也不是普通畫家所能企及的。那麼，什麼級別的畫家才能爲皇家貴族「寫像」，我們或可在史籍中尋到一些蛛絲馬蹟。

　　玄宗時梅妃深受恩寵，召繪寫眞。〔註75〕731年帝召楊寧圖《梅妃畫眞》。〔註76〕開元二十一年（733），玄宗召爲方士張果寫眞，圖形集賢院。〔註77〕敬宗亦召待詔李士爲方士趙歸眞寫像。〔註78〕唐建中四年（783），回鶻使者獻貢，請求和親。德宗詔令咸安公主下嫁，並讓中偈者將公主畫像賜予可汗。〔註79〕

　　《歷代名畫記》載：

　　　　殷季友、許琨、同州僧法明，……常在内廷畫人物，海内知
　　名。……開元十一年，勅令寫貌麗正殿諸學士，欲畫像、書贊於含像
　　亭，以車駕東幸，遂停。初詔殷參支、季友、無泰等分貌之。〔註80〕

　　《唐朝名畫錄》載：

　　　　明皇開元（713～741年）中，（陳閎）召入供奉，每令寫御容，
　　冠絕當代。〔註81〕

　　以上記載中所涉及的畫家均是皇家畫師，職位爲「待詔」。太宗昭陵韋貴妃墓墓室壁畫中《韋貴妃圖》及《太宗圖》〔註82〕的樣稿作者，理應爲「待詔」。

　　待詔和黃門畫者的工作地點即在宮中，他們可以直接接觸皇家和貴族生活，中古時期墓室壁畫的繪製内容多有貴族生活場景，而與皇家貴族有著密

〔註75〕〔清〕陳邦彥撰，四庫文學總集選刊・歷代題畫詩類一，卷五十四，上海古籍出版社1993，1435冊：677。

〔註76〕〔清〕陳邦彥等撰，四庫文學總集選刊・歷代題畫詩類一，卷五十四，上海古籍出版社，1993，1435冊：677。

〔註77〕〔宋〕歐陽修，宋祁撰，新唐書，卷二百零四，列傳第一百二十九，中華書局，1975：5810。

〔註78〕（後晉）劉昫等撰，舊唐書，卷一百七十四，列傳第一百二十四，中華書局，1975：4518。

〔註79〕〔宋〕歐陽修，宋祁撰，新唐書，卷217上列傳第142上回鶻上，中華書局，1975：6123。

〔註80〕張彥遠，歷代名畫記，卷九。

〔註81〕〔唐〕朱景玄，唐朝名畫錄，唐妙品中。

〔註82〕昭陵博物館編，昭陵覽勝，陝西人民教育出版社，1999。

切聯繫的皇家畫師，瞭解貴族生活，顯然是壁畫樣本創作的最佳作者。

待詔制度在兩漢基本成形，由於魏晉南北朝時期戰亂頻仍政令無定，待詔的規模有所縮減，但這一時期的待詔與漢代不同的是，由於地方政府的地域和人文環境不同，待詔的制度和需求也較多樣化。

梁武帝在天監（502～519 年）初期設「學士省」於文德殿，《梁書》卷四十九，列傳第四十三，到沆傳載：

> 到沆……高祖初臨天下，收拔賢俊，甚愛其才。東宮建，以爲太子洗馬。時文德殿置學士省，召高才碩學者待詔其中。〔註83〕

《梁書》卷四十，列傳第三十四，許懋傳載：

> 天監初，吏部尚書范雲舉懋參詳五禮，除征西鄱陽王諮議，兼著作郎，待詔文德省。〔註84〕

《梁書》卷三十三，列傳第二十七，張率傳載：

> 天監初，臨川王已下並置友、學。以率爲鄱陽王友，遷司徒胐掾，直文德待詔省。敕使抄乙部書，又使撰婦人事二十餘條，勒成百卷。使工書人琅邪王深、吳郡范懷約、褚洵等繕寫，以給後宮。率又爲《待詔賦》奏之，甚見稱賞。手敕答曰：「省賦殊佳。相如工而不敏，枚皋速而不工，卿可謂兼二子於金馬〔註85〕矣。」〔註86〕

《梁書》卷三十三，列傳第二十七，王僧孺傳載：

> 天監初，除臨川王後軍記事參軍，待詔文德省。〔註87〕

這些待詔在進入「學士省」之前大多都有品級，進入待詔行列後，他們即有更多機會見到皇帝，並得到更多升遷的機會。

北齊武平三年（572 年）「祖珽奏立文林館，於是更召引文學士，謂之待詔文林館焉。」《北齊書》卷三十四，列傳第二十五，蕭放傳載：

> 蕭放，字希逸，隨父祗至鄴……武平中，待詔文林館。放性好文詠，頗善丹青，因此在宮中披覽書史及近世詩賦，監畫工作屏風等雜物見知，遂被眷待。累遷太子中庶子、散騎常侍。〔註88〕

〔註83〕〔唐〕姚思廉撰，中華書局校點本，梁書，中華書局，1973：686。
〔註84〕〔唐〕姚思廉撰，中華書局校點本，梁書，中華書局，1973：575。
〔註85〕此處「金馬」意爲漢代待詔處所之一的「金馬門」。
〔註86〕〔唐〕姚思廉撰，中華書局校點本，梁書，中華書局，1973：475。
〔註87〕〔唐〕姚思廉撰，中華書局校點本，梁書，中華書局，1973：470。
〔註88〕〔唐〕李百藥，中華書局校點本，北齊書，中華書局，1973：443～444。

　　北齊文林館的待詔雖多是經學大家，但不乏以「錄古名賢烈士及近代輕豔諸詩以充圖畫」的畫家，例如，蕭放、顏之推、祖珽等著名畫手。〔註89〕從「學士省」和「文林館」的組織機構來看，當於漢代「金馬門」的設置相同，本身沒有上下級建制和遷轉制度，甚至也沒用固定的工資額定。待詔顯然與正式編制的官員不同，形式鬆散靈活，隨「天子私人」而定。

　　唐代「待詔」隸屬於翰林院。玄宗即位之初於宮內設翰林院，稱參與軍國事務的近侍權臣爲「翰林供奉」，供御伎術人爲「翰林待詔」。「開元二十六年（738年），又改翰林供奉爲學士，別置學士院，專掌內命」，〔註90〕稱爲「翰林學士」。而翰林待詔、翰林供奉遂成爲供御伎術人的專稱，其日常行政管理由掌管宮禁事務的內侍省宦官主持。新、舊《唐書》中並未說明翰林院的歸屬，但就其運作方式及位於禁中而言，應爲皇室的直屬機構。

　　翰林院是奇才異能之士的「待詔」管理機構，並隨天子之需而定制，直接服務與皇家。沒有明確的處所，隨天子之動而移。《益州名畫錄》中「隨駕寫貌待詔」、「駕前翰林待詔」之語亦可說明。待詔的這些特點在劉昫撰《舊唐書》中翰林院一節中有著較詳盡的記述。〔註91〕

　　由於「待詔」並非正官，既有平民爲之，亦有高官兼職。事實上只要皇帝賞識，無論出身貴賤都可成爲翰林待詔。畫史中關於晚唐以前的「待詔」記述很少，史載玄宗朝召入的僅有吳道子、陳閎和韓幹〔註92〕三人。

　　據《唐六典》載，除翰林院之外另有集賢殿書院設寫眞官和畫眞官〔註93〕，並有「畫直」之職，〔註94〕楊升、張萱既是該院畫直。〔註95〕另據《歷代名畫記》載，朱抱一，任直亮，李果奴亦爲畫直。〔註96〕依據集賢殿書院處所

〔註89〕〔唐〕李百藥，中華書局校點本，北齊書，中華書局，1973：603～604。
〔註90〕新唐書，百官志。
〔註91〕（後晉）劉昫撰，舊唐書，卷四十三，志第二十三，職官志。
〔註92〕唐朝名畫記載：陳閎會稽人，善寫眞及人物、士女，本道薦之於上國，開元中召人供奉。每令寫御容，冠絕當代，韓幹京兆人，善寫貌人物，天寶中召人供奉，。
〔註93〕舊五代史，唐書，閔帝紀載：「集賢院上言：『准敕書修創凌煙閣，尋奉詔問閣高下等級。……舊日主掌官吏及畫像工人，並已淪喪。集賢院所管寫眞官、畫眞官人數不少，都洛後廢職』」。
〔註94〕唐六典，卷九，中書省集賢院史館甌使。
〔註95〕新唐書，志第五十九，藝文三。
〔註96〕歷代名畫記，卷九，唐朝上載：「朱抱一，開元二十二年直集賢，善寫貌。任直亮，開元中直集賢，時有畫直邵齋欽，書手吉曠，皆解畫。李果奴，筆跡

位於禁中和隨帝而動的特性而看，〔註97〕畫直的工作應與待詔相當。此外，能與宮廷接觸的繪畫部門還有門下省的史官畫直〔註98〕和掖庭局的宮教博士（內教博士），〔註99〕其地位應與集賢殿畫直相似。

「待詔」和「畫直」的工作地點均在宮中，職責為奉召作畫，所以，他們可直接接觸到皇家生活。〔註100〕

唐代主要壁畫墓均是高等級墓葬，除皇室外墓主基本為三品以上高官，身份雖次於皇族，但與皇家成員的品級相當。而皇家畫師除奉召外並沒有固定的工作內容，（附表 2-4）例如，吳道子在「奉召」之外，亦為多所寺院繪製壁畫，另而石榻為帝王所賜。以此推斷，皇家畫師參與皇家之外的墓葬樣本繪製應在情理之中。

在待詔之外還有一些高官畫家，既可以接觸到皇家生活，本身也是貴族生活的直接體驗者，因此，他們也有可能參與墓室壁畫樣本的繪製。

由於歷史文獻的缺乏，在現有資料中只記錄了高官畫家閻立本參與了陵墓樣本的繪製。作為唐代最為代表性的昭陵記功碑刻——昭陵六駿，從建陵伊始便受到太宗的重視，不但親自撰文還特命歐陽詢手書，對於如此高的規格，六駿的樣本必然會與之配合。名膺初唐畫壇之冠的「畫聖」閻立本，也就成為最佳人選。宋代游師雄作昭陵碑文亦言「六駿」為閻立本所繪，朱景玄在《唐代名畫錄》中也證明閻立本曾畫過太宗坐騎。〔註101〕

調潤，天寶中寫貌人物及僧佛為妙，元和初有李士昉，即果奴之孫，筆跡及其祖，寫貌極妙。在翰林集賢院。」

〔註97〕唐六典載：「集賢殿書院，開元十三年所置……開元五年，於乾元殿東廊下寫四部書……六年，駕幸東京；七年，於麗正殿安置……十二年，駕幸東都，於命婦院安置，十三年……改名集賢殿修書所為集賢殿書院」，唐六典，卷九，中書省集賢院史館匭使。

〔註98〕新唐書百官志載：唐於禁中設史館掌修國史，貞觀三年（629年）置，隸門下省；開元二十年（732年）徙中書省，史館設修撰 4 人，直館若干，《歷代名畫記》載：「楊寧……開元十一年（723年）為史館畫直，」新唐書、藝文志載：「楊昇……張萱……並開元（史）館畫直」，。

〔註99〕新唐書百官志，掖庭局載：「宮教博士二人，從九品下。掌教習宮人書、算、眾藝。初，內文學館隸中書省，以儒學者一人為學士，掌教宮人，武后如意元年（692年），改曰『習藝館』，又改曰『翰林內教坊』，尋復舊，有內教博士十八人，經學五人，史、子、集綴文三人，楷書二人，莊老、太一、篆書、律令、吟詠、飛白書、算、棋各一人，開元末，館廢，以內教博士以下隸內侍省，中官為之，」吳道子即曾任此職。

〔註100〕韓剛，北宋翰林圖畫院制度淵源考論，湖北：湖北教育出版社，2007：71。

〔註101〕朱景玄云：「太宗壯之，使其弟立本圖其狀，鞍馬、僕從皆若真，觀者莫不驚

　　傳爲閻立本所作的《步輦圖》可謂這一時期的代表性作品，雖然此作品或爲後代畫家的摹品，但應是依據唐人原畫而臨摹，圖中人物形象爲唐人無疑。大多研究者均將《步輦圖》中位於祿東贊後面持笏曲腰的人物身份設定爲筆吏或朝廷翻譯人員，但如將此人物形象與永泰公主墓石門線刻（圖3-2-2）的宦官形象對比，就會發現兩者極爲相似，其更像是一個宦官（圖3-2-3）。

圖 3-2-2　　永泰公主墓石門線刻

　　源自：陝西省文物管理委員會，唐永泰公主墓發掘簡報，文物，1964，（1）。

歎其神妙，」唐代名錄，閻立德。

圖 3-2-3　傳閻立本，《步輦圖》局部

　　永泰公主墓石槨線刻的風格與初唐閻立本畫風頗爲相近，況且永泰公主
墓是國家的重大工程，閻立本這樣的畫家既熟悉皇家生活，又具有高超的繪
畫技藝，他們所繪製的人物形象必爲皇家所欣賞，雖然永泰公主墓是在閻立
本去世數年後而建，但就其高超的藝術造詣而言，該墓線刻樣本的繪製者應
是像閻立本這樣的皇家畫師。

二、畫　匠

　　在有關唐代各部職能的史料中，〔註102〕參與陵墓建設主要是工部之下的
少府監和匠作監兩部門。兩監的畫匠由民間畫工和領奉的職業畫匠組成，《漢

〔註102〕舊唐書、新唐書、唐六典、宋書等。

書》百官公卿表上載：

> 少府，秦官，掌山海地澤之稅，以給共養，有六丞。屬官有尚
> 書、符節、太醫、太官、湯官、導官、樂府、若盧、考工室……又
> 上林中十池監，又中書謁者、黃門、鉤盾、尚方、御府、永巷、內
> 者、宦者八官令丞。諸僕射、署長、中黃門皆屬焉。

《新唐書》載：

> 武德初，改令曰大匠。龍朔二年，改匠作監曰繕工監，大匠曰
> 大監，少匠曰少監。咸亨元年，繕工監曰營繕監。天寶十一載，改
> 大匠曰大監，少匠曰少監。有府十四人，史二十八人，計史三人，
> 亭長四人，掌固六人，短蕃匠一萬二千七百四十四人，明資匠二百
> 六十人。〔註103〕

　　匠作監民間雇工中的短蕃匠和明資匠中的一部分為畫工，從漢代至隋唐
高等級陵墓的大量壁畫，可看出畫工的數量應不在少數。短蕃匠和明資匠的
區別是，短蕃匠是無薪工匠〔註104〕，明資匠則是官府出資雇傭的技藝高超工
匠，另外，明資匠亦是具有品級升遷的公職匠工。

　　由於少府監與匠作監的畫匠地位卑微，史料中並無記錄，有學者認為，
唐代懿德太子墓頂部兩側發現的題記為畫工之名，（圖3-2-4）但從題記位置
〔註105〕及名字後綴的「願得常供養」來看，提名之人似非畫匠，可能是墓
主生前下屬或僕從，〔註106〕因參與墓葬建設為表忠心而題記。位於駱駝城
墓群內的前秦建元十四年（366年）紀年磚壁畫墓中發現了一塊描述畫工繪
製墓室壁畫的情境，一位名叫「安錯」的民間畫工，從早晨進入墓葬開始工
作，至晚上才完成整座墓室的壁畫磚繪製。〔註107〕（圖3-2-5）

〔註103〕新唐書，卷四十八，第三十八，百官志，將作。
〔註104〕「短蕃」是低級工匠級別的泛指，均是無償勞工，沒有工錢，這些匠人由各
　　　　地徵集來派往各部的定額工匠，以務工的形式替代納稅，「內中尚巧匠，無作
　　　　則納資」，並且，不得從事其他行業，「一入工匠後，不得別入諸色」，所以，
　　　　這些工匠的最好出路便是升至為正式的領奉匠工。
〔註105〕題記離壁畫較遠。
〔註106〕羅寧，冷靜的目光──唐墓壁畫出自何人之手，陝西人民美術出版社，2005：
　　　　47。
〔註107〕馮麗娟，高臺魏晉墓壁畫形式與風格的研究，西北師範大學美術學院碩士論
　　　　文，2009：17。

圖 3-2-4　懿德太子墓墓頂題記

源自：羅寧，冷靜的目光──唐墓壁畫出自何人之手，陝西人民美術出
版社，2005：56。

圖 3-2-5　前秦建元十四年（366 年）紀年墓磚

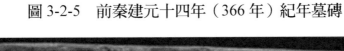

源自：馮麗娟，高臺魏晉墓壁畫形式與風格的研究，西北師範大學美術
學院碩士論文，2009：42。

魏晉南北朝壁畫墓中所描繪的人物，大多是貴族生活場景。鑒於兩監畫

匠的身份、地位，他們是無法接觸這類題材的原形，也就無法進行樣稿創作。
因此他們是依據樣稿在墓室牆壁進行上放樣繪製，或是將樣本進行石面拓印
或放樣的簡單勞動。

三、勒石將作

關於魏晉南北朝和唐代墓室線刻的研究，人們關心的多是其藝術品質或歷
史、社會價值，而對勒石作者的研究較少，從史料中亦無法直接獲知這些刻工
的姓名、文化層次及具體身份等信息。漢代實行「物勒工名」制度〔註108〕，
刻工記錄較多〔註109〕，其後，此制度未得延續，刻工署名寥寥無幾，魏晉
之後的勒石作者幾乎無從查考。因此，只能根據其群體特性及相關的管理機
構，來推測這些刻工的技藝等級和在所屬機構的相應身份。

中國在漢代已建立起龐大的官府手工業系統，至唐代更甚，政府設立了
不同層次的政府機構直接經營、管理門類眾多的手工業生產，其典型的建置
體系在《漢書》、《唐六典》等典籍多有所反映。

漢代中央政府專管官府手工業的最高政務部門是少府和將作監，少府，
秦漢相沿，為九卿之一，掌山海地澤收入和皇家手工業製造。將作監，掌管
宮室修建，秦代稱將作少府。西漢景帝中六年（前144年），改稱將作，掌管
宮室、宗廟、陵寢等土木營造工程。東漢、魏、晉沿置。南朝梁改稱大匠卿，
北齊改稱將作寺大匠，隋唐稱將作大匠。《漢書》百官公卿表上載：

> 將作少府，秦官，掌治宮室，有兩丞、左右中侯。

唐代主管手工業為尚書省工部，《大唐六典》載：

〔註108〕《禮記》月令曰：「物勒工名，以考其誠，功有不當，必行其罪，以窮其情，
疏：每物之上，刻勒所造丁匠之名於後，以考其誠，信與不，若其用材精美
而器不堅同，則功有不當，必行其罪罰，以窮其詐偽之情，」十三經注疏，
禮記，月令第六，上海：古籍出版社，1997：1352。

〔註109〕漢代對於刻工的記述有：1、漢安帝元初四年（117年）刻工朱高刻《祀三公
山碑》，植帝建和元年（147年）夏匠衛改刻《武梁碑》，靈帝熹平四年（公
元175年）刻工陳興刻名書家蔡邕所書《石經·論語》，三國時吳末帝天璽元
年（公元276年）刻工殷政、何敕同刻《禪國山碑》等。「書之妙，又賴刻之
精，」為了不使優美的書法失真，有些石碑，還由書者手自勒石。如：三國
時魏大書法家鍾繇於魏文帝黃初二年（公元222年）刻《受禪表》，見：朱太
岩，漫談刻工，古籍整理研究學刊，1988，（2）：61，2、在武梁祠的碑銘中
也提及到該石刻工「衛改」、「孟卯」兄弟，使之名與武梁祠中的畫像石並存
於世。

　　工部尚書一人，正三品；侍郎一人，正四品下。工部尚書、侍
郎之職，掌天下百工、屯田、山澤之政令。其屬有四：一曰工部、
二曰屯田、三曰虞部、四曰水部。尚書、侍郎，總其職務而奉行其
制命。凡中外百司之事，由於所屬，咸質正焉。〔註110〕

其中工部司設：

　　郎中一人，從五品上；員外郎一人，從六品上。郎中、員外郎，
掌經營興造之眾務，凡城池之修葺、土木之繕葺、工匠之程序，咸
經度之……凡興建修築材木工匠，則下少府（監）、將作（監），以
供其事。〔註111〕

　　尚書省工部負責官府手工業的宏觀管理，制定相關政令，並下達具體的
興作營造計劃，責令少府監、將作監具體實施。

　　將作監是「掌供邦國修建土木工匠之改令，總四署、三監、百工之官屬」
〔註112〕的工程總負責，也是皇家建陵的總指揮。屬下甄官署則是製作陪葬器
物的具體實施單位：

　　甄官署：令一人，從八品下；（《周禮》摶埴之工二，謂陶與也。
後漢將作大匠屬官有前、後、中甄官令。丞。晉少府領甄官署，掌
磚瓦之任。宋、齊有東、西陶官瓦署督、令各一人。北齊太府寺統
甄官署，甄官又別領石窟丞。後周有陶工中士一人，掌為樽、彝、
簋等器。隋太府寺統甄官署令、丞二人，皇朝改屬將作。）丞二人，
正九品下；（後漢前、後、中三甄官各丞一人，晉有甄官丞，後周有
陶工下士一人。隋甄官丞二人，皇朝因之。）監作四人，從九品下。
甄官令掌供琢石、陶土之事；丞為之貳。凡石作之類，有石磬、石
人、石獸、石柱、碑碣、碾磑，出有方土，用有物宜。凡磚瓦之作，
瓶缶之器，大小高下，各有程準。凡喪葬則供其明器之屬，（別敕葬
者供，餘並私備。）三品以上九十事，五品以上六十事，九品已上
四十事。〔註113〕

　　甄官署的主要職責之一是召集各地工匠，具體實施「石作之類」及「喪
葬則供其明器」，並區分類別、劃分細則、管理實施。按四時分長功、中功、

〔註110〕〔唐〕張說，張九齡，李林甫，大唐六典，三秦出版社，1991：156。
〔註111〕〔唐〕張說，張九齡，李林甫，大唐六典，三秦出版社，1991：164。
〔註112〕〔唐〕李林甫，唐六典，卷二十三，將作都水監，將作監。
〔註113〕〔唐〕李林甫，唐六典，卷二十三，將作都水監，甄官署。

－155－

短功，其分工形式並非是指某個具體工程長短，而是按一年中的做工時段來劃分，也就是說按時段來發工資（長功：四月、五月、六月、七月；中功：二月、三月、八月、九月；短功：十月、十一月、十二月、正月），〔註114〕由錄事（從九品）分項計算〔註115〕。

甄官署的工匠應是長期供職的領奉匠工，領奉匠工亦名「巧兒」，「巧兒」是匠人中技藝優異者，《大唐六典》載：

> （少府監）掌百工技巧之政……短蕃匠五千二十九人，綾綿坊巧兒三百六十五人，內作使綾匠八十三人，掖庭綾匠百五十人，內作巧兒四十二人，配京都諸司諸使雜匠百二十五人。

「巧兒」並不限於織錦匠人，雕刻及畫工的技長者亦為「巧兒」。《歷代名畫記》記兩京寺觀壁畫之敬愛寺：載「巧兒張壽、宋朝塑」。日本河世寧輯《全唐詩逸》卷下錄有張文成《遊仙窟詩》，其中《贈十娘》詠十娘儀容之美云：「……婀娜腰支細細許，賺眜眼子長長馨。巧兒舊來攜未得，畫匠迎生摹不成」。《遊仙窟》通篇多唐時口語，以1952年古典文學出版社本《全唐詩》〔註116〕校之，則「攜未得」之「攜」應作「鐫」，於是始知此巧兒為雕塑家。〔註117〕「巧兒」多是「短藩」因技巧優秀而晉升為官府的領奉匠工。官府作場由於製品的儀軌、尺度等方面的特定規格要求，必須有深諳其中理數、通曉法度規範的工師，對百工進行教導指示，「巧兒」亦負責指導工作。

領奉匠工在同行中的地位較高，並多以此職為榮。唐《升仙太子碑》的刻者韓神感即署「營繕監」，初唐石刻匠人楊惠慶自署「永樂縣營繕監長上」。〔註118〕「長上」即長上匠，州屬雇工。〔註119〕另有，田文遠在神龍二年（706年）刻《浮圖內造像》，自署「造像博士」，〔註120〕從其署名分析可能屬於將作監。〔註121〕

高級石刻匠工應遠多於史籍所記，從宋代李誡《營造法式》中的記功（李

〔註114〕〔唐〕李林甫，唐六典，卷二十三，將作都水監，錄事。
〔註115〕〔唐〕李林甫，唐六典，卷二十三，將作都水監，錄事。
〔註116〕1952年古典文學出版社本《全唐詩》主要依據的是日本元祿三年（1690年）刻本。
〔註117〕黃苗子，藝林一枝，三聯書店，2003：300。
〔註118〕曾毅公，石刻考工錄，書目文獻出版社，1987：6。
〔註119〕新唐書，卷四十八，百官志三，將作監下。
〔註120〕曾毅公，石刻考工錄，書目文獻出版社，1987：7。
〔註121〕程章燦，石刻刻工研究，上海古籍出版社，2008：88。

誠的記功方式是以「唐六典」中甄官署的記功爲標準）來看〔註122〕，一座
龜座碑的用工就達 622 功（一人一天爲一功）。從各地大量發現的魏晉南北
朝墓室石線刻，可以想見當時的勒石刻工人數之眾多。

　　中古時期對手工藝者的管理相當規範，各工種分化細緻。刻工主要是依
附與貴族和朝廷，忠於樣本施以刻石，來滿足雇主的要求。刻工主要分爲民
間刻工和朝廷領奉刻工兩大類，領奉刻工的勒石技藝高於民間刻工。這一
點，在具有較高藝術水準的皇室、貴族墓室線刻中的高超勒石表現可以得到
證明。墓室線刻的勒石作者顯然應是最高級別匠工，但由於當時世人重才
術、輕技藝的普遍態度，營繕之職歷來不受重視，被視同「匠人」之事，史
書缺乏記載。即便是作爲建設施工的最高總指揮的將作大匠，也很少記述，
更何況處於甄官署最底層的勒石匠人及民間刻工。

〔註122〕〔宋〕李誠，營造法式，開篇，商務印書館，1933。

第四章　工藝與材料

第一節　墓室壁畫的製作工藝

中古時期建立的墓室壁畫體系是在中國傳統壁畫的延展，特別是壁畫工藝的發展從製作的角度見證了傳統繪畫的傳承發展。在傳統繪畫中製作工藝是決定繪畫藝術表現和傳達的基礎，其形制、材料、方法等工藝特徵，同繪畫觀念的進步相協，是長期經驗和技術的積累。

一、地　仗

史前壁畫較爲單純，使用色彩直接繪於岩壁、地面或器物之上。而我們常見的壁畫與之相比則較爲複雜，從字面而言，壁畫即是以牆壁作爲載體的繪畫形式，基本可分爲洞窟壁畫、廟堂壁畫和墓室壁畫三種類型。從功能角度來看，洞窟壁畫和廟堂壁畫顯然是要長期觀看，因此在製作工藝上較爲複雜和規整。而墓室壁畫則是墓葬規制的一個組成部分，它不是展示給現世人們觀看，當墓葬被封閉的同時，它的「來世」功用才顯示出來，是以，在缺少了觀者觀看意義的墓室壁畫，對於工匠而言，就不需達到工藝要求以適應長期觀看的要求，這也就可解釋墓葬壁畫的製作工藝參差不齊和規範性較差的現象，特別是在洞窟壁畫中常見的瀝粉勾線和貼金技術在墓葬壁畫中尚未發現。即便如此，在古代壁畫相對貧乏的今天，墓室壁畫是研究壁畫工藝的主要資料。繪畫風格之外，對於墓室壁畫的材質、工藝的研究是對墓葬規制、構成以及當時科學水平、主流文化、外來觀念和物質文化的發掘具有輔助作用。

　　墓室壁畫的製作分爲四道工藝過程，其一爲支撐層，其二爲地仗層，其三爲白灰層，第四層爲顏色層。（圖 4-1-1）支撐層爲墓室坑基，常見爲土坑，磚室墓爲磚基牆面。墓室支撐層要求密實並具有支撐推力，磚基牆分爲平鋪和立鋪以及平立間鋪三種切法。地仗層主要爲草拌泥，在調拌泥漿中加入兩三公分左右的短麥秸，其中關鍵的是，所選泥土爲生土，因爲生土的穩定性較強，而地表土中含有大量有機質，在環境變化或水分增加是會產生裂變或滲出鹽分，從而改變壁畫原始狀態。白灰層則是在地仗層的基礎上平鋪一遍白灰，不但要找平牆壁，同時，其均勻白色層面也是繪畫最好基底。顏色層是繪畫顏料的表面層。通過對漢唐之間墓室壁畫的製作工藝對比來看，秦代和西漢的墓室壁畫工藝較爲簡單，大多是在基礎層上直接圖以白灰並繪畫，東漢之後爲了增加壁畫的物理穩定性，使畫面不易脫落，工匠在支撐層和白灰之間加入了草拌泥的地仗層，增加了壁畫的牢固性。隋唐時期的壁畫工藝更爲考究，地仗層中增加了草木灰和膠質的混合土料，使得地仗層不但更加牢固且增加了韌度。

圖 4-1-1　李邕前室西壁截面圖

源自：王偉鋒、李蔓、夏寅，中國古代墓葬壁畫製作工藝初步研究，文博，2014，5：92。

　　1975 年在安陽殷墟小屯村北出土了一塊長 22cm、寬 13cm、厚 7cm 壁畫殘片，殘塊爲塗有白灰面的牆皮並繪有紅色花紋及黑色圓點。這是迄今爲止

發現的年代最早的壁畫實物。〔註1〕兩漢時期（公元前 206～公元 220 年）是
我國封建社會的第一個發展時期，繪畫藝術得到了空前的發展。河南洛陽八
里臺西漢磚室墓中的壁畫工藝雖較爲簡單，但已形成基本規制，分爲支撐磚
牆面、白灰層和顏料層。西安交通大學附屬小學西漢壁畫墓〔註2〕和發現於西
安市南郊岳家寨村北西安理工大學新校區的西漢壁畫墓，也是在支撐磚牆面
上施白灰層和顏料層。〔註3〕（圖 4-1-2）2007 年 10 月，在山東省東平縣發掘
的三座漢代墓葬中發現了部分石質壁畫，其石質壁畫結構分三層，石質支撐
體上敷白灰層和顏料層。製作方法是在鑿磨過的石板上先塗抹一層白灰（也
有可能是先抹一層鉛丹，再塗抹白灰層），然後在白灰層上以礦物顏料施彩作
畫。〔註4〕

圖 4-1-2　西安理工大學西漢壁畫墓 M1 墓室東壁中部局部

源自：西安市文物保護考古所，西安理工大學西漢壁畫墓發掘簡報，文
物，2006，5：2。

東漢時期，壁畫工藝逐步成熟，2003 年 4 月 13 日，在陝西定邊縣郝灘發

〔註1〕中國科學院考古研究所、安陽發掘隊，1975 年安陽殷墟的新發現，考古，1976，
　　　4：264～272、263。
〔註2〕陝西省考古研究所、西安交通大學，西安交通大學西漢壁畫墓發掘簡報，考
　　　古與文物，1990，4。
〔註3〕馮健、夏寅、Catharina Bhaensdorf、Susana Greiff，西安理工大學曲江校區西
　　　漢壁畫墓顏料分析研究，西北大學學報──自然科學版，2012，2：771～776。
〔註4〕徐軍平、魯元良、宋朋遙、王雲峰、宗樹，東平漢墓壁畫製作工藝初探，文
　　　博，2009，6：211～215。

現東漢墓群的 M1 壁畫墓，其壁畫製作工藝在傳統的基礎上有所發展，墓室內繪有壁畫的面積達 25 平方米。墓室支撐壁面上用草拌泥抹築，然後在壁面上刷一層白灰，在白灰面上再刷一層青綠色顏料爲繪畫底色，然後以黑、白、紅、藍四種顏料繪製壁畫。〔註5〕2005 年 6 月，在陝西毛烏素沙漠靖邊縣楊橋畔發現的東漢壁畫墓進行了搶救性發掘，其中的 M1 墓中的壁畫工藝分爲兩種，一種爲在草拌泥地仗層上直接繪製壁畫，另一種則爲在草拌泥地仗層上薄塗一層白灰後再繪製壁畫。〔註6〕陝西神木大保當東漢畫像石墓中，採取了石刻與繪畫相結合的表現形式，在石刻上直接繪以圖像，兩者結合組成完整壁畫。（圖 4-1-3）

圖 4-1-3　東漢神木大保當「句芒」畫像石

源自：侯曉斌，從材料的使用和製作工藝看中國古代壁畫的變化與發展，
文博，2011，8：60。

〔註5〕陝西省考古研究所、榆林市文物管理委員會，陝西定邊縣郝灘發現東漢壁畫
　　　墓，20～21。

〔註6〕陝西省考古研究院、榆林市文物研究所、靖邊縣文物管理辦公室，陝西靖邊
　　　東漢壁畫墓，文物，2009，2：32～43。

　　魏晉南北朝時期的壁畫在經過兩漢的技術革新，從製作技巧上有所提高。這一時期的墓室壁畫除了以地仗層找平之外，在磚面上直接薄塗刷白灰的製作方式成爲特點。例如甘肅酒泉、嘉峪關、西溝、丁家閘等地區出土的墓室磚畫。這樣的做法可以充分顯示磚面的獨立性和整體性，利用單體磚的邊緣形成一幅獨立畫面，極大的增加了整體畫面的信息負載量。

　　這一時期墓室壁畫的另一個製作特點是在石室墓的石面上直接塗涮白灰或直接繪畫於磨光的石面之上，這種現象大量出現在東北地區發現的漢末魏晉壁畫墓中。〔註7〕

　　唐代的壁畫在經過魏晉南北朝的技術革新，從製作工藝和材料使用上都有所提高，特別是北魏以來大量建造的佛寺，爲壁畫材料和技術的發展提供了大量的精研過程。經過長期實踐，爲了使壁畫地仗層更加穩定，工匠們在施工時將地仗層的工序分爲兩層，在草泥層上以細泥從新抹光然後在塗刷白灰。

　　成於神龍二年（706年）的永泰公主墓，由於級別較高，其墓室壁畫的製作更爲複雜。墓內無論土壁或碑壁上面的地仗層首先經過粗過加工，用麥草和泥打底，然後再搪上加有棉花纖維的白土，壓平磨光，再上膠水。所以牆壁質地韌膩平滑，密度甚大，非常堅實，不但能平整壁面，更由於表面光滑可使毛筆揮毫自若。西安西郊陝棉十廠唐代M7墓葬、富平縣定陵李重俊墓、蒲城縣橋陵惠莊太子墓以及李憲墓等出土的壁畫均採用兩遍或多遍的地仗層製作方式。

　　通過中古時期墓室壁畫製作工藝的考察，可以看出，從西漢到唐代呈逐步複雜和逐步成熟的趨勢。同時也驗證了《營造法式》中關於壁畫泥作的規制：

　　　　面壁之制，先以粗泥搭絡畢，候稍乾，再用泥橫被竹蔑一重，
　　以泥蓋平，方用中泥細襯、泥上施細沙，候水脹定收，壓十遍，令
　　泥面光澤。

二、礦物顏料

　　在傳統壁畫的地仗層和繪畫顏色之間，往往會塗刷一遍或數遍白色石灰，《天工開物》即載：石灰「用以堊牆壁」，這層白灰層不但起到平整牆壁

〔註7〕劉未，遼陽漢魏晉壁畫墓研究，邊疆考古研究，2004，5：232～257。

的作用同時還承擔著繪畫底色的作用。〔註8〕

《漢書・蘇武傳》曰：「竹帛所載，丹青所畫」。古代繪畫常用朱紅色、青色，故曰繪畫「丹青」。壁畫所用的顏色以礦物色居多，這與壁畫製作需要顏色具有較強的覆蓋力有關，同時也由於礦物質顏料的穩定特性，另外，亦由於墓葬壁畫週期較短及較少干擾，因此，瞭解色彩顏料的時代特徵不但可以對我們研究傳統繪畫的發展具有資料作用，同時也具有一定的斷代作用。

早期人類利用繪畫來模擬世界物象，限於當時的心智條件和製作水平，他們使用的顏色是動物鮮血、天然礦物顏料和易於採集的植物顏料。隨著人類的發展，中古時期的人們已經可以批量製作色性穩定的顏料。與西方較為豐富的色彩分類相比較，中國傳統色彩比較單一，除了地域環境的影響外，更為主要的是，中古時期的中國傳統畫家將色彩賦予了更為豐富的精神內涵。。漢代王延壽在《魯靈光殿賦》中即說：「隨色象類，曲得其情」。他所說的意思即是指通過對客觀物象色彩的觀察，即能反映出看外觀無相的本質。沿著此理，繪畫中的顏色是畫家主觀情感和審味趣味的統一協調，具有揭示和理解客觀物象內在實質規律性的作用。

中古時期的墓葬壁畫的基色為紅、黑、白、綠、藍、黃和紫色，紅、黑、白、綠、藍和黃色為常用色，而紫色僅見於戰國和秦漢墓室壁畫，魏晉之後未有發現。〔註9〕這種紫色為矽酸銅鋇（$BaCuSi_2O_6$），是一種人工提煉的顏料，1992 年美國顏料學家在對我國漢代器物進行顏色分析時發現了該顏料，因此命名此顏色為「漢紫」。人類較早應用的鐵、錫、鉛、銅，為顏料的提煉提供了技術上的支持，朱砂、釩鉛、石英、碳酸鈣、矽酸銅等提煉成為中國傳統繪畫顏料的主要構成，特別是絲綢之路開通後，如中亞的青金石等域外顏色的加入，更加豐富了中國傳統顏料的色階。據張彥遠記錄，唐代的繪畫顏料空前豐富，其原料來源於全國各地和進口，《歷代名畫記》卷二《論畫體工用搨寫》記：「武陵水井（湖南常德）之丹（鉛丹）、磨嵯（福建建甌）之砂（朱砂）、越雋（西昌）之空青、蔚之曾青、武昌之扁青（石綠）、蜀郡之鉛華（黃丹）、始興（廣東曲江）之解錫（胡粉）、臨邑（越南）崑崙（馬來西亞）之黃（雌黃）、南海（廣東）之蟻鉚（造粉、胭脂）雲中（山西）之鹿

〔註8〕 西安交通大學漢墓的壁畫，由於畫面的需要，工匠在白灰層上還多塗刷了一遍赭石色。

〔註9〕 夏寅、吳雙成、崔聖寬、蘭玉富、張治國、王偉鋒、付倩麗，山東危山漢墓出土陶器彩繪顏料研究，文物保護與考古科學，2008，2：13～19。

膠、吳中（江蘇）之鰾膠、東阿（山東）之牛膠，漆姑汁煉煎，並爲重彩，鬱而用之。」

　　兩漢時期的紅色顏料由鉛丹和朱砂構成；黃色由釩鉛礦石和針鐵礦石構成；綠色爲石綠色；白色分爲碳酸鈣、石英、石膏、高嶺土、鉛白；紫色由矽酸銅構成。西安理工大學曲江校區西漢壁畫墓西壁北端中部雲紋的紅色的成分爲朱砂，西壁中部的綠色爲石綠，北壁龍紋下部的紫色中主要爲漢紫和少量中國藍，東壁中上部的亮藍色的成分爲石青，東壁所取黃色樣分析爲釩鉛礦。〔註10〕

　　魏晉南北朝時期墓室壁畫中紅色的主要成分爲鐵紅，黃色主要爲磷氯鉛，綠色的主要成分爲石綠、氯銅礦、水氯銅礦、水膽礬，藍色的主要成分是石青和青金石，白色的成分分別爲碳酸鈣、石英、滑石、白雲石，紫色未見。大同北魏墓的壁畫取樣分析爲：紅色的成分主要是鐵紅，藍色爲青金石，綠色實爲細小藍色顏料，從光性特徵來看，其與人造石青的提煉方式基本相同。〔註11〕

　　隋唐時期壁畫墓的繪畫顏料較之前更爲豐富，其中的紅色成分分爲鐵紅、朱砂和鉛丹，黃色的主要爲礦密陀僧（pbo）、鐵黃和雌黃等生成，藍色主要成分爲石青和靛藍，白色爲碳酸鈣、石英、高嶺土、鉛白等成分。（表4-1）潼關稅村隋代墓壁畫中的紅色是由朱砂、鉛丹和鐵紅構成，綠色爲傳統的石綠，白色爲碳酸鈣。〔註12〕

　　傳統顏料多爲礦物質，本身不具有黏合性，因此就需要可以不影響色彩特性的膠合劑。通過對古代壁畫色料的分析來看，傳統顏料的黏合劑主要爲天然有機物，例如禽蛋、動物骨膠和皮膠以及植物桃膠等。〔註13〕此外，在長期的工藝進化中，古代工匠還發明了封閉法來保護顏色，在對大同北魏墓室壁畫進行顯微分析時會發現，顏色層內有碳酸鈣混合物或在顏色層外有一層薄塗的碳酸鈣層。據此分析：

〔註10〕馮健、夏寅、Catharina Blaensdorf、Susana Greiff，西安理工大學曲江校區西漢壁畫墓顏料分析研究，西北大學學報——自然科學版，2012，5：771～776。
〔註11〕王偉鋒、李蔓、夏寅，中國古代墓葬壁畫製作工藝初步研究，文博，2014，5：88～93。
〔註12〕陝西省考古研究院，潼關稅村隋代壁畫墓，文物出版社，2013。
〔註13〕王麗琴、楊璐、周文暉、樊曉蕾，壁畫、建築彩繪文物中幾種測定蛋白質方法的比較和評價，文物保護與考古科學，2011，2：59～63。

塗刷顏料層和石灰水，或者顏料調和石灰水塗施；表面石灰水充分接觸空氣中的二氧化碳，生成發育良好的碳酸鈣晶性，使得表面較爲堅硬；而内部的碳酸鈣來不及繼續反應，則保持了細小的晶體顆粒。〔註14〕

表 4-1：漢唐期間墓室壁畫主要礦物顏料構成〔註15〕

顏料色相	漢　　代	魏晉南北朝	隋　　唐
白色	碳酸鈣、石英、鉛白、高嶺土	碳酸鈣、石英、白雲石、滑石	碳酸鈣、石英、鉛白、高嶺土
紫色	矽酸銅		鋇紫鐵礦
紅色	朱砂、鉛丹	鐵紅	鐵紅、朱砂、鉛丹
黃色	釩鉛礦、針鐵礦	磷氯鉛	鐵黃、礦密陀僧（pbo）、雌黃
綠色	石綠	石綠、水膽礬、氯銅礦、水氯銅礦	石綠
藍色	石青、青金石	石綠、青金石	石青、靛藍

第二節　勒石線刻

魏晉南北朝至唐代盛行的石刻線畫，在墓葬中主要以石棺槨線刻爲典型代表。石棺槨是中國古代「視死如生」喪葬觀念的重要載體，處在墓葬核心位置，是仿照堂室而造。〔註16〕石棺槨的使用被認爲是在品官等級之上，封建皇帝特許的一種恩典，是「事出特製」的特例。〔註17〕

關於石棺槨的記載，較早見於《史記》：「蜚廉爲紂石北方，還，無所報，爲壇霍太山而報，得石棺。」〔註18〕《漢書》記劉向諫薄葬書云：「宋桓司馬爲石槨……石槨爲遊館，人膏爲燈燭。」〔註19〕另《通典》記：「夫子居

〔註14〕王偉鋒、李蔓、夏寅，中國古代墓葬壁畫製作工藝初步研究，文博，2014，5：92。
〔註15〕王偉鋒、李蔓、夏寅，中國古代墓葬壁畫製作工藝初步研究，文博，2014，5：89。
〔註16〕孫機，中國聖火──中國古文物與東西文化交流中的若干問題，遼寧教育出版社，1996：198。
〔註17〕孫秉根，西安隋唐墓葬的形制，見：中國考古學研究編委會編，中國考古學研究──夏鼐先生考古五十年紀念論文集，二，科學出版社，1986。
〔註18〕（西漢）司馬遷，史記，卷五，秦本記第五，北京出版社，2006。
〔註19〕施丁主編，漢書新注，卷三十六，楚元王傳第六，三秦出版社，1994。

於宋。見桓司馬自爲石槨，三年而不成。夫子曰：『若是其靡也，死不如速朽之愈也。』〔註20〕《漢書》中載文帝建陵時，爲了堅固，所以欲在陵中「以北山石爲槨」。〔註21〕

　　石棺槨的結構源於早期木質棺槨和地面上的祠堂建築，已發現最早的房形石槨出現在東漢時期的四川地區。〔註22〕（圖4-2-1）這種房形石槨形制，之所以能夠在中原地區廣泛使用，與早期道教（「五斗米道」或稱「天師道」）由四川向各地的傳播有關。〔註23〕從三世紀開始，活躍在巴蜀地區的天師道教徒，逐漸由四川遷徙至陝西、河南、山西等中原地區，〔註24〕並得到了北魏皇族的青睞。房形石室，也隨之進入，中原地區的殿堂式石棺槨，便是在此基礎上演化而成。

圖4-2-1　四川樂山肖壩出土石棺（2世紀左右）

源自：高文，四川漢代石棺畫像集，人民美術出版社，1998。

　　石棺槨屬「東園密器」，〔註25〕西漢時僅限皇族使用，東漢時期，開始普遍賜顯貴以「秘器」，〔註26〕魏晉時期，被賜「東園秘器」的功臣密戚，

〔註20〕〔唐〕杜佑，通典，卷八十五，凶禮七，喪葬之三。
〔註21〕漢書，張釋之傳，史記，卷一百一十七，張釋之傳。
〔註22〕羅二虎，漢代畫像石棺研究，考古學報，2000，（1）：33。
〔註23〕〔美〕巫鴻，禮儀中的美術，下冊，生活·讀書·新知三聯書店，2005：669。
〔註24〕〔美〕巫鴻，禮儀中的美術，下冊，生活·讀書·新知三聯書店，2005：699。
〔註25〕後漢書，禮儀志載：東園匠、考工令奏東園秘器，表裏洞赤，文畫日、月、鳥、龜、龍、虎、連璧、偃月，牙檜梓宮如故事。
〔註26〕漢書中記載賜東園密器者是：霍光、董賢、翟方進、孔霸；後漢書，中記載

多達 60 餘人。〔註 27〕魏晉南北朝時期由於政權無定，致使石棺槨的使用較
爲混亂。

已發現魏晉南北朝的石棺槨，大多集中在長安和洛陽等地區，形制各不
相同，主要分爲前廊後室屋宇形式的三開間懸山頂式；〔註 28〕形制較爲簡單，
無立柱、斗栱，均以石板拼成的石槨；〔註 29〕仿木結構，單簷懸山頂、進深
二架椽、面闊三間的房屋，壁板每間刻人字拱及簷柱的房室石槨；〔註 30〕面
闊五間，進深三間，上有斗栱的歇山頂式殿堂石槨；〔註 31〕前低後高，仿木
棺式石棺；〔註 32〕仿木結構式石棺床（石榻）。〔註 33〕

石棺槨處於墓葬的中心位置。其上的線刻「是依據典章制度，按照尊卑、
品第等進行創作，從中也可反映出其時宮室貴戚的審美趣味和價值取向，以
及創作者們對社會流行畫風及流派的承襲和摹擬。」〔註 34〕並由於墓主的高
貴身份，石棺槨線刻的創作者理應爲其時的代表性藝術家。由此也可確信，
這些石棺槨人物線刻，代表了這一時期的審美取向，具有魏晉南北朝繪畫的
標本作用。

一、適合石料

造型藝術是以一定物質材料與手段來創造的靜態空間藝術，因而必然會
受到所用材料的物理特性與製作手段的影響。石刻線畫，也不可避免地受到
其特殊材質與製作手法的影響，其風格的形成不可避免地要受到它的載體

的賜東園密器者有：和熹鄧皇后、孝崇賣皇后、蔡茂、馮勤、梁竦、梁商、
劉愷、胡廣、楊賜、蓋勳、王允、單超、戴憑、袁逢等。
〔註 27〕韓國河，溫明、秘器與便房考，見：2002 年中國秦漢史第九次年會暨國際學
術研討會論文，西安。
〔註 28〕如宋紹祖墓石槨，（山西省考古研究所，大同市考古研究所，大同市北魏宋紹
祖墓發掘簡報，文物，2001，7：19～39。）
〔註 29〕如智家堡石槨，（王銀田，劉俊喜，大同智家堡北魏墓室石槨壁畫，文物，2001，
7：50。）
〔註 30〕如寧懋石槨，（郭建邦，北魏寧懋石室和墓誌，中原文物，1980，2。）
〔註 31〕如史君墓石槨，（楊軍凱、孫武、劉天運、鄧來善、郝順利、張紅倉，西安北
周涼州薩保史君墓發掘簡報，文物，2005，3。）
〔註 32〕如洛陽孝子石棺，（黃明蘭，北魏孝子棺線刻畫，人民美術出版社，1985：9。）
〔註 33〕如康業墓石榻，（西安文物保護考古所，西安北周康業墓發掘簡報，文物，
2008，6：14～35。）
〔註 34〕李國選，論唐墓壁畫的藝術風格，陝西歷史博物館館刊，第六輯，陝西人民
教育出版社，1999：266。

——石材的制約和限制。石刻線畫是以繪畫的造型觀念爲藍本，以準確模擬繪畫爲標準，並在此基礎上順應石材的物理特性，以刀代筆，寓情於技法中，得以發揮其特有的藝術魅力。

各種藝術的表現手段，均會受到所用材料物理特性的限制。石刻線畫是以繪畫爲標準，順應石材特性，以刀代筆，以刻石代勾描而呈現其特有藝術風格。因此，石刻線畫的表現必然要與石材特性和勒石技法相關聯。

中國古代平面石刻藝術的數量及成就以漢、唐兩時期爲最。就各自的取材地的石材差異和物理特性而言，亦是影響其技法表現的因素之一。漢畫像石的取材主要是山東、四川、陝北等地的青石和沙岩石，石刻線畫主要取材較爲細膩的青石。對比現已發現的漢畫像石和石刻線畫主要分佈地的用材，山東地區的青石質地較硬，四川郫縣及陝北的砂岩石質地則比較粗糙，而長安及河南等地的青石石質較爲細膩。

漢代審美風尚簡約、粗獷，畫像石的造型手段主要是以用粗線條或深減地襯托人物形象，大多不作細部刻畫，在製作時多只進行大輪廓及大塊面的鑿刻，對石材的平整度、光潔度和細膩度要求不高。（圖 4-2-2）魏晉之後，審美傾向於細膩、華美，粗糙的石材已不能滿足這種要求。石刻線畫對石材的要求遠高於畫像石，爲了達到繪畫拓本線條的完整清晰，所用石材必須具備適宜印拓的光潔度要求。此外，所用石材的石質太硬或太粗，刻製時不能自如行刀，很難體現繪畫線型的藝術表現力。中原附近的青石顆粒細小，石質細膩，打磨平整後如絲如緞、細膩光滑，比較適宜樣本的完整拓印，並且，石質較軟，顆粒基本爲等粒結構，力學性能均勻，非常適合推刀的滑動行刀，爲在石材上的模擬繪畫線形提供了材料上的保證。魏晉南北朝石槨所採用細膩的青石，既適應了新的表達形式，也是對天然材料應用的經驗進步。

中國以線造型的觀念，是從軟線、硬線兩條道路發展起來的，軟者以毛筆爲主，如陶圖畫、壁畫、漆畫、帛畫、卷軸畫等。硬者則是由早期的岩刻畫、玉器、青銅紋樣、畫像石（磚）及石線刻等發展起來，兩者相互影響、相互促進。〔註35〕

〔註35〕王令棟，古代繪畫與雕刻線之變，美術，1989，6：60～62。

圖 4-2-2　陝西神木大保當墓門畫像石局部

李杰攝。

二、漢畫像石的「雕塑」性

　　中國古代勒石工具主要分爲兩大類，一類是鑿刻類型刻刀，另一類是推刻類型刻刀。鑿刻類刻刀分爲鑿刀、尖刀、鑿鏟、斜鑿鏟、鑿斧等，推刻類刻刀分爲手握式尖刀、斜刀，和肩推式尖刀、斜刀（肩推式只是在刀杆後加上長木柄，頂到肩部增加推力）等。這兩類刻刀的使用區別很大，鑿刀類的主要功能是用於減地和連貫鑿線，這種技法在漢畫像石上表現的最爲充分，推刀則適用於石刻線畫的推刻行刀技法。

　　漢代畫像石的勒石技法主要分爲四種：陰線刻，以尖刀按預先在石材上繪製的墨線邊鑿邊行，以點鑿方式均勻連線而成；淺減地平面陰刻，以平鏟刀鑿刻出主體形象的邊緣線，並用尖刻刀砍出主體以外的部分，形成減地效果，使物象呈平面凸起，類似《營造法式》中的減地平鈒〔註 36〕或剔地隱起技法；〔註 37〕深減地平面陰刻，與淺減地的刻石技法基本相同，只是增加減地的深度，主體形象更爲突出；淺浮雕式，在深減地平面陰刻的基礎上，將主體形象的平面剪影與圓雕進行綜合，即保留二維的平面剪影式效果，又使主體形象更加生動，類似剔地起突技法，〔註 38〕是漢畫像石技法成熟的表現，

〔註 36〕〔宋〕李誡，營造法式，第 3 冊，卷二十九，上海：商務印書館，1933：141
　　　　～143。
〔註 37〕〔宋〕李誡，營造法式，第 3 冊，卷二十九，上海：商務印書館，1933：150。
〔註 38〕〔宋〕李誡，營造法式，第 3 冊，卷二十九，上海：商務印書館，1933：147。

也是魏晉所流行的造像碑技法前身。

　　雖然畫像石的刻製技法比較豐富，但均是採用正面衝擊的鑿刻方式。就其技法使用和線型表現內涵而言，並沒有將勒石技法與繪畫技法進行有機的融合。還屬於雕塑性技法表現範疇，鑿刀的運刀方式與繪畫技法的行筆並無關聯。

三、石刻線畫的「繪畫」性

　　魏晉南北朝時期，繪畫藝術得到空前發展，表現性大大增強。而同樣作為平面藝術的石線刻在表現力上則遠不如繪畫，這多與畫家和勒石匠人文化素質的差異相關。這一時期的主流畫家幾乎都兼具畫家和文人兩種身份，他們直接左右著社會的審美傾向。刻工雇主對藝術的需求亦是以主流藝術觀念和形式的體現，石線刻不可避免要受到繪畫的強烈影響。因此，勒石刻工為適應雇主的欣賞傾向，則必須以刻刀來達到繪畫的意境效果。然而，作為傳承多年的鑿刻技法，已無法適應這種表現要求。石刻匠人必須尋求一種更加適合的勒石技法來達到這種「效果」，因此，模仿繪畫運筆的推刻用刀方式便逐漸流行起來。而這種看似微不足道的變化，確是導致由畫像石形態向石刻線畫形態轉型的關鍵因素。

　　鑿刻運刀是由上至下垂直衝擊，而推刻的行刀更像畫筆的行筆方式，平行用力，推刀前行。（圖 4-2-3）以兩者的技法特性而言，可將這兩種石刻技法界定為雕塑性勒石（鑿刻畫像石）和繪畫性勒石（推刻石刻線畫）。

圖 4-2-3　畫像石與石刻線畫用力方向對比圖

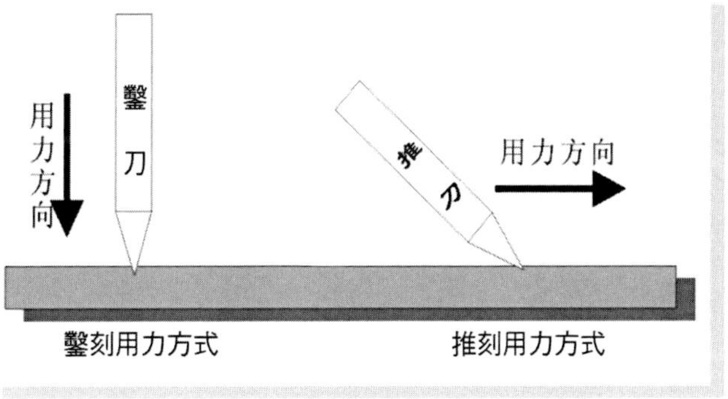

李杰繪

由於繪畫的直接介入，在線刻的表現力上，魏晉南北朝的推刻技法比漢代的鑿刻技法更加細膩，對勒石工匠的綜合要求更高。既要求刻工熟練的掌握刻石技法，同時又要具備較好的繪畫能力。

四、勒石技法推演

關於魏晉南北朝和唐代勒石技法的研究，學者們多是前以漢代《考工記》，後以宋代李誡的《營造法式》來推演線刻技法。然而，在這兩部著作中主要是介紹石刻構件的基本形制及施工程序，而未從刻石技法的應用手段上對這一階段線刻技法作必要的分析。故本文主要以兩京石線刻主要生產地的傳統刻工技法作為考察對象，〔註 39〕結合歷史文獻記錄，對魏晉南北朝和唐代石刻線畫勒石技法作以探究。

為了充分達到繪畫效果，勒石刻工在接到任務後，首先要做的是充分理解樣本的風格特徵及精神內涵，並選擇適合的石料開始施工，其工藝程序大體分為 6 個步驟：

1. 選擇石料

選擇顆粒均勻的細膩石材，粗刻出所需構件的基本形狀。（圖 4-2-4）

圖 4-2-4　當代石匠複製的唐代廡殿式石槨構件粗樣

現存於藥王山南庵，李杰攝。

〔註39〕 筆者在唐墓中所用石材及加工的主要生產地──富平，經過對當地主要的三個石刻廠的傳統刻工，長達兩個月的現場考察，並對其傳統刻石技法及工具與唐墓中的線刻進行比對，從而總結出基本接近唐代當時線刻技法、工具及工序。

2. 選擇適用的勒石刻刀

線刻工匠在勒石時不使用錘子，這也是石刻線畫與畫像石在技法上的明顯區別之一。石線刻的刻刀不同於其他石匠的鑿刀，它是專爲在石面進行推線而設計的，以合手、短小、靈巧、鋒利爲特點。手推刀長度一般在 20 公分左右，刀刃寬約 1 公分，分爲尖刃和平刃兩種，與刀體呈 30°斜角，刀柄中間較粗，適宜手握，刃部經過淬火處理以保證硬度，這樣的設計使得刀具既輕巧又便利。手推刀短小可充分發揮手腕的靈活轉折，適於細部刻畫。與此相配合的還有一種體形更小的小尖刀，刀頭窄小，主要是爲了彌補推刀的刀刃較寬而擋住視線造成的接刀不到位現象。

3. 精選輔料

各道工序中都有相應的製作輔料，輔料質量的好壞會直接影響刻石的質量（已發掘的唐代線刻墓都是較高級別，其石料、輔料的選擇非常嚴格）。常用的輔料有細墨、棉紙、蜜蠟、木炭、朱砂、桐油、毛氈、漿糊等。

4. 理解樣本

刻工要對所提供畫稿的繪畫步驟、順序、行筆技法等進行綜合分析，充分理解樣本。並將行刀的順序、粗細、轉折等與樣本進行對應。

5. 勒石技法

準備工作做好後，刻工既要開始進行具體的雕刻工序。

（1）石面起平：

首先，刻工要對將要刻繪的石面進行起平加工，先用粗砂石將石面磨平，再用細水砂石磨光，這樣既有利於刻前樣稿的拓印和刻後的拓帖，也是爲了保證推刀時行刀平穩、順滑。

（2）石面底蠟處理：

首先在磨光的石面上，用綿團製成的「綿撲」蘸上濃墨，輕拍上一層墨底。石面上墨主要是爲了在鐫刻時，刻線與黑底產生較大色差，更易觀察刻線與樣稿線形的差異。

第二步是在石面墨底之上進行上蠟、刮蠟處理（在已發現的唐代墓室棺槨及墓門線刻上多發現有塗蠟現象）。在風乾的墨底上薄塗上一層溶化的黃蠟〔註 40〕，待蠟完全乾透後，以薄竹片將蠟面逐層刮平，石面上均勻保留大約

〔註 40〕《營造法式》中記：「蠟面每長一丈廣一尺，黃蠟五錢，木炭三斤，細墨五錢，

0.3 毫米薄蠟層。這是一道非常細緻的工序，蠟面既不能有刮透的情況，也不能太厚，主要是保證蠟面既能完整吃住拓線朱痕，又不會使線條擴張。

（3）過朱：

過稿之前，要製作油紙。棉紙充分浸入桐油之後陰乾，以保持紙面平整，從而保證勾線均勻。陰乾後的油紙呈無光澤半透明狀。油紙做成之後，將其平覆於樣稿之上，選擇與樣稿相同的毛筆復鉤樣稿。

勾成後將其翻轉，以毛筆蘸朱漆在油紙背面依正面畫稿再次復鉤，即為「過朱」。〔註41〕

（4）上樣：

將油紙「過朱」的一面平鋪於石面，再覆蓋一層毛氈，其後用木槌輕輕在毛氈上均勻捶打，使油紙背面的朱漆黏附於黃蠟之上。需要說明的是，這種過稿方式會比壁畫的針孔放樣方式更能準確反映線型的具體形態，有利於刻製時完整呈現繪畫線型的變化。由於石線刻對樣稿是採用「摹」的形式過稿，所以可以最大限度的將原稿的精神傳達至石面之上。上樣之後的朱漆在石面上並不牢固，還需在整個石面上以稀釋的漿糊輕刷一遍，以保護朱線。

（5）刻製：

以上的幾道工序都是為了最後鐫刻作準備。刻製時，依據石面上朱線粗細採用不同方式。一、手推式，主要刻短、細線條。刻線時右手握前，左手握後，勻速推刀，每條線條儘量一次刻完。以向下用力的大小來調整刻線粗細，（圖 4-2-5）達到與朱線相合。二、肩推式，與手推式原理相同，只是在推刀後面加上木柄，以肩用力，刻製較粗或較長的線。

石線刻的鐫刻技法要求行刀流暢、穩定，線型平整、光滑，無崩裂。線與線交接處的深度要基本相同，充分體現繪畫的用筆特點。

（6）驗收、拓帖

刻製完成後，就進入修正和驗收階段。首先要拓出一張烏金帖〔註42〕，與樣稿進行比照，由於烏金帖的墨色比較濃重，反差較大，很易看出與樣稿的差異，便於刻工對線刻進行修正。之後另刻蟬翼貼存樣及送上級主管或雇主勘驗，通過後即完工。

見：〔宋〕李誡，營造法式，三冊，卷二十六，石作，商務印書館，1954：61。
〔註41〕「過朱」所使用的朱漆，是以紅色細石粉調和稀釋後的桐油而成。
〔註42〕烏金帖拓後的拓片黑亮，黑白分明故名「烏金」。

圖 4-2-5　刻刀力度與線性粗細關係圖

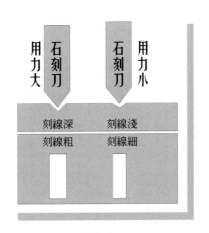

李杰繪。

五、表現技法的轉化

　　魏晉南北朝石棺槨線刻是由漢畫像石中脫胎而出，與各時期不同審美觀念及繪畫表現的發展相互關聯。藝術界一直對石刻線畫的屬性是雕塑還是繪畫頗有爭議，其最大的爭議點就是石線刻的材質及工具性質。就刻石技法而言，漢代畫像石採用鑿刻方式，顯然屬於雕塑的技法表現範疇。而石刻線畫的推刻勒石技法則與繪畫中毛筆的行筆方式基本相同。這種技法上的變化，看似微不足道，但確是促成由雕塑性刻石向繪畫性刻石轉變的巨大變革。

　　1. 漢晉遺刀：山西榆社發現的北魏石棺線刻、〔註43〕西安北周安伽墓石棺床線刻〔註44〕（圖 4-2-6）和西安北周史君石槨線刻〔註45〕都直接延續了漢畫像石的雕塑性鑿刻技法，只是鑿刻點較為密集，減低處理比較細膩平滑，並根據畫面的主次關係設定層次，可見其畫像石式鑿刻技法已發展至極致。然而，這一時期的線刻技法沒有較大突破，依然延續漢代的鑿刻技法體系。

　　北朝後期，由於繪畫觀念的顯著提升，人們對石刻的審美已不滿足於漢畫像石單一的鑿刻表現形式，能夠充分體現繪畫精神的石線刻應運而生。並在北魏時期發展至極盛，如：寧懋石室、孝子畫像石棺、元融石棺、元謐石

〔註43〕王太明、賈文亮，山西榆社縣發現北魏畫像石棺，考古，1993，8：765。
〔註44〕陝西省考古研究所，西安北周安伽墓，文物出版社，2003。
〔註45〕西安市文物保護考古所，西安市北周史君石槨墓，考古，2004，7：38～49。

棺、秦洪石棺、王悅石棺、升仙畫像石棺、元日韋石棺等。此時的線刻技法
雖以採用推刻形式，但還殘存著漢畫像石的技法痕跡。洛陽北魏棺床（圖 4-2-7）
遺留了畫像石的基本技法，其表現形式還是以主體之外的鑿刻減地加主體內
的陰刻刻線組成，只是減地較淺，並且依然採用扁鏟密鑿的方式。與畫像石
的減地不同的是刻工對減地進行了變化處理：在靠近主體邊緣加深刻度，在
有意弱化減地反差效果的同時又使主體較突出。

圖 4-2-6　西安北周安伽墓出行圖

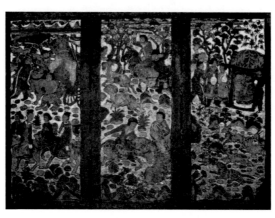

源自：陝西省考古研究所，西安北周安伽墓，文物出版社，2003：圖版 26。

圖 4-2-7　洛陽北魏棺床之老萊子孝行

源自：中國畫像石全集（第八卷），河南美術出版社，2000：56。

　　北魏時期雖然遺留了減地的鑿刻技法，但已有意將其減淡，並將畫像石的規律性鑿點排列進行打破，由規則的裝飾性排列鑿點向不規則、自由的鑿點平布轉變，這一點，在寧懋石室的牛車出行圖、（圖 4-2-8）元謐石棺的韓伯餘、郭巨圖（圖 4-2-9）中表現的較為充分。這些鑿刻減地較畫像石的減地要淺的多，由於模擬繪畫二維性審美的要求，不再需要以深減地來形成強對比的效果。此時的刻工已不採用畫像石減地垂直的鑿刀衝刻技法，而是將刻刀偏垂直線 30 度，邊鑿邊平行推進的行刀方式。由於減地較淺其刀具已由畫像石的圓錐形刀頭逐漸改為一公分左右的扁平刻刀，因為刀頭加寬更有利於控制較淺減地的平面效果的變化。

圖 4-2-8　寧懋石室之牛車出行

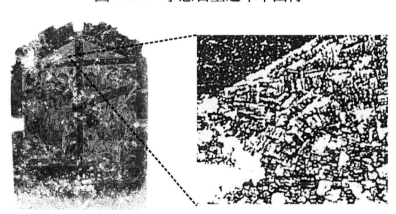

源自：中國畫像石全集（第八卷），河南美術出版社，2000：6。

圖 4-2-9　元謐石棺之韓伯餘、郭巨

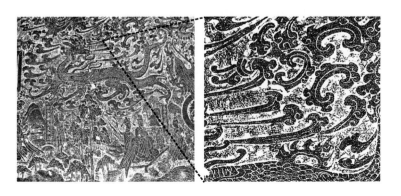

源自：中國畫像石全集（第八卷），河南美術出版社，2000：48。

作爲畫像石的延續，一部分刻工既想尋找繪畫的平面化效果又不願脫離畫像石的故有觀念，所以便將減地簡化爲主體以外的斜角漸變形外輪廓，並以此代替減地，這種刻法即能突出主體形象又增強了平面化的整體效果。例如，在北魏豫北佛教吳晏子造像碑的供養人像部分、（圖 4-2-10）翟興祖造像碑的兩幅思維菩薩圖（圖 4-2-11）中，刻工即採用這種折中的技法來突出人物主體。

圖 4-2-10　翟興祖造像碑之思維菩薩

源自：中國畫像石全集（第八卷），河南美術出版社，2000：2。

圖 4-2-11　北魏豫北佛教吳晏子造像碑供養人像局部

源自：中國畫像石全集（第八卷），河南美術出版社，2000：23。

　　魏晉南北朝時期墓室線刻的勒石技法主要有兩種，其一：延續並減淡畫像石的鑿刻技法，其二：線型則採用推刻技法。畫像石中出現的鑿刻線條，大部分是減地包裹中的主體人物內部的線條，這些線條與表現人物動姿的外輪廓鑿線多不連貫，而魏晉之後的鑿刻線則將主體人物陰線鑿刻的內部線條向外延展，將內線擴充至外輪廓，從局部打破了畫像石的剪影式效果，如：北魏洛陽石棺床的孝孫原谷孝行圖，（圖 4-2-12）人物上部外輪廓為減地，下部服飾線條與地面線條相銜接。

圖 4-2-12　洛陽石棺床，孝孫原谷孝行圖

源自：中國畫像石全集（第八卷），河南美術出版社，2000：76。

　　鑿刻技法與推刻技法並立是這一時期的特點，魏晉南北朝時期是漢畫像石的時代形式向石刻線畫的轉變的中間環節，在技法上則突出表現在由鑿刻向推刻的轉化中間過程，也就是將垂直的鑿刻衝擊方式轉化為 30 度角的邊鑿邊推的刻製方式。

　　2. 以刀擬繪：經過漢末的鑿刻實踐，石線刻技法與繪畫更加貼近，表現技巧愈加豐富，形成了較為完整的技法系統。北魏洛陽孝子石棺石刻（圖 4-2-8）在畫像石鑿刻技法之上進行了一定的創新，反映出勒石刻工已在技法

中有意帶入了繪畫性畫面效果。爲了接近繪畫成品的效果，刻工採用了與畫像石反向的鑿刻方式，以及淺減地、漸變主體外邊緣等以刀擬繪的手段來呈現「成品繪畫」的視覺感受。同時，爲表現繪畫的空間效果，採用多層淺減地方式體現主體與背景的前後關係。由於減地的產生本身已形成了三維空間效果，因此刻工儘量減淡減地的深度，以模擬繪畫的二維表現形式，爲了使減地與主體線刻形象的結合不會產生突兀感，刻工在輪廓刻線的邊緣與減地結合部斜刻出 30°的斜角，避免了畫像石式減地與刻線生硬的對接，可見，刻工已儘量模仿線性繪畫的表達方法。

3. 以刀代筆：這種極力接近線性繪畫的努力，反映在魏晉南北朝大量的墓室石線刻當中，其中北周康業墓石榻線刻和寧懋石槨線刻表現的更爲典型。

就線刻而言，康業墓石榻線刻（圖 4-2-9）的推刻流暢性較弱，雖稍有粗細變化，但並非有意爲之。線條之間缺少連貫性銜接，用線生硬且頓挫，顯見對繪畫用筆的把握還不夠深入。

毛筆具有較強的彈力，在與紙面接觸時由於垂直用力不同，會產生線型粗細的變化。而刻刀則不具備這種彈性，與石材以硬觸硬，推刀時的反作用力較強。在石面推行時如果施以不同的垂直用力就會使推行速度發生變化，刻線的流暢性就會減弱。特別是刻工在行刀時，如果意念中還保留著模擬繪畫線型的觀念，行刀就會受到阻礙，無法達到酣暢淋漓的狀態。

北魏景明二年寧懋石槨線刻則有意加強了用刀代筆的表現，均爲輕勻細線刻成，線形流利順暢，充分發揮石材特性，刻刀的垂直壓力減弱至最小，並減少了線條的硬性轉折，多施以弧形刻線，使得刻線得以自由發揮。就勒石技法而言，寧懋石槨線刻從單純模仿繪畫效果轉向「以刀代筆」發揮石材特質的勒石技法，更加注重本體特性的抒發。這種轉化標誌著石線刻具有了自身獨立的性格，同時也標明了中國傳統勒石技法完成了鑿刻向推刻技法的轉化。

魏晉南北朝石棺槨線刻是由漢畫像石中脫胎而出，與各時期不同審美觀念及繪畫表現的發展相互關聯。藝術界一直對石刻線畫的屬性是雕塑還是繪畫頗有爭議，其最大的爭議點就是石線刻的材質及工具性質。就刻石技法而言，漢代畫像石採用鑿刻方式，顯然屬於雕塑的技法表現範疇。而石刻線畫的推刻勒石技法則與繪畫中毛筆的行筆方式基本相同。這種技法上的變化，看似微不足道，但確是促成由雕塑性刻石向繪畫性刻石轉變的巨大變革，並

由此創造了唐代石線刻的頂峰時代。

4. 自主風格的確立（以刀代筆）（720～756）

唐代初期的石線刻在石刻技法表現上還是延續魏晉的基本技法形式，根據技法的特徵，唐代石線刻大概可分爲三期，第一期爲 630 年至 689 年；第二期爲 706 年至 708 年；第三期爲 720 年至 756 年。

第一期以貞觀四年（630 年）李壽墓石槨爲例（圖 4-2-13），石槨外壁的刻石技法直接效法畫像石，人物主體外爲深減地，線條刻製還保持鑿刻刻線，刻線不是一次推鑿而成，還是以減地的刻製方式，多次鑿成。但是，還是可以看出，線條在畫面中的表現正在加強，更加注重線型的表現力度，鑿刻線型加粗，在此基礎上，刻工還將線形跨出主體邊緣與減地相通。這種刻製方法可看出受北魏龍門古陽洞禮佛圖（圖 4-2-14）的影響較大，但與之相比，李壽墓石槨的整個畫面的減地與線形對比更加強烈，主體線形更加明確，線條已是人物造型表現的主要手段，突破了漢晉以來，線型在畫面當中對造型表現的輔助地位。

圖 4-2-13　李壽墓石槨外壁東向中間線刻

源自：中國畫像石全集（第八卷），河南美術出版社，2000：112。

圖 4-2-14　龍門古陽洞禮佛圖局部

源自：中國畫像石全集（第八卷），河南美術出版社，2000：10。

　　李壽墓石槨除了外壁「畫像石式」的鑿刻深減地的畫面之外，內部則全部採用以推刻技法施工的石線刻畫面。兩種不同風格的刻石集中在同一個石槨上，在歷代均爲僅有。將這兩種勒石技法放在一起進行對比，可看出，李壽墓石槨外壁的畫像石風格刻石技法相當成熟，刻線與減地即獨立而又相互關聯，而線刻風格的刻石技法相對幼稚，線型的運刀不穩，由於刻工對推刻的把握性較弱，所以線形連貫性較差、斷點較多，刻線的轉刀較生硬，上刀與下刀的接刀處並無慣性銜接，從中可體會出，當時刻製李壽墓石槨石刻的刻工們的技法體系還是以魏晉的技法爲基礎（圖 4-2-15）。

圖 4-2-15　李壽墓石槨線刻

源自：中國畫像石全集（第八卷），河南美術出版社，2000：110～111。

在李壽墓之後永昌元年（689 年）的右金吾大將軍、秋官尚書李晦墓的石槨線刻（圖 4-2-16）上，其刻線的技法與李壽墓石槨的樂伎、侍女圖部分的技法類似，可見這一時期的墓室線刻技法沒有較大的突破，還處在以魏晉南北朝所形成的技法規程的籠罩之下的摸索階段。

圖 4-2-16　李晦墓石槨線刻局部

李杰攝。

武周時期，唐代墓室線刻延續魏晉風格經過將近一百年的實踐進步，刻製技術上已經相當豐富，技巧的追求標準已有線刻本身更加向繪畫靠近。唐代人們對繪畫的審美要求是以成品繪畫（勾線填色之後）爲標準的，繪畫經過前唐一百年的發展已經基本形成唐代繪畫的定式。線刻的欣賞取向必定要受其影響，可以說繪畫的成品觀念也決定了線刻風格與技法取向。因此線刻要滿足世人審美的要求就必須模擬當時的成品繪畫的表現形式，這也是此時的墓室人物線刻綜合技法的融合階段，這一時期的代表性作品非永泰公主墓石槨人物線刻莫屬。

永泰公主是唐代著名女皇帝武則天的孫女，唐中宗李顯的第七個女兒，名李仙蕙。701 年死於洛陽，706 年遷葬於乾州（今陝西乾縣），與她的丈夫武延基合葬在一起，陪葬於乾陵的東南隅。所以永泰公主墓石槨應制於 706 年前後，其時爲武則天末期和中宗開端時期。

永泰公主墓石槨各壁線刻的構圖採用平行分佈形式。爲了接近繪畫成品的效果刻工採用了淺減地、漸變主體外邊緣、以刀模仿繪畫線形的手段來達到模擬繪畫成品的視覺感覺，其具體的刻製手段爲：

（1）為了使表現成品繪畫的二維空間關係，刻工採用淺減地的方式體現主體與背景的前後關係，由於減地的產生本身已形成的三維的空間，所以刻工儘量簡淡減地的深度，以模擬繪畫的二維空間的表象形式。由於其減地較淺，以至於很多觀者忽略了其減地的存在，劉鳳君先生在論及唐墓線刻的技法時，將永泰公主墓石槨線刻的技法定為「不用減地」的平面陰線雕法。可能是由於劉先生沒有實地考察，而只是以拓片論之。

（2）在減地的刻製技法上為了與推刻線條在技法上相協調，刻工使用了推刻減地的技法。由於減地的面積較大，推刻平面從用力上較難控制，所以刻工使用了一種以手控刀、以肩用力地「肩刻刀」，肩刻刀的長度約為五十公分，前部刀頭為兩公分寬（永泰公主石槨減地的刀痕測量）（圖 4-2-17）的平面雙刃，（圖 4-2-18）厚度約為一公分，這樣的刀頭推行較平滑，推行的夾角更小，較易掌控推行力度及方向。（圖 4-2-19）這種刻刀由於受力面大較魏晉的鑿刻刀在刻製時會使減地更加平整，平面化更強。

圖 4-2-17　永泰公主石槨北壁西間

源自：陝西古代美術巡禮，永泰公主石槨線刻畫，陝西人民美術出版社，1981。

圖 4-2-18　傳統平面雙刃頭

李杰攝

圖 4-2-19　平面雙刃頭用力角度示意圖

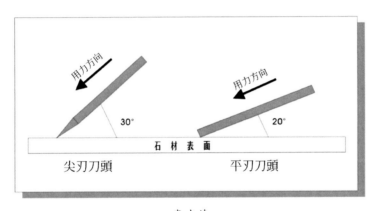

李杰繪

（3）刻工以平鏟刀在主體形象的外輪廓刻線的邊緣部增加了斜刀，斜刻出減地與線條的結合部，（圖 4-2-20）與以前的減地與刻線生硬的直接結合相比更加協調。（圖 4-2-21）〔註46〕此時刻線的流暢性加強，雖稍有粗細變化，但並非有意為之。以上技法在同時期的懿德太子墓和章懷太子墓的石槨線刻中都有不同程度的顯現。

進入盛唐時期，以吳道子為代表的「蓴菜條」線型的流行，線刻技法的成熟使線刻技法對繪畫線型的模擬性體現的更加準確。如：開元八年（720年），開國郡公薛儆墓石槨人物線刻，石槨由 34 塊大小、形狀小同的青石雕刻、組合而成，為廡殿頂之房屋形狀，可分為頂部、底座、中部三部分。石

〔註46〕劉鳳君，藝術考古中的雕塑，山東畫報出版社，2009：254。

槨壁板共線刻 19 位侍女形象。〔註 47〕

圖 4-2-20 　永泰公主墓石槨東向中間局部

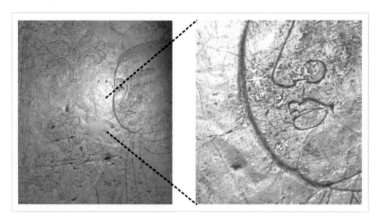

李杰攝

圖 4-2-21 　左：北魏升仙石棺，女子升仙局部； 右：北魏朱爾襲墓誌蓋局部

左：源自：中國畫像石全集（第八卷），河南美術出版社，2000：45；右：
源自：中國畫像石全集（第八卷）：35。

　　刻工在石槨人物線刻的表現上為了模擬繪畫線形、使線條的粗細區別更
加明顯，他們採用了對粗細不同的刻線使用道口寬窄不同的刻刀，並將刻刀
的刀頭改進成大方棱形狀，在同等壓力線可使線型加寬，（圖 4-2-22）以適應
粉本中粗細不同的線型，使刻線更加豐富。繪畫線型的變化使得刻工更加注

〔註 47〕山西省考古研究所，唐代薛儆墓發掘報告，科學出版社，2000：9。

意刻線的技法模擬性，在入刀、行刀、收刀的環節上進行變化以適應繪畫線形的變化，使以往入刀至收刀的平均用力發展爲微力入刀、重力行刀、微力收刀或重力入刀、微力收刀的技法程式。（圖 4-2-23）

圖 4-2-22　方凌刀與扁刀壓力示意圖

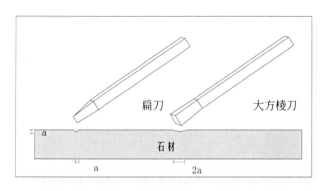

李杰繪

圖 4-2-23　左：薛儆墓石槨內 10 壁板局部；
右：薛儆墓石槨外 8 局部

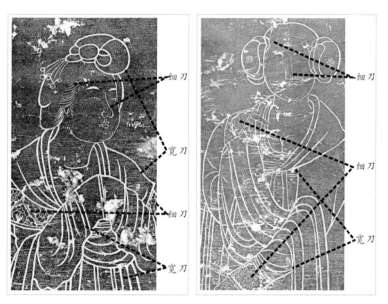

左：源自：唐代薛儆墓發掘報告：圖版七五；右：源自：唐代薛儆墓發掘報告：圖版六三。

隨著繪畫在盛唐的鼎盛發展，刻工也在刻石技法上除了模仿繪畫的同時

也需要社會對石刻自身價值的認可，另外經過前期對石刻技法及對繪畫的理解度的提高，刻工已不滿足於全部模擬繪畫的局限，也需要線刻自身價值的體現。雖然線刻始終脫離不了繪畫的造型形式，但在具體實施的時候，其各自的材質及工具的不同特性，還是爲以石爲紙、以刀代筆的石線刻提供了除模擬繪畫的另一個可能。由於毛筆與紙面或牆面的接觸是以軟觸硬，所以毛筆的主動性處於變化的強勢地位，而刻刀與石材是以硬觸硬，推刻時的反作用力較強。在經過了前期繼承魏晉技法以及以刀擬繪的刻技提煉之後，技藝已相當完善的刻工其對藝術的追求已從模仿軟筆（毛筆）效果，向更能直接體現硬筆（刻刀）及石材特性的技法轉變，從天寶元年（742 年）的李憲墓及王賢妃墓（746 年）的石槨線刻中可以看出線刻技法在模擬繪畫之後更加注重其本體特性的轉變，這種轉化標誌著線刻技法的成熟。（圖 4-2-24）

圖 4-2-24　李憲墓石槨內壁北向西間壁板線刻

源自：陝西省考古研究所，唐李憲墓發掘報告，科學出版社，2005：209。

　　李憲墓石槨人物線刻壁板共十塊其中包括兩扇槨門，〔註48〕線刻人物的刻線均爲細線刻製，刻工在熟練掌握刻石技法的同時，更加注意石材特性與行刀的關係。刻刀在推刻行刀時，如果在刻工的意念中還保留繪畫線形的模擬概念，行刀就會稍受阻礙，使刻線線型無法達到酣暢淋漓的流暢。在李憲墓石槨人物線刻中不但刻線自由順暢，而且人物形象準確練達，由此可看出，其時的刻工不但要掌握較高的刻石技法，還必須具備相當高的繪畫造型能力。

　　毛筆具有較強的彈力，在與紙面的接觸時垂直用力的不同就會產生線形的粗細變化，而刻刀不具備彈性作用，在石面推行時如果產生垂直用力的不同就會使推行速度發生變化，刻線的流暢性就會減弱，所以，其時的刻工不但要求線型的一致性還要減弱刻線的深度以保證刻刀在石面上滑行的順暢，並且刻線的線形的一致性也保證了其畫面造型形式的統一、協調。由於刃形刀頭在推刻轉彎時必須調直刀頭，這樣便會在推行時使刀速產生停頓，爲了達到順暢的要求，刻工將傳統的刃形刀頭改進成直角的小方棱形刀頭，以棱形刀頭的直角尖部刻線，這樣便能使線形轉彎時保證行刀速度的一致性。

　　線刻技法在刻工經過長期的適性訓練及對繪畫造型形式語言的熟練把握的前提下，刻工才能達到以刀代筆、遊刃有餘的境界。此時的石刻線畫已具備了其符合自身材質特性的獨立表現形式，以此也標明了線刻技法達到其獨具特質的成熟狀態。

　　張彥遠在《歷代名畫記》中謂吳道玄：「不以界筆直尺，而能彎弧挺刃……夫用界筆直尺，界筆是死畫也，守其神專其一，是眞畫也，……夫運思揮毫，意不在於畫，故得於畫矣。不滯於手，不凝於心，不知然而然。」〔註49〕余借張彥遠之「眞畫」謂之盛唐墓室線刻爲「眞刻」也。

　　石線刻是由漢畫像石中脫胎而出，是和各時期人們不同的審美觀念及繪畫意識理念的逐步提升相互關聯。美術界一直對石刻線畫的屬性是雕塑還是繪畫有所爭議，其最大的爭議點就是石線刻的材質及工具性質。漢代畫像石的刻石技法是採用鑿刻方式，其技法使用和線型的形式表現內涵而言，還沒有將技法與繪畫技法進行有機的相容。還只是屬於雕塑的技法表現範疇，鑿刀的運刀方式與繪畫的技法的運筆方式並無關聯。

〔註48〕陝西省考古研究所，唐代李憲墓發掘報告，科學出版社，2005：16。
〔註49〕〔唐〕張彥遠，歷代名畫記，芥子園畫傳，第四集，唐張彥遠論畫，人民美術出版社，1960：15。

　　晉、唐之際，繪畫空前興盛，繪畫已成爲一種時代風尙。石刻雇主的欣
賞傾心與繪畫形式，導致了勒石匠人必須用刻刀來模擬繪畫之筆來達到繪畫
的效果，這也是勒石匠人爲適應雇主的要求而採取的最直接的適應性體現。
刻石匠人不得不拋棄傳統的鑿刻技法，而採用與繪畫用筆方式基本相同的推
刻技法。在刻製技法上，畫像石主要採用刻刀與石料成九十度夾角正面衝擊
的鑿刻技法，這一點也和圓雕的刻製技法相同。而石刻線畫推刻技法的行刀
是以斜刀切入石材表面，與石材表面保持平行的平行推進方式，就此點而言，
與繪畫中毛筆的行筆方式基本相同。鑿刻用力方式是由上至下垂直衝擊以點
連線，而推刻的行刀更像畫筆的行筆方式，都是平行用力。這種勒石技法上
的變化，看似微不足道，但確是促成由雕塑性向繪畫性轉變的巨大變革。

　　筆者認爲，拋開石線刻材質的表面屬性，究其內在根本，石線刻的屬性
必然屬於繪畫性質。石線刻無論從其石材質的選擇和工具的使用方式上都帶
有強烈的繪畫屬性。就此意義而言，石刻線畫雖然還是以刀、石爲載體，但
是無論從刻製工藝和它的藝術表現性上，都和雕塑有著巨大的差異。石刻線
畫作爲一種以刀代筆、以石爲紙的藝術，與繪畫有著較多的相通性，其行刀
方式、刀型變化及造型塑造都是以當時繪畫的變化爲標準，畫史中常謂的「屈
鐵盤絲」、「彎弧挺刃」、「力健有餘」等描寫畫家所畫線條遒勁、圓韌之詞，
如果用在描述唐代石線刻中的線形表現則更爲恰當，眞正能達到這些剛勁效
果的莫過於石線刻，〔註50〕這也就是稱其爲「畫」的根本原因。

〔註50〕劉鳳君，藝術考古中的雕塑，山東畫報出版社，2009：24。